기억 저편의 나를
만나다

기억 저편의 나를 만나다

신수현 지음

사람마다 필사적인 삶의 방식이 있는 법이다.

상처받아 아픈 이들이 너무 상심하지 말았으면 좋겠다.
우리는 그럴 수밖에 없는 존재들이니깐.
자신만의 방식대로 잘 봉합하며 살면 된다.

바른북스

참된 길은 밧줄 위에 나 있다.

그 밧줄은 허공이 아니라 땅바닥에서 약간 뜬 채 팽팽하게 뻗어 있다.

그것은 우리더러 지르밟고 걸으라기보다는

단연코 비틀거리면서 가라고 가로놓인 듯하다.

- 프란츠 카프카 -

프롤로그

 이 책은 나에게 주는 선물이다. 반백 년 살아 낸 것이 기특해 무엇인가 해주고 싶었다. 고백하건대 난 철이 들기 전까지 자신을 향한 책망이 끝이 없었다. 작은 실수조차 용납하지 못해 자주 학대하고 괴롭혔다. 타인에게는 관대하고 자신에게는 혹독한 잣대를 들이댔다. 돌이켜 보면 스스로를 사랑하는 마음이 턱없이 부족했다. 그저 태어났으니 살아야겠다는 생각뿐이었다. 너무 나약했던 나머지 성급하게 삶을 마감하고 싶은 생각도 여러 번이었지만 다행히 그건 종교적 윤리가 막아 주었다. 자존감이 낮아 무엇을 하든 자신이 없었다.
 자존감이 낮았던 가장 큰 이유는 남들은 없는 두 개의 빨간 볼을 가졌기 때문이었다. 붉게 타오르던 볼이 창피한 나머지 고개는 점점 아래로 떨어졌다. 학교든 거리에서든 시장이나 식당 어디에서도 나처럼 새빨간 볼을 가진 아이는 볼 수 없었다. 그렇게 난 어릴 적부터 특별했다. 특별하다고 생각했다면 완전히 다른 삶을 살았을 것이다. 아쉽게도 난 몹쓸 병이라도 걸린 사람처럼 행동했다. 남들은 아무렇지 않게 생각할지 몰라도 난 아니었다. 내겐 오직 그것만이 아킬레스건이었다. 온통 그것에만 집중했다. 부끄러움이 많아 반벙어리처럼 살았던 것도 그 이유 때문이다. 나의 의견을 당당하게 이야기하고 싶었지만 수줍음이 많아 다른 사람과 대화가 어려울 정도였다. 차라리 말 대신 글을 써 내 의견을 전달하는 편이 수월했다. 그런 연유로 난 자연스럽게 글쓰기를 좋아하게 되었다.

상처에 언어를 입히면 치유되는 마법과도 같은 경험을 했다. 직장을 그만두고 회복이 될 무렵 난 느닷없이 블로그를 시작했다. 십여 년 전 계정을 만들었는데 가끔 비밀일기 쓰는 용도로만 사용했다. 난 떠오르는 상처를 하나씩 적었다. 오십 평생 살면서 토해 내지 못한 숱한 말들이 있다. 가슴에 차곡차곡 쌓여 짓누르고 있는 상처들을 꺼내고 싶은 충동에 휩싸였다. 살면서 수없이 박힌 못을 작정하고 뽑아내 글을 썼다. 쓴 글을 꾸준히 블로그에 올렸다. 빼낸 못으로 무엇이라도 해야겠기에 난 올해 초부터 블로그 글을 하나씩 꺼내 다시 쓰기 시작했다. 한 페이지 분량이었던 글을 세 페이지로 만드는 작업을 꾸준히 했다. 생각처럼 쉽지 않아 여러 번 포기하려 했다. 그때마다 다시금 쓸 수 있도록 용기와 격려를 아끼지 않았던 가족들에게 고마움을 전한다.

　사람마다 이야기를 품고 있다. 그것은 자신만의 고유한 언어다. 난 내 이야기를 하고 싶었다. 이야기 대부분 나의 상처에 관한 것이다. 난 능수능란한 이야기꾼은 아니다. 그저 쓰고 싶다는 열망에 시달려 시작했다. 운 좋게 끝을 보게 되었다. 무엇이든 시작했다고 끝을 보란 법은 없으니까. 난 작업을 하면서 어느 정도 상처를 치유했다. 확실한 건 글쓰기는 상처를 치유하는 데 가장 효과 좋은 방법이라는 것이다. 상처가 꼭 나쁜 것만은 아니란 사실도 알게 되었다. 때론 슬픔이 삶의 자양분이 되기도 하는 것처럼 아픔을 통해 강해지고 성숙하는 계기가 될 수 있다는 걸 깨달았다.

　언젠가 나의 이야기를 한 토막 접한 후배가 나에게 물었다. "왜 그렇게 살았어요?" 난 그 질문에 말문이 막혔다. 다행히 조롱은 아니었다. 진심으로 궁금한 표정이었다. 어쩌다 보니 그냥 그렇게 살아왔을 뿐이다. 사람마다 필사적인 삶의 방식이 있는 법이다. 나도 내 방식대로 최선을 다해 살아 낸 삶이니 너무 나무라지 말아 달라고 속으로 말했다. 그동안 나 자신을 잃고 살았던 시간을 보상해 주고 싶다. 앞으로 자주 들여다보며 마음이 하는 소리에 집중하면서 살아갈 작정이다.

　사람은 상처 하나 받지 않고 살아갈 수 없다. 아는 지인에게 상처를 모아 책을 한 권 낸다고 전했더니 대뜸 "너의 상처를 누가 읽어?"라고 물었다. 순간 맥이 빠졌지만 틀린 말은 아니다.

사람들이 남에게 관심 없는 건 사실이다. 과거에 내가 누군가의 상처를 읽고 위로받았듯이 내가 모르는 누군가는 나의 이야기를 읽고 위로받았으면 좋겠다는 작은 바람이 있다. 혹여 내 상처가 이해되지 않는다 해도 이런 삶을 살아 낸 사람도 있구나! 하면서 넓은 아량으로 앞으로의 삶을 축복해 주길 간절히 바랄 뿐이다.

　사람들 대부분 우리가 가진 행복을 알지 못하며 살아간다. 과거의 나도 그랬다. 난 매번 다음 날을 기대하며 살았다. 그건 현재에 집중하지 못했다는 증거다. 어리석게도 지금을 즐기지 못하고 다음 단계로 가면 그곳에 행복이 있을 줄 알았다. 그 당시에만 느낄 수 있는 기쁨과 즐거움을 놓쳐 버린 셈이다. 70세 할머니가 60세를 그리워하고 60세 아주머니는 50세만 되어도 가뿐하게 날아다닐 수 있을 거라고 말한다. 지금이 가장 젊고 소중한 시절이라는 것을 지나고 나서야 깨닫는다. 나는 오늘 하루만 잘 살아 내려 한다. 하루가 모여 우리의 인생이 되기 때문이다. 어차피 매일 하루는 시작된다. 내가 애정하는 작가 프란츠 카프카는 "일상이 우리가 가진 인생의 전부다."라고 말했다. 대부분 일상의 감사함을 잘 모르고 살아간다. 일상이 무너졌을 때 그제야 깨닫게 된다. 누구에게나 하루 이십사 시간은 똑같이 주어진다. 하루를 어떻게 보내느냐에 따라 우리 삶은 달라질 수 있다. 인생을 잘 살아 내기에는 왠지 부담스러운 마음이 먼저지만 하루만 잘 살아가는 것은 어렵지 않게 느껴진다. 난 내게 주어진 하루를 감사하는 마음으로 충실하게 살 것이다. 그것이 곧 삶을 사랑하는 방법이기도 하니까.

 내가 풀어낸 이야기보따리가 과하게 솔직한 구석이 있어 발가 벗겨지는 느낌이지만 용기를 냈다. 내가 기억하는 상처를 주관적인 감정으로 서술했기 때문에 그 기억이 백 퍼센트 맞는다고 할 수 없을 것이다. 나의 모든 기억을 확신하지 못한다. 누구나 그럴 것이다. 기억이라는 것이 과거의 일이기에 온전하지 못하거나 예상치 못한 오류로 인하여 반전되어 기억되기도 한다. 인간이란 망각과 기억을 변형시키는 힘으로 인해 과거와 단절되는 경우도 종종 있다. 또한 대개의 인간은 본능적으로 자신이 유리한 방식으로 기억한다. 이러한 기억의 선택적 구성으로 인해 사건이 엉뚱하게 발현될 가능성도 있다. 다만 난 기억하는 대로 조금의 가감 없이 쓴 글이란 걸 노파심에 알려 둔다.

 상처받아 아픈 이들이 너무 상심하지 말았으면 좋겠다. 우리는 그럴 수밖에 없는 존재들이니깐. 자신만의 방식대로 잘 봉합하며 살면 된다. "지금까지 제가 아비규환으로 살아온 소위 '인간'의 세계에서 단 한 가지 진리처럼 느껴지는 것은 이것뿐입니다. 모든 것은 그저 지나갈 뿐입니다." 내가 깊게 빠진 작가 다자이 오사무의 『인간 실격』에 나오는 문장이다. 그땐 죽을 것처럼 힘들었던 일도 지나고 나면 아무렇지 않게 생각되기도 한다. 모든 것은 지나가기 마련이다. 그 무엇도 지속되지 않는다. 슬픔과 고통, 아름다움과 기쁨조차 말이다. 우리 생은 그저 순간들만 품고 있을 뿐이다. 그러니 잊고 싶은 어제를 곱씹으며 아직 오지 않은 내일에 매달리느라 오늘의 소중한 시간을 잡아먹지 않았으면 하는 바람이다. 오늘만을 잘 살아 내기를… 당신은 지금 그대로 충분히 멋진 사람이기에… 모든 독자분께 감사함을 전한다. 끝으로 여러분의 안녕을 빈다.

차례

프롤로그

악착같이 살아 줘서 고마워요 —— 14
착한 사람 콤플렉스 —— 22
잔인한 궁합 —— 30
진정한 해피엔딩 —— 38
산 중턱 작은 집 —— 46
볼 빨간 쑥이 —— 53
내 친구 누렁이 —— 61
간절했던 우산 하나 —— 68
여덟 시 신데렐라 —— 76
플라토닉 러브 —— 84
까무러치게 좋은 꿈 —— 92
최고의 트라우마 —— 99
지금을 살아 내기 —— 105
행복을 입히는 일 —— 113
생긴 대로 살아가는 것 —— 119
있을 때 잘하자 —— 127
특별한 백억이 —— 135
사과 깎기에 관한 진실 —— 143

지난한 여정 —— 151
첫 소개팅의 흑역사 —— 158
편지 속 청년 —— 164
그에게 빠졌습니다 —— 172
두 번의 부산행 —— 180
은혼식 기념 여행 —— 193
운전 공포증 —— 201
허황된 꿈 —— 209
괜찮아, 아무것도 아니야 —— 215
잘 참았다 —— 223
조용한 가족 —— 230
첫 사수 —— 237
가증 여사 —— 247
막춤 추기 —— 255
고약한 술버릇 —— 263
로또 같은 남편 —— 272
어머니 단상 —— 279
이보다 더 좋을 순 없다 —— 288

악착같이 살아 줘서 고마워요

 엄마는 알뜰한 사람이다. 돈을 벌기만 하고 쓰지 않는다. 아니 정확하게 말하자면 쓰는 방법을 모르는 사람 같았다. 절약이 몸에 배어 있어 그 모든 것이 아주 자연스러웠다. 엄마의 궁색함에 난 가끔 맥없는 짜증이 올랐다. 내 머릿속에 저장된 일화 몇 가지를 꺼내 보자면 엄마는 주방세제 몇 방울까지 아꼈다. 아침 설거지할 때 세제 푼 물을 온종일 사용했다. 난 가끔 저녁 설거지를 했는데 아침과 점심 두 번이나 재사용한 탓에 그릇이 제대로 닦이지 않았다. 특히 기름기 있는 그릇을 닦기에는 역부족이었다. 난 엄마 몰래 수세미에 세제를 왕창 짰다. 희고 풍성한 거품이 수세미와 양손에 가득했다. 금방 꺼질 거품이었지만 부자가 된 것처럼 행복했다. 기쁨에 흠뻑 젖어 콧노래가 절로 나왔다. 지금 와 돌이켜 보면 그 시절 세제 몇 방울이 나를 즐거움으로 이끌었다는 사실에 피식 웃음이 난다. 행복이 그토록 쉬웠다니 말이다. 가끔 운이 나쁜 날은 엄마에게 세제 과용을 들켜 꾸지람을 들었다. 한껏 올라갔던 어깨는 축 처지고 기운이 쏙 빠졌다.

내가 초등학교 6학년쯤으로 기억한다. 하루는 외출했다 돌아오던 엄마가 가게에서 나가던 손님과 마주쳤다. 엄마는 손님 손에 들린 비닐봉지를 매서운 눈초리로 보고는 나에게 시선을 옮겼다. 다짜고짜 왜 큰 비닐봉지에 담아 주었냐고 물었다. 봉지는 크기별로 세 가지였다. 작은 봉지에 다 들어갈 물건을 큰 봉지에 담아 주었다고 타박했다. 나도 그걸 생각하지 않은 건 아니다. 작은 봉지에 물건이 다 들어갈 것이라 예상했다. 다 들어간다고 끝나는 건 아니다. 그렇게 되면 봉지에 달린 손잡이용 고리 잡기가 불편했을 것이다. 난 손님 배려 차원에서 한 단계 큰 봉지를 꺼냈다. 엄마에게 내 생각은 말하지 않았다. 변명처럼 들릴 것이란 생각에서였다. 난 항상 입 다무는 쪽을 선택했다. 한 번만 말해도 알아들을 나였지만 엄만 저녁나절 몇 번이나 봉지 타령을 했다. 속상한 나머지 방에 들어가 이불을 뒤집어쓴 채 울었다. 그 당시 답답한 마음을 풀 수 있는 유일한 방법이었다. 고작 몇 원 때문에 딸에게 잔소리를 퍼붓는 엄마가 무정하게 느껴졌다. 사소한 실수는 푸근하게 안아 주는 다정한 엄마이기를 간절히 바랐다.

엄마가 하던 구멍가게는 장사가 제법 잘되었다. 바로 앞에 군부대가 있었기 때문이다. 구멍가게라고 우습게 볼 것은 아니다.

이문이 많이 남는 장사여서 엄마는 제법 많은 돈을 벌었다. 가끔 훈련이라도 나오는 날이면 가게 물건은 금세 동났다. 그날도 훈련이 있어 저녁 아홉 시가 넘자 빵이 다 팔렸다. 엄마는 내게 고개 너머 시내에 있는 소매점에서 빵 한 박스를 가져오라고 했다. 전화를 이미 해놓은 상태이기에 포장해 놓은 것만 가져오면 임무는 끝이다. 아주 단순한 일이었지만 난 덜컥 겁부터 났다. 문제는 시내로 연결된 고갯길이었다. 밤마다 귀신이 출몰한다는 흉흉한 소문이 동네에 돌기 시작하면서 건장한 사내들이 자주 고개에서 쓰러졌다. 그 고개를 넘을 생각에 정신이 아뜩했다. 우리 집과 시내는 직선거리로 약 2킬로미터 정도 떨어져 있지만 오르막길 자체가 경사가 급하고 내리막은 한계령처럼 구불구불 이어지는 길이라 빠르게 걷는다 해도 편도 40분 정도 걸린다. 무엇보다 비포장도로라 상황은 더 어렵다. 갈 때는 버스를 타고 갈 수 있지만 집으로 돌아올 때는 막차가 끊겨 영락없이 걸어와야 한다. 난 잔뜩 겁에 질린 표정을 짓고 있었다. 엄마는 손전등을 내 손에 쥐여 주며 처녀 귀신이라 여자 앞엔 절대 나타나지 않으니 안심하라고 했다. 난 엄마에게 등 떠밀려 가로등 하나 없는 캄캄한 시골길로 내몰렸다. 다행히 내 얼굴만 한 크기의 손전등이 칠흑 같은 어둠을 밝혀 나를 안전한 길로 인도했다.

처녀 귀신이란 말이 겁 많은 내게 적잖은 위로가 되었다. 실제로 남자 앞에만 나타났다. 태권도 사범으로 일하는 이웃집 오빠도 당했다. 어릴 적부터 운동신경이 남달라 태권도와 검도 유도의 합이 총 10단이 넘었다. 귀신을 목격한 후 한동안 얼빠진 사람처럼 멍한 표정을 짓고 다녔다. 일몰 이후에는 문밖출입조차 하지 않았다. 이웃집 아주머니에게 들은 바로는 긴 생머리에 소복을 입은 여자가 뒤에서 쫓아왔다고 한다. 오빠가 혼비백산했던 이유는 그 처녀 귀신이 상반신만 둥둥 떠서 다가오고 있었다는 것이었다. 사지가 떨려 발걸음조차 떼어지지 않아 집까지 네 발로 기어 온 탓에 옷이 찢기고 살이 까져 피투성이였다며 두 눈 뜨고 보기 힘든 처참한 꼴이었다고 아주머니는 숨을 몰아쉬었다. 난 빵이 가득 담긴 박스를 머리에 이고 고개를 넘었다. 생각보다 덜 무서웠다. 처음에는 다리가 달달 떨렸다. 난 곧 처녀 귀신을 생각해 냈고 그로 인해 마음이 점점 진정되었다. 귀신보다 사람이 더 무서운 존재가 아닌가. 자주 고갯길에 등장하는 긴 머리 처녀 귀신은 중학생 소녀의 공포를 단숨에 앗아갔다. 빵 백 개 팔아서 얼마나 남을까? 그 돈 벌자고 딸을 오밤중 고갯길로 내모는 엄마가 야속했다. 난 부모님 말씀이라면 그 무엇도 행할 수 있는 착한 딸이었기에 군말 없이 다녀왔다. 엄마는 환한 미소를 지으며 빵이 가득 담긴 박스를 두 손으로 얼른 받았다.

중학교 3학년 겨울 방학 때 서울에 사는 큰언니네서 일주일을 지냈다. 나뭇가지처럼 말랐던 형부가 갑자기 살이 찌기 시작했다. 남자들은 일반적으로 결혼을 하면 몸이 불기 마련이라고 했다. 형부에게 맞지 않는 청바지 두 개를 버린다는 소리에 귀가 쫑긋했다. 그 바지가 나에게 잘 맞을 거라는 예상이 적중한 순간 미소가 절로 지어졌다. 바지 단이 질질 끌려 10센티미터가량

안으로 접어 새발뜨기를 했다. 새발뜨기는 가정 과목 실습 시간에 딱 한 번 해본 것이 전부였다. 밖에서 보니 바늘땀이 비뚤배뚤 보기 흉했다. 바느질이 서툰 이가 했다는 티가 확연하게 드러났다. 세탁소에 맡겼다면 감쪽같이 정리되었겠지만 난 엄마에게 손 벌리기 싫었다. 밑단이 어색한 바지를 입고 다니는 것에 괜스레 주눅이 들고 얼굴이 화끈거렸다. 그렇지만 난 바지 두 개가 생겼다는 기쁨이 더 컸다. 형부는 아직도 모를 것이다. 자신이 입던 바지가 열여섯 살 처제에게 얼마간 행복감을 주었다는 사실을 말이다.

엄마는 언니들 결혼축의금 봉투도 모두 정성스럽게 칼로 뜯어 펴 모아 위쪽을 검은 노끈으로 묶었다. 봉투 안쪽을 메모 노트로 사용하고 있는 모습을 보고 입이 다물어지지 않았다. 이것이야말로 엄마 수준의 알뜰함이다. 엄마에겐 세상에 버릴 것은 아무것도 없었다. 실제로도 무엇 하나 버리지 않았다. 그런 까닭에 난 꼭 필요한 학용품 외에는 그 무엇도 사달라고 말하지 못했다. 수십 번 고민 끝에 없어서는 안 될 것들에 대해서만 요구했다. 엄마는 내 마음을 알아차리기라도 한 듯 내가 사달라고 하는 것은 군말 없이 흔쾌히 사줬다.

고등학교 1학년 때 담임선생님이 나에게 건넨 위로에 속으로는 웃음이 터졌다. 입고 다니는 옷차림을 보아하니 형편이 불 보듯 뻔하다는 눈빛으로 날 바라봤다. 어려운 집안 사정을 들먹이면서 기죽지 말고 공부를 더욱 열심히 하라며 내 등을 토닥였다.

1학년 2학기에 장학금을 주겠다며 흐뭇한 표정으로 나를 바라보았다. 난 최대한 불쌍한 표정을 지었다. 부유한 편은 아니었지만 그렇다고 선생님이 생각한 만큼 가난하지도 않았기에 난 전혀 속상하지 않았다. 우리 집이 실제로 가난했다면 난 선생님 앞에서 눈물을 펑펑 쏟았을 것이다. 사실이 어떻든 간에 엄마는 동네에서 소문난 알부자였다.

사회생활을 시작하고 엄마에게 립스틱 하나를 선물했다. 엄마 화장대에서 다 쓴 립스틱을 하나 발견했는데 엄마는 그마저도 버리지 못하고 작은 솔로 파서 사용하고 있었다. 그 모습이 짠해 퇴근길에 화장품 가게에 들러 엄마가 좋아하는 색으로 하나 골랐다. 당장 필요 없는 물건을 사느라 돈을 소비한 것에 쓴소리를 했다. 엄마다웠다. 매일 바르는 것도 아니고 가끔 외출할 때만 바르는 것이니 파 써도 족히 반년은 쓸 것이라고 못마땅한 표정을 지었다. 6개월이 지나고서야 엄마는 립스틱 포장지를 뜯었다. 인색한 엄마 태도를 지켜보는 것에 한계를 느꼈다. 궁색하기 짝이 없는 엄마를 도저히 이해할 수 없었다.

봄바람이 불어 대는 계절은 눈치작전의 시작이다. 아직은 찬물로 머리를 감기에는 극한의 용기가 필요한 때다. 겨울에는 연탄보일러 때문에 뜨거운 물을 항상 사용할 수 있었다. 정확히 어떤 원리인지는 기억나지 않는다. 연탄보일러 옆 커다란 고무통에 담겨 있던 뜨거운 물은 날 항상 행복하게 했다. 보일러를 가동하지 않는 계절이 오면 난감했다. 난 도저히 찬물로 머리를 감을 수 없어 들통에 찬물을 담아 가스레인지에 올려 데웠다. 엄마는 가스값 나간다고 흘깃거리며 눈치를 한껏 줬다. 이것만큼은 양보할 수 없었다. 다른 것들과는 차원이 달랐다. 5월이 되기 전에는 절대 찬물로 머리를 감을 수 없는 노릇이었다. 눈총을 받으면서도 꿋꿋하게 물을 데웠다. 엄마의 아낌은 때론 나에게 잔혹함 그 자체였다.

 시간이 많이 흘러 철이 들고 나서야 깨달았다. 야무지고 억척스러운 엄마 덕분에 우리 집이 건재했다는 사실을 말이다. 만약 그렇지 않았다면 풍비박산이 났을 것이다. 절약 정신이 투철했던 엄마가 고맙다. 지금은 예전만큼은 아니지만 여전히 허투루 돈을 쓰지 않는다. 매월 통장으로 입금되는 노령연금과 국민연금, 자식들이 주는 용돈을 합치면 월 150만 원 정도 수입이 되는데 그것 중 무려 50만 원을 적금 붓는 엄마를 보면서 그저 존경스럽다는 생각밖에 들지 않는다. 알뜰살뜰 모은 돈으로 자식들 집 살 때마다 큰돈을 보태주던 엄마가 자랑스럽다. 작년 여름 아버지 수술비를 자식들끼리 충당하자고 결정했는데 엄마가 그럴 것 없다고 손사래를 쳤다. 마침 적금 탄 돈이 있다며 아버지 병원비를 지출하는 엄마가 멋져 보였다. 살아 있을 때 자식들에게 민폐 끼치지 않는 것이 삶의 신조라고 말하는 엄마를 바라보면 그 옛날 일들이 눈 녹듯 사라진다.

 나의 학창 시절은 지질함의 극치였다. 엄마의 도를 넘는 알뜰함 때문에 내가 경험했던 상처와 그로 인해 흘렸던 눈물로 얼룩진 시절을 가엾게 여기지 않을 작정이다. 난 엄마에 대한 설움의 감정을 가지고 성장했다. 그런 상처가 없었다면 글을 쓰지 못했을 것이다. 그때의 아픔이 이 글을 쓸 수 있는 원동력으로 작용했다. 그러기에 과거의 상처를 마주함에 있어 노여움이 아닌 감사함이 먼저다. 그냥 나의 삶이었을 뿐이다. 난 엄마와 함께 삶의 난관을 극복하기 위해 사력을 다했다. 비단 내 엄마뿐 아니라 전쟁을 경험한 고난의 시대를 살아온 어머니들은 저마다의 이유로 악착같이 살아야 했다. 먹고살기 바빠서 혹은 지긋지긋한 가난을 물려주기 싫어서였을지도 모른다. 엄마가 되어 보니 그제야 엄마의 마음이 조금이나마 이해된다. "가장 힘들었던 시절은, 거꾸로 생각하면 온 힘을 다해 어려움을 헤쳐 나가던 때일지도 모르죠." 일 년 전 읽었던 『달러구트 꿈 백화점』이라는 소설에 나왔던 문장이다. 지친 나에게 따뜻한 위로를 선사했다. 난 그 책을 통해 과거의 트라우마를 어떻게 해석하느냐에 따라 달라질 수 있다는 사실을 깨달았다. 그런 시간이 있었기에 지금의 내가 존재하는 것이다. 철이 들수록 악착같이 살아 준 엄마에게 고마운 마음이 깊어진다.

착한 사람 콤플렉스

　나는 착한 사람 콤플렉스를 갖고 살았다. 고백하자면 난 사람들이 생각하는 만큼 착한 사람이 아니다. 내가 다섯 살 무렵 엄마는 나의 거짓말에 화가 치밀어 종아리를 때렸다. 매를 몇 대 맞자마자 난 갑자기 입에 거품을 물고 쓰러졌다. 엄마는 정신 잃은 나를 둘러업고 옆 동네까지 맨발로 뛰었다. 그곳엔 침술로 유명한 할아버지가 있었다. 정식으로 공부해 한의사 자격증을 취득한 사람은 아니었다. 어깨너머로 침술을 배웠지만 실력이 좋아 죽어 가는 사람 여럿 살렸다는 소문이 자자했다. 동네 사람들은 위급환자가 생기면 무조건 그 할아버지에게 달려갔다. 깊은 산골에 병원이 있을 리 만무했다. 할아버지는 나를 눕히자마자 맥을 짚고 몸 구석구석을 살폈다. 여기저기에 침을 놓으며 아이가 왜 쓰러진 것이냐고 물었고 엄마는 자초지종을 상세히 고했다. 할아버지는 두어 시간 후면 아이가 깨어날 테니 걱정하지 말라며 엄마를 안심시켰다. 엄마는 그 당시를 회상할 때마다 미간을 한껏 찌푸렸다. 내가 잘못되기라도 할까 봐 제대로 앉아 있을 수조차 없었다고 한다. 아이 성질이 보통이 아니라 제 성미를 이기지 못해 넘어간 것이라고 할아버지는 바둑알을 튕기며 말했다. 숨이 멎을 뻔했던 놀랍고도 충격적인 그 사건 이후 두 번 다시 엄마는 나에게 매를 들지 않았다.

또 하나의 사건은 초등학교 2학년쯤으로 기억하고 있다. 청소 당번이라 방과 후 교실에 있던 쓰레기통을 소각장에 가져가 비웠다. 교실로 돌아오는데 난 무엇 때문인지 분노가 가득 찬 얼굴이다. 누가 나를 놀려 댔을까? 아니면 청소 당번이 둘인데 혼자 청소한 탓에 화가 났던 걸까? 화가 왜 났는지는 기억에 없다. 그러다가 갑자기 가지고 있던 파란 쓰레기통을 시멘트로 만든 의자에 내리쳐 깨트리는 장면이 떠오른다. 그 장면만 기억의 파편처럼 생생하게 저장되어 있다. 사람은 그간 살아온 과거의 일을 모두 기억할 수 없다. 시간이 지날수록 흐려지고 잊히기 때문이다. 그래서 기억은 시간대별로 저장되어 있지 않다. 시간의 흐름에 구애받지 않고 과거의 모든 시간을 넘나들며 특정한 장면들만 선명하다. 지워지지 않는 장면은 대체로 충격적인 사건으로 인해 상처받은 경우가 대부분이다. 이유가 어찌 됐든 내가 저지른 행동은 잘못된 것이다. 폭력적이고 돌발적인 모습을 지금의 나로서는 도무지 이해할 수 없다. 앞의 두 가지 사건만 보더라도 난 분명 온순한 사람은 아니었다.

성격이 보통이 아닌 내가 착한 양으로 살게 된 결정적인 사건이 발생한다. 초등학교 3학년 때 어린이날을 며칠 앞두고였다. 담임선생님께서 종례 시간에 아이들을 향해 흐뭇한 표정을 지으며 이야기를 시작했다. 어린이날을 기념하여 수여할 '착한 어린이상' 수상자를 반에서 한 명씩 뽑아 표창할 계획이니 상 받을 친구를 추천하라고 했다. 아이들은 서로 눈치를 보며 손을 들 생각을 하지 않았다. 오랜 침묵이 지난 후 손을 번쩍 든 아이가 있었다. 공교롭게도 내 이름이 칠판에 적혔다. 나를 추천한 친구는 아이들이 가장 많이 사는 동네의 대장으로 열 살치고 덩치가 크고 언변이 좋아 아이들이 잘 따랐다. 난 그 친구가 사는 동네와 멀리 떨어져 있었다. 물론 이야기를 나눈 적도 없었다. 왜 나를 추천했을까? 난 고개를 갸웃거렸다.

추천된 세 명의 아이 중 내가 상 받을 어린이로 최종 결정될까 봐 발을 동동 구르고 있었다. 조회 시간에 높은 구령대에 오를 생각을 하니 손이 자동으로 떨리고 눈이 캄캄했다. 난 수줍음을 몹시 탔다. 새빨갛던 흉측한 볼때기를 전교생 앞에 드러내기 싫었다. 수줍음이 많다고 착한 사람은 아니다. 겉으로는 얌전을 떨어도 의외로 폭력적인 행동을 하는 사람이 종종 있다. 대체로 화를 내지 않고 참고 또 참는다. 그러다가 폭발하면 물불 가리지 않기 때문에 우습게 보다가는 큰코다친다. 추천한 학생들은 각자 추천 이유를 짧게 한마디씩 말했고 바로 투표가 진행되었다. 날 추천한 친구의 이유를 듣고는 난 손으로 머리를 감쌌다. 내가 왜 그런 행동을 했을까? 그런 짓을 해서 이토록 어려운 상황을 만들어 냈는지 환장할 노릇이었다. 그 행동은 아주 사소한 것이었다.

　3학년 학기 초 비가 부슬부슬 내리는 아침이었다. 난 평소와 다름없이 교실로 가기 위해 운동장을 가로질러 걸어갔다. 중간쯤 지날 무렵 운동장에 버려져 있던 노란색 껌 종이가 눈에 들어왔다. 난 항상 고개를 숙여 땅바닥을 보면서 걸었다. 그러니 노란색 종이가 내 눈에 띄지 않을 리 없다. 평소처럼 무심히 지나쳐 갔어야 했다. 그날따라 난 그 젖은 종이를 주워 주머니에 넣었다. 하필 그때 내 뒤에 목격자가 있을 줄이야. 그 친구는 마치 웅변대회에 출전한 연사처럼 간결하고 힘 있는 목소리로 내가 반 대표로 상을 받아야 마땅하다고 주장했다. 그 모습을 지켜본 나의 심장은 터지기 일보 직전이었다. 난 벌떡 일어나 기껏 껌 종이 하나 주웠다는 이유로 착한 어린이상을 받는 것은 말이 되지 않는다고 반박하고 싶었다. 하지만 마음뿐이었고 행동으로 옮기지 못했다. 난 주저하는 경향이 강했다. 그러다 때를 놓치곤 했다. 용기와 결단력이 부족했다.

　난 구령대에 올라가 교장선생님께서 주는 상장을 받았다. 내 이름이 호명되기 전부터 호흡이 가빠 왔다. 앞으로 뛰어나가다 다리가 꼬여 넘어지지나 않을까? 하는 걱정이 앞섰다. 이미 눈치챘겠지만 난 매우 소심한 사람이다. 사소한 일에 신경을 쓰며 작은 일로도 전전긍긍한다. 소심한 사람이 착한 사람은 아니다. '착하다'라는 단어를 국어사전에서 찾아보면 "언행이나 마음씨가 곱고 바르며 상냥하다."라고 나온다. 사람들 대부분 말대꾸하지 않고 고분고분한 성향의 사람을 착한 사람으로 알고 있다. 그렇게 해석하기 때문에 착함과 소심함을 비슷한 것으로 취급하는 오류를 범한다.

  나는 우리 반에서 가장 착한 어린이가 되었다. 내가 했던 사소한 행동 하나가 인생을 바꿔 놓았다. 상까지 받았으니 이건 빼도 박도 못할 일이었다. 그렇게 난 초등학교 3학년부터 그러니깐 정확히 '착한 어린이상'을 받은 후부터 착한 사람으로 살게 되었다. 마음속에 검은 그림자가 드리워지기라도 하면 어떻게든 물리쳤다. 끊임없이 흰 칠을 했다. 결국 운동장에 떨어진 휴지는 모두 내 것이 되었다. 쓰레기를 그냥 지나치지 못했다. 닥치는 대로 선행을 했다. 당번도 아니면서 쉬는 시간에 칠판지우개를 털었다. 책걸상이 아무렇게나 튀어나와 있으면 살며시 다가가 조용히 각을 맞췄다. 몸에 습득된 행동은 쉽사리 바뀔 수가 없었다. 난 중학교 3학년 때까지 총 다섯 장의 선행상을 받았다. 낙인이 찍힌 자는 찍힌 대로 행동하지 않으면 더 큰 여파에 휩싸이기도 한다. 내 입에서 조금만 거친 말이 나와도 아이들은 내게 따가운 눈총을 보냈다. 중학교 1학년 청소 시간에 친구와 술래잡기 놀이를 했다. 무조건 잡히면 등짝 한 대씩 때리는 벌칙이 주어진 게임이었다. 드디어 내가 상대 친구를 잡아 등짝을 한 대 때렸다. 그걸 목격한 한 친구가 나를 쌀쌀맞게 대하기 시작했다. 폭력으로 오해해서 나에게 실망한 것일까? 친구가 떠난 이유를 직접 물어보지도 못했다. 그런 용기조차 없었다. 내가 많이 좋아하던 친구였기에 난 머리를 해머로 맞는 듯한 충격을 받았다. 친구가 떠난 후로 난 더 착하게 살았다. 스스로를 잃고 사는 것이 친구를 잃는 것보다 더 불행하다는 사실을 그땐 미처 몰랐다.

  학교를 졸업하고 사회에 나와서도 한결같았다. 십여 년 동안 몸에 밴 행동은 바꿀 수도 없는 강력한 습관으로 굳혀졌다. 언젠가 같은 부서에 근무하던 동료가 내 얼굴에 '착한 사람'이라고 쓰여 있다고 말했을 때 난 아니라고 강력하게 부인하지 못했다. 너털웃음을 터트렸을 뿐이다. 한번은 민원인에게 욕설이 난무한 무례한 전화를 받았다. 아무 잘못 없는 내가 평생 들어 보지 못한 쌍욕을 들어야 하는 억울함 때문에 피가 거꾸로 솟았다. 난 도저히 화를 억누를 수 없었다. 상대방이 전화 끊는 소리와 동시에 수화기를 냅다 던졌다. 수화기는 요란한 소리를 내며 파티션과 부딪혔고 다시 튕겨 올라 책상 위로 떨어졌다. 그걸 본 팀장이 두 눈을 동그랗게 뜨며 "화도 낼 줄 아네?"라고 말했다. 그 소리를 듣자마자 '저도 사람이라고요!'라고 외쳤다. 마음속으로 외쳤을 뿐 목구멍 밖으로 토해 내지 못했다. 난 항상 마음속으로만 말하고 행동했다. 에밀 아자르의 『자기 앞의 생』이라는 책에 기막힌 문장이 나온다. "완전히 희거나 검은 것은 없단다. 흰색은 흔히 그 안에 검은색을 숨기고 있고 검은색은 흰색을 포함하고 있는 거지." 세상에 착한 사람, 나쁜 사람이 구분되어 있지 않다. 사람들 마음속에는 언제나 선과 악이 공존한다. 나는 검은 쪽을 억누르고 흰 쪽을 표출해 보이며 살았을 뿐이다. 내 속에도 분명

악마가 존재하고 있다. 다만 깨우지 않았을 뿐이다.

　괴롭거나 화가 나는 일이 있어도 그것을 솔직하게 표현하지 못했다. 자신의 감정에 맞는 표정과 몸짓을 하는 사람이 부러웠다. 난 오직 마음속으로만 발작을 일으켰다. 키보드와 마우스를 던지고 울고 소리치며 상대를 노려보고 끝내 멱살을 붙잡았다. 난 속마음을 들키지 않기 위해 부단히 애를 썼다. 아무도 몰랐다. 속은 요동쳐도 밖은 고요했으니 알아차릴 수 없었을 것이다. 내 속은 부글부글 끓어도 얼굴은 미소를 짓고 있었다. 날 잘 아는 친구가 한마디 했다. "너의 사회생활 연기는 아카데미 여우주연상감이야." 친구의 말에 난 피식 콧방귀를 뀌었지만 인정하지 않고는 못 배겼다. 나중에는 참을성이 많은 건지 비겁한 건지 나로서도 헷갈리기 시작했다. 오랫동안 내 자신을 잃고 살았다. 사회생활의 대부분은 가짜였다. 사람들은 나를 잘 모른다. 그냥 선천적으로 착한 사람이라고 생각한다. 내 속에 있는 상처와 분노, 또 다른 나의 모습은 철저하게 숨기며 살아온 결과다. 내가 원하는 것, 말하고 싶은 것들은 처박아 두기만 했다. 지난 삶의 궤적은 지금 날 여기에 데려다 놨다. 나쁘지 않다. 어쨌거나 소중한 내 삶이었기에 후회는 없다. 지금부터 더 잘 살면 그만이다. 핵심은 나를 잃지 않는 것이다.

　착하게 살아서 내 몸이 아픈 것이라고 말하는 친구에게 부정은 하지 않았다. 하지만 정확하게 표현해 달라고 부탁했다. '착하게'가 아니라 '착한 척'으로 수정을 요청했다. 오래 참으면 병이 난다. 그건 의학적으로도 증명되었다. 지금은 사나운 욕심을 잠재우고 많은 것을 내려놓았다. 어느 때보다 마음이 고요하다. 착하게 살거나 그렇지 않게 살거나 하는 것은 더 이상 문제가 아니다. 그저 있는 그대로의 모습을 인정하고자 한다. 과거에 내가 어떻게 살았는지는 크게 중요하지 않다. 우린 과거로 돌아갈 수 없다. 황금보다 더 중요하다는 지금을 난 최선을 다해 살아간다. 하루를 충실하게 감사하는 마음으로 후회 없이 살아 내는 것이 최고의 인생이며 기쁨이 충만한 삶의 비밀이다. 이제는 확실하게 알겠다. 가식이 아닌 내 마음속에서 들려오는 소리에 집중하면서 살아가는 것이 자신을 사랑하는 방법이라는 것을 말이다. 솔직하게 나를 표현할 작정이다. 자신을 잃어버리고 살았던 나에게 용서를 구한다. 나 자신을 소중히 생각하는 마음을 잊지 않기로 한다. 이제부터는 내 마음 내키는 대로 살지어다.

잔인한 궁합

　엄마는 가끔 얼빠진 표정을 짓다가 금세 흐느끼곤 한다. 오빠와 그녀가 만나는 걸 어떻게든 막았어야 했다며 고통스러운 표정을 짓는다. 분노했다가 아쉬워하고 결국 체념하는 모습을 옆에서 지켜보다 나도 목이 멘다. 오빠가 그녀와 연이 닿지 않았다면 엄마는 뼈아픈 고통을 겪지 않았을지도 모른다. 오빠의 죽음은 엄마 가슴에 뿌리박힌 비극이다. 엄마는 장남인 오빠를 가장 의지하고 사랑했다. 나와는 띠동갑이었는데 인물이 훤하고 서글서글했다. 무엇보다 정의감이 독보적으로 충만한 탓에 엄마 속을 가끔 썩였다. 오빠는 내가 고등학생이 되었는데도 꼬맹이 취급했다. 언제 크냐며 내 머리를 쓰다듬어 줄 때마다 기분이 좋았다. 그는 언제나 다정한 사람이었다.
　언제였는지 확실하게 기억나지 않는다. 오빠는 내가 초등학교 입학하기 전 집을 나갔다. 엄마는 충격을 받았고 자주 눈이 빨갰다. 밥은 먹고 다니는지 잠자리는 따뜻한지 엄마는 매일 걱정했다. 가출한 근본적인 이유는 아버지의 학대였다. 아버지는 자식 중 유독 장남만 미워했다. 오빠가 하는 건 뭐든 맘에 들어 하지 않았다. 오빠 앞에서는 서슬이 시퍼런 사자 눈빛을 했다. 유년 시절 그 둘 사이에 긴장감 절정이었던 몇 컷을 난 아직도 기억하고 있다. 결국 오빠는 자다가 봉변당한 일을 참지 못해 가출을 감행했다. 그날 아침 하필 나는 마당에 있었다. 유일한 목격자였던 셈이다. 아버지는 갑자기 오빠가 자는 방문을 신경질적으로 열어젖혔다. 그러고는 물이 가득 든 세숫대야를 들고 방으로 들어갔다. 아침에 아버지가 코를 풀며 세수한 더러운 물을 오빠 얼굴에 홱 뿌렸다. 내가 기억하는 것 중 아버지가 오빠를 이유 없이 괴롭히던 마지막 장면이다.

　가출한 지 몇 개월 지나 오빠가 편지를 보내왔다. 엄마는 안도의 한숨을 내쉬었다. 건강하게 살아 있으면 되었다고 눈물을 훔쳤다. 편지를 받고 나서 엄마의 안색이 한결 밝아졌다. 오빠는 명절이나 부모님 생신 때면 서울에서 신기한 물건을 하나씩 들고 내려왔다. 언젠가는 큰 렌즈가 붙어 있는 카메라를 가지고 왔다. 생전 처음 보는 물건이라 식구들이 모여 구경하느라 여념이 없었다. 작은 사각형에 눈을 가져다 대고 셔터를 누르면 그 사각형에 담긴 것들이 사진으로 찍히는 거라 했다. 필름에 담긴 사진들을 인화해서 보여 줬을 때 난 경이로움에 탄성을 질렀다. 두껍고 빛이 나는 종이에 내 모습이 그대로 박혀 있었다. 두 볼이 빨간 아이가 부끄러운 듯 두 손을 모으고 서 있었다. 서울의 야경을 찍은 사진은 멋졌다. 오빠가 직접 찍은 것이라 했다. 색색의 불빛들이 마치 보석처럼 영롱하게 반짝였다.

 오빠는 서른 살이 되던 해 서울 생활을 정리하고 집으로 들어왔다. 아버지가 오랫동안 경비로 일하는 공장에 차량을 운전하던 직원이 급작스럽게 나가는 바람에 사장이 난감해하자 아버지가 오빠를 추천한 것이다. 사장은 아버지의 성실성을 익히 봐 온 터라 면접도 보지 않고 직원으로 받아 줬다. 오빠는 군대에서 운전병으로 복무한 경험이 있어 무엇보다 운전은 자신 있어 했다. 난 오빠가 집으로 돌아오게 되어 기뻤다. 매끼 올라오는 식탁의 반찬이 달라졌다는 것 하나만으로도 흡족했다. 아버지와도 사이좋게 지냈다. 부자지간에 사이가 좋다고 공장에 소문이 날 정도였다. 어릴 적 간혹 목격했던 아버지의 사자 같던 눈빛은 더 이상 없었다. 눈동자는 깊고 순해졌다. 마치 아버지와 오빠에게 걸렸던 저주의 마법이 스르르 풀린 것 같았다.

 오빠를 끔찍이도 사랑하는 그녀의 나이는 스물둘이었다. 그녀가 보낸 편지에 오빠를 처음 봤을 때부터 반했다고 적혀 있었다. 사실이 그랬다. 누가 봐도 호감 가는 스타일이었다. 오빠는 서울에 교제하는 동갑내기 여자가 있다고 했다. 서울에 애인이 없다 하더라도 스물두 살인 어린 여자와 사귀고 싶지 않다고 엄마에게 토로했다. 애인이 있다고 말해도 그녀는 포기하지 않았다. 끝없이 러브레터를 건넸고 사랑하는 마음을 과감하게 표출했다. 속된 말로 골키퍼 있다고 골 안 들어가냐는 식으로 적극적인 구애 작전을 펼쳤다. 그녀가 이틀에 한 번꼴로 오빠에게 건네던 편지를 난 가끔 훔쳐봤다. 사랑에 빠진 자는 누구나 작가가 된다고 했던가? 그녀의 문장은 심금을 울렸다. 얼마나 좋으면 이럴까? 하는 마음에 안타까웠다. 거부당하거나 이루어질 수 없는 사랑은 더 강력한 불꽃으로 타오르게 마련이다. 하지 말라고 강요받으면 더 하고 싶은 것이 인간의 심리다. 편지에 취했던 난 머리를 세차게 흔들었다. 그래도 '이건 아니지 않나?' 싶었다.

오빠는 자필로 쓴 편지를 도저히 그녀에게 건넬 자신이 없다며 편지 내용을 타자기로 쳐달라고 내게 부탁했다. 나는 타자기 자판을 탁탁 눌러 가며 편지를 옮겼다. 다 옮기고 나서 읽어 보니 내용이 단단하지 못했다. 마음이 약한 오빠는 강한 단어를 도저히 넣을 수 없었던 모양이다. 그랬다가는 큰 사달이 날까 내심 걱정하는 눈치였다. 모진 말을 해야 충격을 받고 정신을 차릴 것이 아니냐며 오빠를 설득했다. 오랜 시간 끝에 가까스로 그녀가 단념할 편지를 완성했다. 물러 터졌던 글은 강한 문체로 바뀌었다. 그녀는 그 강력한 편지를 받고도 오빠를 사랑하는 마음을 접을 수 없다 했다. 혼자만이라도 사랑하겠다고 선언하고 나섰다.

그 와중에 엄마는 아버지를 통해 그녀의 사주를 받아 내 궁합을 봤다. 서울에 애인이 있다고는 했지만 실제로 얼굴 한번 본 적이 없으니 엄마는 그게 사실인지에 대한 의문을 품었다. 남자

나이 서른이 넘었으니 하루빨리 결혼하기를 바랐다. 용한 무당한테 다녀온 날 엄마 낯빛이 어두웠다. 느닷없이 퇴근한 오빠를 붙들고는 회사를 관둘 수 없겠냐고 간절하게 애걸했다. 오빠는 그깟 궁합 좋지 않게 나왔다고 회사를 그만두는 건 어불성설이라며 고개를 흔들었다. 결혼하지도 않을 것인데 무슨 상관이냐며 걱정하지 말라고 엄마를 안심시켰다. 엄마는 여전히 불안한 기색을 감추지 못했다.

둘의 궁합은 상상 이상으로 좋지 않았다. 무당말에 따르면 여자 사주가 세서 결혼하면 2년 안에 오빠가 죽는다고 했다. 그 청천벽력 같은 소리를 들은 순간부터 엄마는 충격에서 빠져나오지 못했다. 같이 있기만 해도 큰 사달이 날지도 모른다고 둘을 아예 분리해야 된다며 이번에는 아버지에게 매달렸다. 아버지는 그딴 미신 믿지 말라고 되레 호통을 쳤다. 엄마는 안절부절못했다. 그녀는 공장 경리로 일하고 있었다. 오빠와 하루에 두어 번 마주치는 것조차 엄마는 안심이 되지 않았던 모양이다. 단호하게 막아내는 오빠와 아버지 앞에서 엄마는 단념할 수밖에 없었다.

1990년 8월, 여름휴가를 맞은 오빠는 동네 친구 둘과 울산으로 떠났다. 잘 다녀오라는 나의 말에 오빠는 환하게 웃으며 손을 흔들었다. 그 모습이 마지막이 될 줄은 꿈에도 몰랐다. 휴가를 떠난 다음 날 정오쯤 전화벨이 요란하게 울렸다. 난 여름방학을 맞아 선풍기 앞에서 일반상식 책을 들여다보고 있었다. 아버지가 나를 다급하게 부르는 소리에 안방으로 달려갔다. 엄마는 반

실신한 상태였고 수화기는 서랍장 아래로 대롱대롱 매달려 있었다. 오빠가 위급하다며 어서 내려오라는 동네 친구의 전화였다. 엄마 아버지는 한시도 지체하지 않고 바로 콜택시를 불러 울산으로 출발했다. 하나밖에 없는 남동생은 여름방학 캠프를 떠났고 난 졸지에 혼자 남았다. 순식간에 공포가 엄습했다. 부모님이 떠난 후 난 전화기 옆에 쪼그리고 앉았다. 꼼짝할 수 없었다. 배고픈 것도 잊고 시간이 얼마만큼 흘러갔는지 가늠할 수 없었다. 밤이 깊어 갈 무렵 아버지에게 전화가 왔다. 받자마자 난 오빠는 어떻게 되었냐고 물었다. "네 오빠 하늘나라 갔다. 문 잘 단속하고 자거라. 또 하마." 흔들리는 쉰 목소리였다. 아버지는 더 이상 말을 이어 나가지 못했다. 전화가 이미 끊겼음을 알리는 신호음만 '뚜뚜뚜뚜뚜' 쉴 새 없이 들렸다. 아버지는 말이 없는 사람이다. 절대 먼저 입을 떼는 법이 없다. 엄마가 물어보는 것에만 겨우 대답했다. 엄마 입장에서는 답답해서 미칠 지경이었다. 그 시절 아버지들은 대부분 과묵하고 무뚝뚝했다. 아버지도 그저 평범한 가장의 모습이었다. 난 장롱 꼭대기에 있던 가족 앨범을 꺼냈다. 다정하던 오빠의 얼굴을 뚫어져라 바라봤다. 믿어지지 않았고 믿을 수 없었다. 어제까지 환하게 웃던 오빠를 더 이상 보지 못한다는 사실이 슬퍼 눈물이 왈칵 쏟아졌다. 그저 모든 것이 꿈이었으면 했다.

낮에 오빠 친구가 집으로 전화했을 때 오빠는 응급실에 있었던 것이 아니었다. 이미 계곡에 빠져 죽었지만 충격받을까 봐 거짓말을 했다. 그녀는 오빠가 친구 둘과 여름휴가를 계획하고 있다는 것을 눈치챘다. 가끔 회사로 놀러 오던 오빠 친구를 꾀어 자기도 같이 여행을 떠났던 것이다. 남자 셋은 고기를 구워 먹고 있었고 그녀 혼자 계곡에서 놀고 있었는데 그만 실수로 튜브를 놓쳤다. 허우적거리는 그녀를 구하기 위해 오빠는 무작정 물로 뛰어들었다. 튜브를 던져 그녀를 구하고 자신은 나오지 못했다. 엄마가 내려갔을 때 시체조차 꺼내지 못한 상태였다. 돈을 아무리 준다고 해도 잠수부들이 거부했다. 일 년에 한두 명씩 빠져 죽는 곳이라 했다. 잠수부까지 사망했던 적이 있어 모두 절레절레 머리를 흔들었다. 필시 그 밑에 물귀신이 있다고 믿었다. 결국 엄마의 절규에 마음이 동한 잠수부가 나타났다. 돈 오백만 원에 자신의 목숨을 걸고 들어가 오빠를 건져 냈다. 엄마가 가지고 온 사진으로 본 오빠는 하늘색 긴바지 운동복에 반소매 러닝을 입은 모습이었다. 동네 친구들은 끝까지 거짓말을 했다. 솔직하게 고하면 엄마가 그녀에게 해코지라도 할까 봐 걱정되었던 것이다. 혼자 수영하다 사고가 난 것으로 입을 맞췄다. 수영하는 사람이 긴바지를 입을 리가 없다며 사실대로 말하라고 다그쳤다. 엄마의 계속되는 집요한 추궁에 그들은 결국 실토했다.

결론적으로 그녀를 구하고 오빠는 죽었다. 사실만 논하자면 그녀 때문에 오빠가 죽은 것은 맞다. 잔인했던 궁합은 적중하고 말았다. 어쩌면 우연이었을지도 모른다. 난 그 사건이 백 퍼센트 궁합 때문이라고 생각하지 않는다. 그러니 그녀의 탓이라고만 말할 수 없다. 오빠는 그녀가 죽도록 사랑한 남자였다. 자기 목숨을 버리고서라도 오빠를 살릴 수만 있다면 그렇게 했을 거라고 난 믿는다. 진정한 사랑은 그런 거니깐. 더군다나 사랑하는 사람이 자신 때문에 죽었다는 죄책감에 수없이 많은 고통스러운 시간을 견뎌 냈어야 했을 것이다. 굳이 그녀의 죄를 꼽자면 미치도록 사랑한 죄뿐이리라. 이 세상의 일은 전적으로 누구 때문에 일어나지 않는 법이다. 모든 것은 서로 맞물려 연결되어 있다. 남 탓이 절대 아니다. 엄마는 그녀의 탓에서 다시 아버지의 탓으로 돌렸다. 아버지가 집으로 불러들이지만 않았어도 죽지 않았을 거란 이야기다. 그건 말도 안 되는 소리다. 그런 억지스러운 연결은 끝이 없다. 옛말에 "인명은 재천"이라 했다. 사람의 목숨은 하늘에 달려 있다는 뜻이다. 죽음은 인간의 영역 밖의 일이다. 어찌할 수 없다. 오빠는 천국에서 누군가를 도우며 선한 영향력을 전파하고 있을 것이다.

진정한 해피엔딩

 난 셋째딸이다. 위로 열 살, 여덟 살 많은 언니 둘이 있다. 세 자매라지만 지금은 온전히 세 자매로 살고 있지 않다. 큰언니 얼굴을 마지막으로 본 것은 시아버지 칠순 잔치였다. 벌써 십육 년 전 일이다. 그 뒤로 아주 가끔 메일로나마 소통하고 있었는데 그마저도 끊긴 지 십 년 남짓 되었다. 어젯밤 꿈에 큰언니가 등장했다. 얼마나 반가웠는지 길 건너 앞서가는 언니를 부지런히 쫓아가 불러 세웠다. 꿈에서 큰언니를 본 것은 처음이었다. 간밤 꿈은 마치 현실처럼 선명했다. 흔히들 꿈은 반대라고 하지 않는가. 현실에서 만나지 못하니 꿈속에서나마 마주한 것일까? 꿈에서 깬 아침나절 큰언니에게 장문의 문자를 보냈다. 혹시 무슨 일이 있는지 걱정되는 마음에서였다. 이틀 뒤 숫자 1은 사라졌으나 답은 오지 않았다. 그로부터 한 달 후쯤 작은언니에게 슬쩍 이야기를 꺼냈다. 큰언니가 등장한 꿈과 문자를 보냈으나 답은 없었다는 말을 이어갔다. 가만히 듣고만 있던 작은언니가 갑자기 얼굴을 찌푸리며 격양된 목소리로 말했다. "친정 식구들과 연끊고 살자는 뜻이니 연락하지도 말아." 단호하게 선 긋는 작은언니의 말에 움찔했다.

큰언니는 나와는 다른 사람이란 걸 자주 느꼈다. 오 남매 중 가장 독했다. 엄마와 싸울 수 있는 전투력을 가진 유일한 사람이었다. 인문계 고등학교를 간 것부터 놀라운 일이었다. 엄마는 아들은 빚을 내서라도 대학을 보내 주겠다고 선언했다. 딸은 아니었다. 여자는 시집만 잘 가면 된다고 했다. 상업학교 졸업 후 취직해서 결혼 밑천 마련해 가정을 꾸려 살아가는 것이 평범한 삶의 길이라 했다. 틀린 말도 아니었다. 물이 위에서 아래로 흐르는 것처럼 자연스러운 일이었다. 그 시절에는 유교 의식이 사회 전반에 깊게 뿌리박혀 있었다. 가부장적인 가정에서 딸들은 알게 모르게 차별을 당했다. 그것은 일종의 정서적 학대였다. 엄마를 원망하지 않는다. 어쩔 수 없었을 것이다. 엄마도 어릴 적부터 그렇게 배우고 자랐기에 당연한 행동을 했을 뿐이다. 큰언니는 나에게 엄마 말 무시하고 인문계 고등학교에 진학하라고 권했다. 난 갈등했다. 언제나 엄마 말을 잘 듣는 착한 딸로 살았는데 이제 와 내 의지대로 행동할 용기가 나지 않았다. 담임선생님도 인문계 학교를 추천했다. 선생님은 결국 엄마와의 면담을 요청했고 엄마가 학교에 다녀간 후 진학할 고등학교가 결정되었다. 엄마는 담임선생님과 삼십여 분 만에 담판을 지었다. 난 교무실 밖 복도에서 초조하게 서성거리고 있었다. 내가 예상했던 결론이었다. 웬만해선 엄마의 의지를 꺾을 수 없었을 것이다. 담임선생님은 쓸쓸한 표정을 지으며 내게 원서를 건넸다. 그러고는 엄마를 설득하지 못해 미안하다며 애석해했다. 난 순간 목이 메었다. 울먹이는 목소리로 감사하다는 말을 전하고 교무실을 뛰쳐나왔다.

큰언니는 언제나 자신의 신념을 굽히지 않았다. 가만히 뜯어보면 큰언니는 엄마를 쏙 빼닮았다. 성질이 같으면 부딪힐 수밖에 없다. 부모와 자식 관계라 해서 예외는 아니다. 유독 궁합이 맞지 않는 경우가 있기 마련이다. 아버지와 오빠가 그랬듯이 엄마와 큰언니도 엇갈린 운명의 마법이 걸려 있는 듯했다. 큰언니는 공부를 잘했다. 오 남매 중 독보적이었다. 그 까닭에 아버지는 큰언니를 많이 예뻐했다. 책상에 앉아 공부만 할 수 있도록 나머지 가족들은 노동력을 분담하며 최대한 배려했다. 언니 책상에 놓인 책꽂이엔 몇 권의 책이 꽂혀 있었다. 난 헤르만 헤세의 『지와 사랑』과 이광수의 『흙』은 직접 꺼내 펼쳐 보기도 했다. 누런 갱지에 세로쓰기로 된 책이었다. 시인 윤동주의 『하늘과 바람과 별과 시』라는 파란색 양장본 시집은 내 손에 오랫동안 있었던 책이다. 언니는 책을 좋아함은 물론 글도 잘 썼다. 어느 날 태극기 휘장이 테두리에 그려진 상장이 안방에 걸렸다. 언니는 자신이 국무총리상을 받았다고 좋아했다. 독후감 부분에서 전국 최우수상을 받았다. 두 권의 책 중 어떤 작품인지 헷갈린다. 헤밍웨이의 『노인과 바다』가 아니면 펄 벅의 『대지』였을 것이다.

큰언니는 매일 천으로 만든 가느다란 띠로 허리를 졸라매고 잤다. 그러면 허리가 잘록하게 들어간다고 했는데 그건 사실이었다. 교복 웃옷에 달려 있던 허리띠를 바짝 매면 허리가 개미처럼 가늘어 보였다. 교복 입은 언니의 모습이 보기 좋았다. 반짝이는 검은 구두에 교복 치마는 밑으로 갈수록 퍼지는 플레어스커트라 가는 허리가 강조되어 더 이뻤다. 큰언니가 고등학교 2학년 올라가던 해에 난 초등학교에 입학했다. 나와 나이가 열 살 차이가 나는 탓에 많은 이야기를 나누진 못했다. 말 상대조차 되지 않았다. 큰언니 눈에는 내가 한참 어린 꼬꼬마로 보였을 것이다. 언니는 학교와 집만을 오갔고 집에선 방에만 틀어박혀 있었다. 저녁 밥상에서 잠깐 얼굴 마주하는 것이 전부였다. 큰언니는 일요일마다 성당에서 미사를 드렸다. 언니가 맛있는 핫도그를 사주겠다고 꾀어 나도 몇 번인가 성당에 갔었다. 핫도그를 먹을 수 있다는 생각에 주말이 기다려지곤 했다. 난 '염불보다 잿밥'에 눈이 먼 사람처럼 미사는 관심이 전혀 없었다. 오직 성당이 있는 시내로 외출한다는 것 자체가 즐거웠다. 지금 생각해 보면 언니와 나란히 앉아 시간을 보낼 수 있었던 유일한 장소였다.

언니는 가고자 했던 대학 입시에 떨어졌다. 선생님이 되고자 사범대학에 원서를 넣었는데 불합격 통보를 받았다. 언니는 낙담했다. 나도 기운이 빠졌다. 여자가 무슨 대학이냐고 말했을 때도 언니는 엄마와 공방을 벌여 입학금은 주겠다는 약속을 받아냈다. 난 언니가 대학에 합격하기를 간절하게 바랐다. 언니가 그토록 하고 싶은 선생님이 된다면 신이 날 것 같았다. 선생님이란 직업과 잘 어울려 보였다. 몽둥이 하나 들지 않고도 아이들을 훌륭하게 가르칠 능력이 있는 것처럼 생각되었다. 혹시나 내가 다니는 학교에 선생님으로 부임하면 얼마나 좋을까? 혼자 웃으며 상상의 나래를 펼쳤다. 큰언니는 수녀가 되고 싶다고도 했다. 현실을 회피하기 위해 즉흥적으로 내린 결정은 아닌 것 같았다. 심사숙고했다. 난 언니가 수녀가 되는 것은 바라지 않았다. 어린 나이에 막연하게 들었던 생각은 수녀 생활이 고될 것 같아서였다. 언니가 고생하는 건 싫었다. 무엇보다 난 언니를 하느님께 뺏기기 싫었다. 방황하는 시간을 끝내자마자 언니는 관내에 있는 회사에 취업해 기숙사로 들어갔다. 언니가 처음으로 집을 떠난 것인데 뒷모습은 홀가분해 보였다. 다니던 회사에서 형부를 만나 결혼식을 올린 후 서울에 신혼살림을 차렸다.

고1 여름방학 때 큰언니네서 며칠 지냈다. 형부가 직접 차를 몰아 나를 데리러 왔다. 차를 타고 가면서 형부는 엄마와 언니 사이에 벌어졌던 엄청난 일을 이야기했다. 사건의 전말을 듣고 나서야 그동안 알쏭달쏭했던 실마리가 풀렸다. 큰언니가 열 살 무렵 엄마는 언니를 남의 집으로 보내려고 했었다. 먹고살기 힘든 시기라 큰언니라도 배불리 먹일 욕심에 그랬다는 것이다. 그때 남의 집으로 갔다면 부모와 자식 간의 연은 이미 끝났을 것이다. 엄마가 자신을 버렸다고 생각하는 것은 언니 입장에서 당연하다. 하늘이 도왔는지 하필 며칠 동안 폭설이 쏟아져 언니를 데리러 오지 못해 계획은 무산되었다. 허리까지 내린 눈 때문에 집은 고립된 상태였다. 그 당시 내가 살던 집은 산 중턱에 있었다.

  이야기를 듣자니 기가 막혔다. 한복 입은 배우들이 출연하는 흑백영화에나 나올 법한 이야기였다. 언니가 남의 집에 가서 살았다면 행복했을까? 부잣집이라지만 눈칫밥을 먹었을 것이 뻔하다. 언니의 주장은 아무리 가난해도 가족은 함께 살아야 한다는 것이다. 큰언니는 자신을 남의 집으로 보내려 했던 엄마를 용서하지 못했을 것이다. 씻을 수 없는 상처가 될 수밖에 없다. 열 살이었던 어린아이가 받은 충격은 말로 표현하지 못할 정도였을 것이다. 만약 내가 그런 경험을 당했다면 나는 어땠을까? 생각하기조차 싫다. 어린 마음에 배신감마저 들었을 것이다.

  엄마는 가끔 과거 삶에 대한 불평거리를 나에게 토로하면서 분노를 표출했다. 마치 불행의 늪에 빠진 사람처럼 느껴졌다. 큰언니가 고등학교 때 엄마는 언니 일기장을 훔쳐봤다. 일기장에는 충격적인 문장이 있었다. 진짜 엄마는 하늘나라에 있고 지금 엄마는 계모라는 내용이었다. 엄마는 심장이 급작스럽게 뛰고 손이 떨려 일기장을 떨어뜨렸다. 억울했고 당혹감에 화가 치밀었다고 했다. 열 달 내내 저를 품고 있다가 하늘이 노랗게 되는 진통을 겪고서야 낳았는데 그 자식이 어미의 뒤통수를 치니 순간적으로 치솟은 분노를 참을 수 없었다고 목소리를 높였다. 엄마에게 가끔 큰언니 뒷담화를 들을 때마다 언니는 왜 일기장에 그런 내용을 적었을까? 의구심이 들었다. 물론 엄마가 살갑진 않았지만 난 엄마가 새엄마일지 모른다는 황당한 생각을 한 번도 해본 적이 없다.

  친정과 연을 끊고 지내는 큰언니 이야기를 할 때마다 엄마는 몹시 야속함을 드러냈다. 억울하다고 했다. 자신은 큰언니를 애를 쓰며 키워줌은 물론이거니와 자기가 하자는 대로 다 해줬는데 내가 뭘 더 해줬어야 하는 거였냐고 울부짖었다. 모두 자기를 위한 일이었는데 그걸 오해해서 친엄마가 아닌 새엄마로 치부하는 것에 몸서리가 쳐진다고 분통을 터트렸다. 이미 사십 년 전 끝나 버린 사건에 머물러 있는 엄마가 안타까웠다. 난 듣기만 할 뿐 언제나 아무 말도 못 했다. 사실 누구 편도 들기 어려웠다. 차라리 침묵을 선택했다. 난 양쪽 입장 모두 이해가 되었다. 그렇다고 엄마에게 언니의 입장을 피력하면 더 큰 날벼락이 떨어질 것 같기에 모르는 척했다. 알지도 못하면서 까분다는 소리를 듣기도 싫었고 노여움을 받는 건 더더구나 싫었다.

  나의 안타까운 심정은 오랜 세월을 지냈다. 철없던 시절에 난 내 멋대로 생각했다. 그녀들은 과거의 상처를 꽁꽁 싸맨 채 살아가고 있다고 생각했다. 서로 상처를 물어뜯기만 할 뿐 상대방의 상처를 이해하고 들여다볼 생각은 전혀 하지 않는다고 아쉬워했다. 어쩜 상대방이 아닌 자신의 상처로부터 줄행랑을 치고 있는지도 모른다고 안타까워했다. 상처로부터 도망치면 칠수록 더 큰 괴물로 변해 버리니 상처는 괴롭더라도 두 눈 부릅뜨고 마주할 때만이 치유의 희망이 생기는 것이라고 주제넘게 마음속으로 지껄였다. 직접 경험하거나 당하지 않고는 모른다. 어쩜 둘은 영영 풀어지지 않는 관계로 종말을 맞을지도 모른다. 안타까운 일이지만 관계에 답이 없는 사람들도 있지 않은가. 혈육으로 맺어진 사이라고 해도 서로에게 고통이라면 끊어 내는 것이 맞다. 굳이 마주하며 상처받을 필요 없다. 안 보고 살아도 아무 문제가 없다고 생각한다. 언니는 언니대로 엄마는 엄마대로 각자 잘 살면 되는 것이다. 자신의 삶이 제일 중요하다. 나 자신을 사랑하는 길을 택하면 맞는 것이다. 무엇보다 그것이 가장 중요한 행복의 길이다. 난 지금까지 해피엔딩을 꿈꿨다. 기적처럼 엄마와 언니가 환하게 웃으며 상봉하는 비현실적인 상상을 하곤 했다. 꼭 그것만이 해피엔딩이라고 바보처럼 생각했다. 이젠 아니다. 각자 행복하게 잘 살아가는 것이 진정한 해피엔딩이라는 사실을 깨닫는다.

산 중턱 작은 집

열 살 무렵 내가 살던 집은 산 중턱에 있었다. 학교까지 오십여 분 정도 걸렸는데 왕복으로 따지자면 짧은 시간은 아니기에 조금 지치기도 했다. 집에서 학교로 가는 길은 제법 험난했다. 좁은 논두렁길을 따라 이십여 분 내려가면 차 한 대 지나다닐 정도의 비포장도로와 만난다. 그 길을 다시 십여 분 걸어가면 시멘트로 포장된 마을 안쪽 도로가 나온다. 거기부터는 수월했다. 흙길에서 벗어나 포장된 도로에 발을 내딛는 순간 안도의 한숨이 절로 내쉬어졌다. 곤두섰던 마음은 바로 평화를 찾았다. 단단하게 포장된 길은 궂은 날엔 진가를 발휘했다. 비 내리는 날이 제일 싫었다. 내 운동화는 순식간에 처참한 꼴이 되었다. 진흙이 덕지덕지 묻는 건 기본이고 물을 흠뻑 먹은 흙을 잘못 디디기라도 하면 미끄러져 물웅덩이에 발이 빠지곤 했다. 달랑 한 켤레인 운동화였기에 난 몹시 난감했다.

가장 어려웠던 길은 논두렁이었다. 한 사람 겨우 지나다닐 수 있는 좁은 길이었는데 여름에는 농사꾼들이 수없이 다녀 가운데 부분이 반들반들했다. 그 부분을 제외한 길 양쪽으로는 잡초들이 무성하게 자랐다. 여름에는 풀에 맺힌 아침이슬 때문에 종아리 아랫부분이 축축했다. 나를 공포심에 떨게 만든 것은 뱀이었다. 학교 가는 길목에 똬리를 틀고 앉아 있는 뱀을 보고 기겁해 집으로 뛰어 올라간 적도 있다. 길이 좁은 탓에 뱀을 피해 걸어갈 수도 없었다. 그렇다고 뱀을 건너뛰어 갈 용기가 솟아날 리 만무했다. 너무 놀라 하얗게 질린 얼굴로 뱀이라고 소리치며 집으로 뛰어 들어갔다. 아버지는 놀라는 기색 없이 광에서 긴 지팡이를 하나 들고 나왔다. 난 아버지 뒤에 숨어 졸졸 쫓아갔다. 뱀을 쫓아 준 아버지가 내겐 영웅처럼 보였다.

3학년이 되고 신학기를 맞이했을 때 학교에서 가장 인성이 좋다고 소문난 선생님이 담임이 되었다. 쉰 정도 가늠되는 남자 선생님이었다. 2학년 때 담임은 학교에서 제일 무섭기로 소문난 사람이었다. 인정사정없이 아이들을 때려 우린 그를 미친개라 불렀다. 두꺼비 같은 큰 손을 공중으로 휘둘러 아이들 뺨을 후려치는 몹쓸 짓도 서슴지 않았다. 그는 내 인생 통틀어 최악의 선생으로 기억된다. 30대 중반으로 보이는 작은 키에 통통한 체형이었다. 검은 뿔테 안경을 썼는데 항상 얼굴을 잔뜩 찌푸리고 있었다. 우린 매일 숙제 검사 후 매질을 당했다. 숙제를 안 해 온 아이들은 교실 앞으로 나가 칠판을 바라보고 서게 했다. 그러고는 그는 단호한 어조로 바지를 내리라고 외쳤다. 그 소리에 맞춰 아이들은 동시에 바지를 내렸다. 주로 허벅지 뒤쪽을 때렸다. 지름 2센티미터 정도 되는 참나무로 만든 몽둥이로 사정없이 내리쳤다. 왜 굳이 바지를 벗기고 때리는지 이해할 수 없었다. 고통의 극대화를 맛보라는 뜻이었을까? 바라보고 있는 나조차도 온몸이 움찔댔다.

얼마 후 난 상상만 했던 고통을 실제로 체험해야만 했다. 숙제한 공책을 깜빡 잊고 집에 두고 온 것이다. 맨살에 몽둥이가 닿자마자 찰싹 소리와 동시에 통증이 찾아왔다. 아홉 살 어린아이가 감내하기 힘든 강도였다. 참나무가 살갗에 감기면서 따끔거렸고 살이 놀라 금세 벌겋게 부풀어 올랐다. 엄살 많은 친구는 한 대 맞자마자 팔짝팔짝 뛰기도 했고 주저앉아 우는 아이도 있었다. 그런 아이들은 머리, 등, 팔 가리지 않고 온몸을 사정없이 맞았다. 아이들 앞에서 내 소중한 엉덩이를 보인다는 것 자체만으로 수치심을 불러왔다. 그 까닭에 여태껏 숙제만큼은 꼬박꼬박 해왔다. 맞는 내내 눈물이 흘렀다. 아파서도 울었고 창피해서도 울었는데 눈물의 가장 큰 지분은 억울함이었다. 미친개와 일 년이라는 시간은 하루하루가 공포 그 자체였다.

3학년 담임은 매우 친절했다. 아이들에게 사랑의 매조차 들지 않았다. 마치 지옥 같은 시간을 견뎌 낸 자에게 내린 신의 선물 같았다. 4월로 접어들자 본격적으로 가정방문을 시작했다. 가정환경을 살피고 학부모와의 대화를 통해 아이들을 제대로 파악하고자 하기 위함이다. 실로 다정한 선생님이었다. 반 아이들을 진심으로 사랑했다. 아이들을 바라보는 눈빛만 봐도 단박에 알 수 있었다. 가정방문은 처음이었다. 1, 2학년 때 선생님은 무관심인지 귀찮아서인지 가정방문이란 단어조차 꺼내지 않았다. 가정방문은 며칠 동안 동네별로 진행되었다. 우리 동네 차례가 오자 설렘과 동시에 떨렸다. 등교하기 전 엄마에게 선생님이 언제 방문할 줄 모르니 오후는 내내 집을 지켜 달라고 당부했다. 선생님께 드릴 과일이랑 음료수도 직접 두 눈으로 확인한 후 가벼운 발걸음으로 학교로 향했다. 그날처럼 등굣길이 즐거운 날도 없었다. 인격적으로 훌륭하신 선생님이었기에 기대하는 마음이 컸다. 좋은 선생님을 만난 것 하나만으로 내겐 기적이고 감사했다.

  흔한 차별도 없었다. 공부를 못하든 잘하든, 부유하건 가난하건 한결같이 대해 주었다. 선생님을 절로 존경할 수밖에 없었고 존경받아야 마땅한 사람이었다. 또다시 이렇게나 좋은 사람이 담임이 되리라는 보장도 없었다. 미소 짓는 선생님 얼굴을 바라보기만 해도 즐거웠다. 하루하루가 소중했고 아까웠다.

  수업이 끝나고 선생님은 우리 동네 아이들을 모두 불렀다. 나를 포함해 전부 네 명뿐이었다. 학교에서 가장 가까운 친구 집부터 차례대로 가정방문이 진행되었다. 대략 한 시간이 지났을 무렵 거리가 가장 멀었던 우리 집만 남겨 놓고 있었다. 선생님과 나와 단둘이 남았을 때 선생님은 내가 사는 집이 어디냐고 물었다. 난 손가락으로 바로 앞에 보이는 작은 산을 가리켰다. 선생님은 순간 화들짝 놀랐다. 내 집이 산 중턱이라는 걸 상상도 못했을 것이다. 난감한 표정이 이어졌다. 선생님 얼굴색이 어두워지고 있을 때 난 불안감이 밀려들었다. 그것은 곧 현실이 되었다. 설마 했는데 역시나였다.

선생님은 서울에서 지인과 선약이 있다고 했다. 우리 집에 들렀다 갈 여유가 없다며 다음 방문을 약속하고는 돌아섰다. 난 다리에 힘이 쭉 빠졌다. 혼자 집으로 올라가다 논두렁에 주저앉아 엉엉 울었다. 끊임없이 솟아나는 서러움에 쉬이 눈물을 그칠 수 없었다. 선생님이 바빠서 그냥 가셨다는 말에 엄마는 실망한 기색을 애써 감추고 날 다독였다. 다음에 오신다고 약속까지 하고 갔으니 너무 상심하지 말라고 위로했다. 무슨 일이든 기대한 만큼 실망은 크게 작용하기 마련이다. 내가 존경하지 않는 선생님이라면 이렇게까지 낙담하지 않았을 것이다. 2학년 담임이었다면 반대로 기쁨의 세리머니를 날렸을지도 모를 일이다. 난 그 사건이 일어난 후 산 중턱 집이 싫어졌다. 벗어나고 싶은 마음만 간절했다.

물론 산골에서의 추억은 많았다. 계절별로 산은 색을 바꿔가며 아름다움을 선사했다. 집에서 5분 정도 올라가면 산에서 내려오는 물이 흐르는 냇가가 있다. 물이 맑아 보석처럼 반짝였다. 여름에는 그곳에서 진종일 놀았다. 오빠 언니들과 가재를 양푼 가득 잡아 튀겨 먹었는데 그 맛은 일품이었다. 폭우가 쏟아진 다음 날 불어난 물살에 신발 한 짝을 잃어버렸다. 순식간에 휩쓸려 떠내려가 도저히 잡을 수 없었다. 엄마한테 혼날까 봐 두려운 마음에 집으로 가는 내내 울었다. 여름에는 맛있는 산딸기를 실컷 먹을 수 있었다. 내가 여름을 가장 좋아했던 이유다. 내 키만 한 산딸기나무에 빨간 열매가 다닥다닥 붙어 있었다. 정신없이 따서 주전자에 넣으면 금세 하나 가득 찼다. 산딸기는 곧 나의 행복이었다. 겨울엔 눈 내린 언덕을 비닐포대 하나 머리에 얹고 오르고 내리고를 반복했다. 내려올 땐 신나게 눈썰매를 탔다. 추운 줄도 모르고 타다가 손이 얼어 터져 피가 새어 나오기도 했다. 계절마다 선물 같았던 추억도 나의 마음을 돌리기엔 턱없이 부족했다. 계속 산 중턱에 산다면 앞으로 내가 사는 집에 방문할 선생님은 아무도 없을 것 같았다. 그 생각은 나를 우울하게 만들었다. 가정방문 불발 사건 후유증은 심각했다. 극복해 내는 데 적잖은 시간이 걸렸다. 틈만 나면 엄마에게 산 아랫마을로 이사가자고 졸라 댔다. 엄마는 그때마다 안타까운 표정을 지으며 어렵다는 말만 되풀이했다. 난 밤마다 달님에게 기도했다. 제발 아랫동네로 이사하게 해달라고 빌고 또 빌었다. 그토록 간절하게 소원을 빈 적은 처음이었다.

그로부터 얼마 후 우리 집은 마을로 이사를 왔다. 부모님의 자발적인 의사는 아니었다. 군부대 훈련용 사격장 조성을 위해 내쫓기다시피 내려왔다. 갑자기 집 아래쪽에 사격장을 만들게 되어 집을 철거해야 한다고 했다. 석 달 안에 비우라는 국방부에서 온 서류를 받고 부모님은 울상이었다. 몇 푼 되지 않는 보상금으로 집 구할 일이 막막했기 때문이었다. 난 부모 속도 모르고 신이 나서 어쩔 줄 몰라 했다. 이사와 동시에 가정방문 사건의 상처가 치유될 것 같았다. 수소문 끝에 우린 운 좋게 도회지로 나가는 사람의 집을 매입했다. 외딴집이었다. 옹기종기 모여 살아가는 마을회관 근처가 아니어도 좋았다. 산 중턱만 아니라면 어디라도 괜찮았다. 산골 생활을 청산하고 마을로의 입성은 유년 시절 중 가장 즐거운 날이었다. 기쁨으로 과열된 심장이 펄쩍펄쩍 뛰었다. 내 인생 첫 번째 소원이 이루어진 순간이었다. 등하굣길은 반으로 짧아졌고 뱀의 공포에서 탈출할 수 있었다. 같은 동네 아이들과 방과 후 재미있게 놀았다. 물론 학년이 바뀔 때마다 가정방문도 성공적으로 마쳤다.

나이가 드니 이젠 산골에서 살고 싶다. 어릴 적 벗어나고 싶어 안달했던 그곳이 이젠 그립다. 세월이 흘렀다고 손바닥 뒤집듯 바뀌다니 나로서도 의아하다. 자연과 하나 되어 호흡했던 유년 시절의 추억이 한없이 소중하고 감사하다. 자연 속에 들면 마음의 평화를 얻게 된다. 지난해 헨리 데이비드 소로가 쓴 책 『월든』을 정신없이 밑줄을 치며 읽었다. 소로의 자연 예찬은 끝이 없다. "자연은(해와 바람과 비, 그리고 여름과 겨울은) 말로 표현할 수 없이 순수하고 자애로워서 우리에게 무궁무진한 건강과 환희를 안겨 준다." 이 문장 하나만 봐도 작가의 마음을 알 수 있다. 많은 것을 소유할수록 삶은 복잡해질 수밖에 없다. 단순하게 사는 것이 행복의 근원이다. 이제 그것을 깨달았으니 자연과 함께 단순한 삶을 살고 싶다. 쉰이 넘어 생겨난 나의 작은 바람이다.

볼 빨간 쑥이

나는 뼛속 깊이 내성적인 사람이다. 그것의 근원적 요인은 내가 빨간 볼을 가지고 있기 때문이다. 초등학교 입학하면서부터 강력한 스트레스에 시달렸다. 생각해 보시라, 자신의 볼이 새빨간 사과처럼 붉다면 고개를 들고 다닐 수 있겠는가? 난 창피해서 머리를 꼿꼿이 들어 올리지 못했다. 언제나 죄인처럼 고개를 숙였다. 아무리 가리려 노력해도 불타오르는 볼은 확연하게 눈에 띄었다. 동네 어르신들은 낮술이라도 했냐며 웃어 대기 일쑤였고 '홍당무'와 '빨갱이'라는 별명도 나와 함께 늘 붙어 다녔다. 남녀노소를 막론하고 난 사람들의 놀림감이었다. 그럴 때마다 내 볼은 더 활활 타올랐다. 어찌나 뜨거운지 달걀 프라이도 부쳐 낼 수 있을 것 같았다.

학교에서 아이들과 대화하기 어려웠다. 상대방 눈을 보고 이야기하는 것조차 두려움으로 다가왔다. 거울에 비친 빨간 볼을 바라볼 때마다 차라리 깨끗하게 도려냈으면 좋겠다는 극단적인 생각에 사로잡히기도 했다. 중학교에 입학하고 얼마 되지 않아 아이들이 날 힐끔대며 수군거렸다. "혹시 쟤 벙어리 아냐?"라는 말을 지껄이며 자기들끼리 낄낄거렸다. 난 기분이 나쁘지 않았다. 다행히 빨간 볼은 언급하지 않았기에 안도의 한숨까지 내쉬었다. 난 웬만해선 입을 떼지 않았다. 학교에서는 마치 그림처럼 앉아 있었다. 가끔 짝이랑 몇 마디 나누는 것이 전부였다. 볼만 빨갛지 않다면 난 인간답게 살 수 있을 것 같았다. 그것만 아니었다면 내 삶의 하루하루는 완전히 딴판이었을 것이다.

초등학교 1학년 때의 일이다. 우리 학년 전체가 봄 소풍을 갔다. 엄마들과 함께였다. 엄마들은 맨 뒤쪽에서 두 줄로 정렬해 우리를 쫓아왔다. 양손에는 도시락과 맛있는 음식이 가득했다. 점심으로 김밥을 먹고 우리 반 아이들은 선생님 앞에 옹기종기 모여 앉았다. 아이들 뒤쪽으로 엄마들이 앉았다. 선생님은 빨간 확성기를 들고 맨 앞에서 사회를 봤다. 갑자기 노래 부르고 싶은 어린이는 나오라고 했다. 난 아무 생각이 없었다. 딴 데 정신이 팔려 있었다. 점심에 냇가에서 주운 조약돌 두 개를 가지고 놀고 있었다. 조약돌은 백옥처럼 희었다. 타원형 모양에 표면이 매끄러워 만지면 만질수록 기분이 좋았다. 아이들에게 아무런 반응이 없자 이번엔 학부모 쪽을 바라보며 노래 부르고 싶은 분 있냐고 물었다. 누군가 "저요!"라고 외쳤다. 익숙한 목소리였다. 불길한 예감에 뒤를 돌아보니 예상대로 엄마였다. 아뿔싸! 엄마는 앞으로 나가 나를 향해 손짓했다. 어서 나오라고 내 이름을 불렀다. 일제히 날 쳐다보는 아이들 눈을 마주하는 순간 난 하늘로 솟든 땅으로 꺼지든 어디론가 사라지고 싶었다. 노래 부르고 싶으면 혼자 부르면 될 것이지 왜 자꾸 나를 부르는지 이해할 수 없었다. 당황한 내 볼은 불타오르기 시작했다. 난 어찌할 바를 몰라 울음보가 터지기 직전에 엄마는 혼자 노래를 불렀다. 꾀꼬리 같은 목소리가 공원에 울려 퍼졌다. 엄마는 노래를 아주 잘했다. 집에서도 자주 흥얼거렸다. 면민 체육대회 노래자랑에 출전해 영광의 대상을 받은 전력이 있는 실력자였다.

난 교과 과목 중 체육과 음악이 제일 싫었다. 빨간 볼은 태양과 합성하면 도드라지게 색이 진해졌다. 체육 시간에는 운동장에 나가 활동을 했으므로 내 볼은 더 뜨거워졌다. 학기별 두 번의 평가가 있었다. 가령 뜀틀이나 줄넘기 종목들을 해야만 하는 것인데 한 명씩 앞에 나가서 했다. 난 죽기보다 싫었다. 그 탓에 체육 실기 점수는 매번 낮았다. 실내에서 하는 음악 평가는 그나마 상황이 낫지만 내 목소리는 한없이 떨렸다. 고등학교 1학년 때 음악 선생님은 매우 독특했다. 제멋대로 살아가는 사람이었다. 틀에 얽매이지 않은 사람이라 예측하기 어려운 그의 돌발 행동에 공포감마저 들었다. 1학기 중간고사 실기시험을 위해 우린 한 명씩 음악실 앞쪽 피아노 옆으로 나갔다. 내 차례가 될 때까지 덜덜 떨었다. 쿵쾅거리며 심장 뛰는 소리가 내 귀까지 들렸다. 난 교실 앞쪽으로 나가 노래 부를 준비를 하고 있었다. 자신을 바라보지 말고 아이들을 바라보고 노래하라는 선생님 지시에 따라 난 뒤로 돌아섰다. 아이들 얼굴이 하나도 들어오지 않았다. 백내장이라도 걸린 눈처럼 앞이 뿌옇다. 선생님은 바로 노래 반주를 시작했고 난 너무 떨려서 들어가는 박자를 몇 번 놓쳤다. 세 번째 틀렸을 때 선생님은 갑자기 히스테리 발작 증세를 보였다. 두 손으로 피아노를 요란하게 쿵쿵쿵 치더니 빵점이라고 소리쳤다. 인상을 있는 대로 찌푸리고 손을 휘저으며 그냥 들어가라고 격분하며 말했다. 빵점이라는 소리에 다리 힘이 풀려 순간 휘청거렸다. 맥박이 빨라지면서 동시에 내 양쪽 볼의 온도도 무한대로 올랐다. 놀라기도 했지만 무엇보다 창피해 자리로 뛰어들어갔다.

수업이 끝날 무렵 선생님은 내가 앉아 있는 쪽으로 고개를 돌리며 빵점은 이번 주까지 기회를 준다고 했다. 방과 후 음악실로 오면 재시험을 볼 수 있다는 말에 안도의 한숨을 토했다. 하교 후 뒷마당에서 열심히 노래를 불렀다. 마음을 가다듬고 이틀 후 모든 수업이 끝나고 홀로 음악실로 향했다. 선생님은 나를 시큰둥하게 맞이했다. 혼자 부를 수 있어서 좋았다. 혼자라면 몇 곡이라도 연속해서 부를 자신이 있었다. 그것도 제법 잘 불렀다. 난 흡족한 마음에 쾌재를 부르며 억제되지 않는 웃음을 참아 내느라 애썼다. 중간고사 실기평가 곡목은 이탈리아 민요인 '돌아오라 소렌토로'였다. 지금도 난 가끔 그 노래를 흥얼거리며 부른다. 희한하게 묘한 쾌감이 느껴진다.

스물, 화장을 시작하고부터 병적인 성격은 조금씩 개선되기 시작했다. 화장품은 나를 신세계로 인도했다. 붉은 볼을 완벽하게 커버할 수 없었지만 만족했다. 은은하게 비치는 붉은 기는 마치 볼 터치를 한 듯 볼만했다. 그때부터 나는 상대방 눈을 제대로 응시하며 대화할 수 있었다. 날마다 저녁을 먹은 후 30분씩 말하기 훈련을 했다. 방 벽에 걸린 거울 속 나와 대화하면 할수록 자신감이 생겼다.

  열심히 돈을 벌어 내 손에 거금 오백만 원이 들어왔을 때 난 병원으로 달려갔다. 서울에서 꽤 유명하다는 피부과였다. 명성에 걸맞은 확실한 치료법을 제시해 줄 것이라 기대했다. 난 여러 가지 테스트를 받았다. 병명은 '모세혈관 확장증'이었다. 피부가 원체 얇아 모세혈관이 비치는 것이라 했다. 실제로 볼때기에 미세한 혈관들을 눈으로 볼 수 있었다. 몇 개월 꾸준히 레이저 치료를 받으면 좋아질 것이라 했다. 치료 비용이 천만 원가량 될 것이라는 말에 벌린 입이 닫히지 않았다. 그래도 치료하고 싶었다. 그러나 치료 후 재발 확률이 높아 완치는 보장할 수 없다는 이야기에 난 시무룩해졌다. 포기하는 쪽을 택했다. 완치라는 단어를 들었다면 치료받았을 것이다.

  집에 돌아와 죄 없는 엄마에게 괜한 화풀이를 해댔다. 하필 왜 나를 볼 빨간 사람으로 태어나게 했냐고 철부지 어린아이처럼 징징거렸다. 엄마는 미소를 지으면서 과거를 회상하는 듯 순간 눈이 깊어졌다. 나를 임신했을 때 유독 사과가 먹고 싶었다고 한다. 마음 놓고 사 먹을 수 있는 형편이 아니라 궁리 끝에 안방 다

락방에 감춰 두고 엄마 혼자 먹었다고 한다. 아버지는 장날마다 식구들 몰래 사과를 사다 날랐다. 엄마는 자신이 사과를 많이 먹은 탓에 내 피부가 희고 고운 것이라며 되레 고마워해야 할 판에 불만을 쏟는다며 어처구니없어했다. 볼이 발그레해서 예쁘기만 한데 왜 스트레스를 받냐며 내 마음을 이해조차 못 했다. 딸은 심각해 죽겠다는데 아무렇지 않게 웃어넘기는 엄마가 야속했. 돌이켜 보면 난 가진 것에 감사할 줄 몰랐다. "행복의 자질은 가지지 못한 것 대신에 가진 것에 감사할 줄 아는 데 있다." 미국 영화감독 겸 배우인 '우디 앨런'이 한 말이다. 곱씹을수록 맞는 말이다. 철이 들고부터는 사소한 것에 감사하는 마음이 샘솟는다. 산책을 하면서도 두 다리로 걸을 수 있다는 것 자체가 한없이 감사하다. 과거의 나로서는 있을 수 없는 일이다. 작은 것에 감사할 줄 알면서 난 더 자주 행복감을 느낀다. 따지고 보면 행복은 그리 어려운 건 아니었다.

스물다섯 된 해, 난 반려자를 만나 혼례를 치렀다. 신혼 첫날밤 화장 지운 얼굴을 처음 목격한 남편은 귀신이라도 본 것처럼 깜짝 놀랐다. 얼굴이 왜 그러냐고 진지하게 물어 왔는데 진심 놀랐던 것 같다. 결혼하기 전에는 매번 화장한 얼굴만 마주했기에 놀라지 않을 수 없었을 것이다. 남편이 하루빨리 적응하기만을 바랐다. 결혼을 하고 몇 년 동안 2주에 한 번 주말에 시댁을 갔다. 매번 하룻밤을 자고 왔는데 어머니는 아침마다 처음 보는 듯 빤히 내 얼굴을 바라보며 안쓰러운 표정을 지었다. '아이고 얼굴이 왜 그런 거니?' 더 이상 나에게 직접적으로 묻지는 않은 채 혼잣말을 했다. 어머니는 내 얼굴에 적응하려면 오랜 시간이 걸릴 것처럼 느껴졌다. 이대로는 곤란하겠다는 생각이 들었다. 난 그때 결심했다. 아무도 일어나지 않는 새벽에 일어나 화장을 하기로 말이다. 평일에는 출근하기 위해 화장을 했고 주말에는 어머니보다 먼저 일어나 분칠을 했다. 더 이상 나를 보며 측은해하거나 놀라는 이가 없었다. 그렇게 나는 매일 화장하는 여자로 살았다. 약 이십 년 동안 지속된 일이다. 어지간히 귀찮은 일이었다. 하지만 세상 모든 일은 습관이 되면 수월해지기 마련이다. 난 일어나자마자 씻고 화장대에 앉았다. 나중에는 몸이 기억한 탓에 마치 기계적으로 작동했다. 나이가 들수록 얼굴이 두꺼워진다는 말은 사실이었다. 지금은 붉은 기가 확연히 줄어들었다. 나이 들어 감이 좋은 점 중 하나다.

마흔 중반으로 들어설 무렵 몸에 이상이 생기면서 모든 것이 귀찮아지기 시작했다. 주말에 일어나 화장을 안 한 지 오 년째다. 거울을 볼 때마다 실핏줄 흔적을 마주하면 웃음이 난다. 그땐 이게 뭐라고 창피해 죽을 것만 같았는데, 지금 보니 붉은 볼은 생기를 더해 되레 젊어 보인다. 내 인생의 발목을 잡았던 그것은 더 이상 나를 쪼그라들게 하지 않는다. 과연 내가 빨간 볼을 신경 쓰지 않고 살았다면 난 어떤 모습으로 살았을까? 가끔 궁금하다. 빨간 볼은 내 인생 가장 큰 아킬레스건으로 작용하여 나를 한없이 구석으로 내몰았다. 물론 지금은 아니다. 모든 것이 바뀌었다. 이젠 당당하게 머리를 쳐들고 다닌다. 물론 맨얼굴로 말이다. 창피하다는 생각이 들지 않는다는 사실이 신기할 뿐이다. 이것이야말로 중년 아줌마의 근성이라는 것일까? 아줌마의 매력 중 한 가지는 어디에도 구속받지 아니한 당당함이 아니겠는가. 나도 이제 자유인의 경지에 이르렀다. 세월과 더불어 나이 듦이 감사하다. 나이 들수록 조금은 뻔뻔해질 수 있다는 것이 가장 큰 매력이다. 세월은 나쁜 것도 주지만 좋은 것도 준다. 더 이상 남들이 날 어떻게 생각하는지에 대해 전전긍긍하지 않아도 된다. 자신의 고유한 정체성을 찾아가는 은혜로운 시기로 살아간다는 것에 살짝 설레기까지 하다. 이젠 약점이 아닌 매력으로 나를 위로한다. 난 조금의 주저함 없이 빨간 볼을 사랑한다.

내 친구 누렁이

　초등학교 시절 우리 집 마당에는 개, 고양이, 소, 돼지, 닭이 살았다. 개는 집을 지켰고 고양이는 들끓던 쥐를 쫓아냈다. 그 둘은 나름 막대한 임무를 갖고 있었다. 소와 돼지는 살림에 보탬을 주기 위함이요. 닭은 식구들의 단백질원이었다. 엄마는 텃밭에서 캔 감자를 넣은 닭볶음탕을 가끔 해주셨다. 그 맛은 일품이었다. 손님이 방문하면 황기와 엄나무를 넣어 푹 곤 닭백숙이 상에 올라왔다. 난 닭백숙보다 칼칼한 맛에 입맛까지 돋는 닭볶음탕이 더 좋았다. 몸에 좋은 재료를 넣어 만든 닭백숙 국물은 연한 갈색이었다. 엄마는 보양식이라며 내게 밥을 말아 건넸다. 난 몇 숟가락 억지로 먹다가 남겼다. 국물에서 내뿜는 한약 냄새에 거부감이 들어 목구멍으로 넘기기 힘들었다.
　하루는 아버지가 닭을 잡다가 놓쳤다. 난 방에 들어가 있었는데 언니 비명소리에 놀라 황급히 마당으로 나왔다. 수탉이 목이 잘린 채 피를 질질 흘리며 마당을 가로질러 달려가고 있었다. 날개를 푸드덕거리며 사방으로 날뛰었다. 난 꿈에 나올까 두려워 두 눈을 질끈 감았다. 엄마와 아버지는 닭을 잡기 위해 이리저리 사방으로 정신없이 뛰어다니고 있었다. 다행히 그 닭은 저녁 밥상 위에 얌전히 올라와 있었다. 아버지는 닭 잡다가 놓친 건 이번이 처음이라며 멋쩍은 웃음을 지어 보였다. 수탉은 몸짓이 크고 힘도 좋다. 자태만 봐도 위풍당당해 보인다. 볏이 광택이 나는 진한 붉은색으로 화려하다. 신기하게도 울음소리도 다르다. 수탁은 '꼬끼오'라고 하고, 암탉은 '꼬꼬댁 꼬고'라고 한다. 나도 몰랐는데 아버지가 알려 주어 관찰하니 정말 그랬다. 그날은 예상치 못한 소동에 가족 모두 혼쭐이 났다.

난 소와 가장 친하게 지냈다. 다른 동물들과는 인연이 아니었다. 마당 왼편 화장실 앞에 묶어 두었던 개에게 허벅지를 물리는 사고 이후 개가 무서웠다. 아무리 멍청한 개라 한들 어찌 주인을 물 수 있는가. 난 아픔보다는 내 살에 박힌 선명한 이빨 자국에 너무 놀라 주저앉아 엉엉 울었다. 엄마는 그 개를 개장수에게 팔았다. 그제야 난 여유로운 미소를 지으며 마당을 돌아다녔다. 고양이는 집 밖에서 키웠기 때문에 들고양이나 다름없었다. 집안에 붙어 있는 꼴을 좀처럼 볼 수 없었다. 쉽사리 곁도 주지 않는 도도한 고양이라 정이 가지 않았다. 돼지는 집 뒤편 후미진 곳에 있었다. 아버지가 직접 돼지우리를 지었는데 사각형 모양으로 낮게 벽돌을 쌓아 올린 후 스레이트 지붕을 얹혔다. 가끔 엄마가

장시간 외출했을 때 밥을 주기 위해 돼지우리에 갔다. 끼니때가 되어 배고픈 돼지들이 내 발소리를 듣고는 순식간에 몰려와 밥통에 머리를 처박았다. 밥통은 움푹 팬 기다란 모양의 시멘트로 만든 것이었다. 사료를 뿌려 주어야 하는데 돼지의 머리 때문에 난 애를 먹었다. 그렇다고 돼지 뒤통수 위에 그대로 부을 수도 없었다. 엄마가 사용하던 막대기를 이용해 후려쳐도 비킬 생각을 하지 않고 꿀꿀거리며 밥을 달라고 울면서 버텼다. 미욱한 돼지다. 돼지 밥 주는 심부름이 제일 싫었다.

 난 누렁이에게 첫눈에 반했다. 새 식구가 들어오던 날 학교가 끝나자마자 한달음에 집으로 달려왔다. 벌써 외양간에 자기 자리를 잡은 소는 겁을 먹은 모습이었다. 그건 당연하다. 낯선 환경에 적응하려면 시간이 필요할 테니깐. 소를 가까이 본 적은 처음이었다. 기름기가 흘러 번들거리는 털은 생기 있어 보였다. 소의 눈은 왕방울만 했고 깊고 맑은 착한 눈이었다. 마치 수술이라도 한 것처럼 쌍꺼풀이 말도 못 하게 두꺼웠다. 속눈썹은 성냥개비 열 개를 올려놓아도 끄덕하지 않을 것처럼 튼튼해 보였다. 속눈썹조차 황색이었다. 맨 처음에는 희번덕거리는 큰 눈이 무서워 가까이 가지 못했다. 아버지는 소는 털을 긁어 주면 좋아한다며 쇠에 톱니바퀴 모양이 새겨진 삼각형 모양의 소 빗을 가지고 왔다. 목덜미를 긁어 주니 소는 시원하다는 듯 '음메'거리며 아버지 곁으로 바짝 다가섰다. 아버지 말대로 기분이 좋아진 모양이다. 벌써 긴장이 풀린 듯 보였다. 적응이 빠른 녀석이었다. 소의 눈을 들여다보고 있으려니 그 속으로 빨려 들어갈 것만 같았다. 난 누렁이라는 이름을 지어 부르기 시작했다. 식구들에게도 이름을 공표하고 앞으로 그렇게 불러 줄 것을 요청했다. 하지만 나 말고는 아무도 누렁이에게 관심을 보이지 않았다. 맘대로 하라는 식으로 모두 외면했다. 누렁이뿐 아니라 내게도 점점 무심해진다는 느낌을 받았다. 그건 바로 냄새 때문이었다. 소 냄새는 강력했다. 내 몸에 배어 있던 것이다. 학교에서도 아이들이 나에게 무슨 고약한 냄새가 난다고 수군거렸다. 누렁이 냄새였다. 그래서 더 좋았다. 아이들이 나랑 놀기를 거부했다. 하긴 역겨운 냄새가 나는 친구랑 어찌 놀 수 있단 말인가. 난 아이들과 노는 것보다 누렁이랑 함께 있는 것이 더 재미있었다. 수업이 끝나자마자 와서 놀아 주겠노라고 했던 약속을 매일 지켰다. 누렁이도 나를 기다리고 있던 눈치였다. 반갑다는 몸짓을 했다. 누구보다 나를 좋아했다. 그 이유 하나만으로 뛸 듯이 기뻤다.

난 학교에서 오자마자 마루에 가방을 던져 놓고 외양간으로 달려갔다. 누렁이에게 눈인사를 먼저 건넸다. 벽에 걸린 빗을 들어 목덜미부터 긁어 줬다. 누렁이는 행복해 죽겠다는 표정을 지었다. 순한 눈을 껌벅거리며 나의 가슴팍으로 머리를 자꾸 파묻었다. 조금만 더 긁어 달라고 아양을 떠는 모습이 귀여웠다. 매일 한 시간 남짓 소와 교감하며 대화를 나눴다. 속상했던 일이나 기뻤던 일들 하나도 빠짐없이 누렁이에게 고했다. 누렁이는 군말 없이 잘 들어 주었다. 가끔 '음메' 소리를 내는 것이 전부였지만 내 이야기를 알아듣는 것 같았다. 그렇게 우리 둘은 더없이 다정한 친구로 지냈다.

들판에 풀이 무성하게 자라면 풀을 베다 누렁이에게 먹였다. 신선한 풀은 소가 가장 좋아하는 영양 간식이었다. 매일 오후 들판으로 나갔다. 소에게 먹일 신선한 풀을 베어 자루에 담았다. 되도록 많이 베어 가겠다는 욕심에 오랜 시간 들판에서 보냈다. 누렁이는 주로 사료를 먹었다. 하지만 풀을 좋아했다. 거품을 잔뜩 머금은 침을 질질 흘리며 녹색 풀을 어기적어기적 씹어 먹었다. 정말 맛있게 먹었다. 혀가 보일 때마다 깜짝 놀랐다. 크고 두꺼워서 조금 징그러웠다. 겨울엔 짚단을 작두로 잘게 잘라 솥에 넣어 소죽을 쑤어 줬다. 하루빨리 추운 겨울이 지나고 푸른 새싹이 돋아나는 봄이 오기만을 기다렸다. 누렁이와 봄, 여름, 가을, 겨울을 함께하고 다시 봄이 찾아왔을 때 난 누렁이와의 이별을 직감했다.

어느 날 나보다 열 살이나 많은 언니가 결혼하고 싶다는 남자를 데리고 왔다. 그 낯선 남자는 비쩍 마른 사람이었다. 마른 사람은 신경이 예민하다고 들었는데, 큰언니가 마음고생은 하지 않을까? 하는 걱정이 들었다. 그 남자는 인상과 다르게 매우 친절했다. 이런저런 이야기를 쏟아 내며 내게 관심을 보였다. 난 그저 고개만 꾸벅거렸다. 큰언니가 그 남자를 많이 사랑하고 있는 것 같았다. 언니를 사랑하는 그 남자의 눈빛도 마찬가지였다. 사랑이란 감정은 절대 감출 수 없는 거니깐. 둘은 이구동성으로 결혼을 하루라도 빨리하고 싶다고 말했다.

그 마른 남자가 인사하러 왔던 날 저녁 부모님의 한숨 소리를 들었다. 덜컥 아이부터 가졌으니 배가 불러 오기 전에 결혼식을 올려야 되지 않겠느냐는 엄마의 목소리가 들렸다. 모아 둔 돈이 얼마 없으니 소를 팔아서 보탤 수밖에 없다는 아버지의 말에 화들짝 놀랐다. 충격이었다. 순식간에 눈물이 쏟아졌다. 물론 언제까지나 같이 살 수 없다는 것쯤은 알고 있었다. 아무런 준비 없이 갑자기 찾아온 이별이라 날 더욱 슬프게 했다. 무너지는 마음을 세울 수가 없었다. 나흘 뒤 우시장이 열리면 누렁이는 우리 집에서 흔적도 없이 사라질 것이다. 우울했다. 앞으로 누렁이와 지낼 수 있는 시간은 고작 사흘뿐이었다. 그날부터 학교에서 돌아와 밥 먹고 잠자는 시간을 빼곤 누렁이와 함께했다. 마치 내가 소라도 된 것처럼 외양간에 멍하니 앉아 있었다. 누렁이 앞에 앉아 소의 눈을 뚫어지게 바라봤다. 이별의 순간이 얼마 남지 않았다는 생각에 마음이 힘들었다. 누렁이를 바라보고만 있어도 슬퍼서 눈물이 났다.

　우시장이 열리는 날 아침 등교하기 전 외양간으로 달려가 누렁이를 안고 엉엉 울었다. 누렁이도 내 이상한 행동에 눈치를 챘을 것이다. 소는 생각보다 똑똑하니깐. 나와의 이별을 직감한 누렁이의 큰 눈에도 눈물이 고였다. 누렁이 눈에 눈물이 맺힌 건 처음 보는 일이었다. 일 년 농안 함께 보낸 즐거웠던 시간이 머릿속에서 필름처럼 스쳤다. 우리 둘은 정이 많이 들었다. 부드러운 등에 얼굴을 파묻었다. 큰 눈동자에 비친 슬픈 그림자에 내 발이 떨어지지 않았다. 엄마는 날 부축해서 일으켰다. 학교 가기를 재촉하는 엄마를 등지고 돌아섰다. 눈물을 훔치며 뛰어가는 내 뒤통수에 대고 엄마는 목청 높여 외쳤다. "학교에서 돌아오면 누렁이는 없을 거다."

　수업에 집중할 수 없었다. 누렁이 생각뿐이었다. 수업이 끝나자마자 집으로 달려왔을 때 외양간은 텅 비어 있었다. 온기는 없었다. 그곳은 평소와 달리 쓸쓸하고 차가웠다. 한참 텅 빈 외양간을 서성이며 누렁이와의 추억을 떠올렸다. 행복했던 시간이었다. 우린 일 년 동안 우정을 나눴다. 나도 모르게 눈물이 주르륵 흘렀다. 기습적인 이별의 아픔은 강도 높게 내 가슴을 후려쳤다. 너무 슬플 땐 가슴이 미어진다고 하던데, 정말로 그랬다. 숨쉬기조차 힘들었다. 오랫동안 누렁이를 그리워했다. 누렁이와의 이별 뒤 다시 외양간은 새 주인을 찾았지만 난 무관심했다. 그 뒤로는 애정을 쏟지 않았다. 물론 중학생이 되었기도 했지만 더 이상 이별의 아픔을 경험하기 싫었다. 사십여 년이 지난 지금도 생생하다. 누렁이 눈에 맺혔던 그 눈물은 잊을 수 없다. 문득 인터넷에서 본 소 사진 한 장이 열두 살 추억을 소환했다. 누렁이가 그리운 마음에 글을 쓰기 시작했다. 사람들은 아무리 오래된 일이라 해도 살면서 잊히지 않는 순간의 장면을 마음에 간직하고 살아간다. 그것이 기쁨이든, 슬픔이든 간에 말이다. 난 그중 하나가 사랑했던 친구 누렁이와의 이별 장면이다. 그때의 감정이 고스란히 되살아나 내 눈에 눈물이 맺힌다. "누렁아! 넌 내게 언제까지나 잊히지 않는 눈빛이 될 거야."

간절했던 우산 하나

 학창 시절 난 제대로 된 우산을 쓰고 다닌 적이 없다. 살이 부러졌거나 꺾여서 우산을 펴면 우스꽝스러웠다. 간혹 부러진 살에 우산이 찢겨 구멍이 나기도 했는데 콩알만 한 구멍으로 하늘이 보였다. 비 내리는 날이 싫었다. 기형적인 우산을 들고 학교에 가는 것은 얼굴이 화끈거리는 일이었다. 이슬비가 내리는 날은 차라리 비를 맞으며 가는 편이 낫겠다고 생각했다. 가방을 머리에 쓰고 뛰어가고 싶었다. 그것조차 내 뜻대로 되지 않았다. 엄마는 비 오는 아침마다 우산을 챙겨 내 손에 들려 주었다. 우산을 차마 거부할 수 없었다. 고장 난 우산을 손에 들면 마음이 무거워졌다. 엄마가 나를 미워해서 나에게만 망가진 우산을 주는 것은 아니었다. 내 기억으로 우리 집에 멀쩡한 우산은 없었다. 비단 우리 집만 해당되는 것도 아니었다. 1980년대 공장에서 찍어 내던 공산품 품질이 지금처럼 좋지 않았다. 우산살은 자주 부러졌다. 우산을 전문적으로 고치는 직업을 가진 사람도 있었다. 면사무소가 위치한 시내에는 5일마다 장이 섰다. 엄마와 가끔 장을 보러 나갔다가 우산 수리하는 아저씨를 본 적이 있다. 그 시절엔 고장 난 우산을 고쳐 사용하는 사람들이 많았다. 우리 집 우산은 주로 아버지가 고쳤다. 임시방편일 뿐 오래가지 못했다. 우산은 다시 망가졌다.

엄마에게 우산을 사달라는 말을 못 했다. 망가진 우산을 쓰고 가기 싫다고 엉엉 울기라도 했으면 엄마는 무슨 방도를 찾아 주었을 것이다. 하지만 난 꿀 먹은 벙어리였다. 엄마 곁에 가면 입술이 떼지지 않았다. 그 당시 시골에서는 우산은 사는 물건이 아니었다. 대부분 기업이나 단체에서 기념일이나 창립일에 나눠 주는 기념품 중 하나였다. 환갑이나 고희연 때 우산을 제작해 돌리는 집이 있었다. 검은 우산에 큼직하게 흰색으로 글씨가 박혀 있었다. 어떤 날이라는 것을 알리기 위해 글로 적어 놓은 것이다. 센스 있는 사람들이 제작한 우산에는 손잡이에 작은 글씨로 적혀 있기도 했다. 우리 집에 있던 우산 모두 출처가 어디인지 한눈에 알 수 있었다.

비가 내리는 날에는 교실 뒷자리 구석에 우산꽂이가 있었다. 별도로 준비된 것이 아니라 평소 쓰레기통으로 사용하던 파란 플라스틱 통이었다. 비가 오지 않는 날은 반 아이들의 쓰레기를 모았고 비 내리는 날은 우산을 모았다. 빨강과 노란색의 예쁜 우산도 눈에 보였다. 우산이 아예 없는 친구들도 있었다. 그 아이들은 비옷을 입고 등교했다. 투명한 얇은 비옷은 우산 통 옆에 아무렇게나 널브러져 있었다. 내 것은 두꺼운 노란 고무줄로 칭칭 감아 놓은 검은색이었다. 가끔 우산 펼 때 애를 먹었다. 우산대에 녹이 슬어 삼각형 모양의 불룩 튀어나온 버튼까지 올리지 못해 쩔쩔맸다. 낑낑거리며 젖 먹던 힘까지 모아야 했다. 그 반대인 경우도 있었다. 버튼이 헐거워져서 접자마자 경박스럽게 다시 펴지곤 했다. 그럴 때마다 짜증이 났다. 제대로 된 우산 하나 갖는 것이 소원이었다.

억수같이 장대비가 쏟아지던 날 어처구니없는 일이 벌어졌다. 집에 가려고 우산을 찾았지만 없었다. 우산 통을 한참 뒤져 봐도 보이지 않았다. 감쪽같이 사라진 것이다. 멀쩡하지도 않은 우산인데 그걸 누가 가져갔는지 황당했다. 난 어쩔 수 없이 비를 쫄딱 맞으며 집까지 걸었다. 눈물이 줄줄 흘렀다. 억수같이 쏟아지는 통에 빗물인지 눈물인지 구분할 수도 없었다. 비를 맞는 건 생각보다 나쁘지 않았다. 희한하게 속이 시원했다. 말할 수 없는 통쾌함의 전율을 느낀 후부터 난 비 맞는 걸 좋아했다. 청승맞게 툭하면 비를 맞고 걸었다. 문득 엄마한테 혼날 생각에 걱정이 태산이었다. 잃어버린 우산에 대한 엄마의 추궁이 무서웠다. 우산 하나 제대로 지켜 내지 못한 것은 큰 잘못이었다. 난 몸이 으스스 떨렸다. 춥기도 했지만 겁도 났다.

난 소원을 이루기로 마음을 굳게 먹었다. 돈이 필요했다. 사실 우산뿐 아니라 갖고 싶은 것이 몇 가지 있었다. 고3 여름방학 때

아르바이트를 했다. 선생님은 선착순으로 스물다섯 명을 선발했다. 일손이 모자란 공장에서 학교로 연락이 왔다. 대기업 하청일을 맡아 하는 규모가 작은 업체였는데 생각지도 못한 클레임이 걸려 발등에 떨어진 불을 끄기 위해 전전긍긍했다. 카세트플레이어를 포장할 때 전압스위치를 220볼트로 고정시켰어야 했는데 실수로 110볼트로 납품한 것이다. 구매자가 코드를 콘센트에 꽂으면 바로 망가질 것이 뻔했다. 가정에선 모두 220볼트를 사용했기 때문이다. 방학이 시작하자마자 우린 짐을 싸서 공장으로 들어갔다. 기숙사에서 방을 배정받아 한 달 동안 작업을 했다. 박스 포장을 뜯어 110볼트에 있던 스위치를 220볼트 쪽으로 옮겼다. 다음은 라디오를 틀어 방송이 나오는지를 확인했다. 마지막으로 박스 포장을 끝내고 창고에 쌓으면 끝이었다. 단순 작업이라 어렵지 않았다. 작업장 내 스피커에서는 온종일 라디오 소리가 흘러나와 지루하지 않았다. 힘든 작업은 박스를 창고에서 작업장까지 수레에 담아 오는 것과 다시 가져다 쌓는 일이었다. 워낙 약골인 나에겐 버거웠다. 생각보다 무겁지는 않았지만 온종일 하다 보면 가벼운 것도 무겁게 느껴졌다. 버텨야 했다. 시작했다면 끝을 보아야만 한다고 생각했다. 포기는 배추 셀 때만 쓰는 것이라고 스스로를 다그쳤다.

　업체에서는 매일 야근을 종용했다. 기한 내 잘못된 물량을 다 끝내야 했기 때문이다. 난 스물다섯 명 중 유일하게 야간 근무를 하지 않았다. 저녁 여섯 시만 되면 녹초가 되었다. 작업시간엔 농땡이 한번 치지 않았다. 뭐든 열심히 하는 건 자신 있었다.

누가 많이 하는지 내기라도 하는 것처럼 일에 욕심을 부렸다. 마음의 여유를 갖고 설설 했더라면 덜 힘들었을 것이다. 그랬다면 나도 야간 근무가 가능했을지도 모른다. 난 또 하나의 불리한 상황에 놓여 있었다. 바로 옆에서 일하던 친구의 한쪽 팔과 다리가 불편했다. 초등학교부터 고등학교까지 십이 년 동창생이었다. 모르는 척할 수 없어 한 달 내내 그 친구를 도왔다. 창고에서 작업할 박스를 가져오고 완료된 박스를 쌓으러 갈 때 두 사람 몫을 했다. 무더운 여름날이라 땀이 줄줄 흘렀다. 그 넓은 작업장에 에어컨은 당연히 없었다. 선풍기조차 내 기억엔 없다. 다만 난 운명을 한탄했다. 왜 내 옆에 하필 그 친구였는가에 대한 것이었다. 매번 시험에 들게 했다. 신은 나를 일부러 힘들게 하는 것 같았다.

한 달이 지나고 월급 이십여만 원을 손에 쥐었다. 다른 친구들은 나보다 훨씬 많았다. 하루도 빠지지 않고 야근을 했기 때문이다. 나만 돈이 적어 시무룩했다. 파란 지폐를 스무 장이나 손에 쥔 것은 처음이었다. 내가 직접 노동해서 번 돈이라 뿌듯했다. 사고 싶은 물건 목록을 적어 놓고 무엇을 살지 행복한 고민에 빠졌다. 난 용돈을 따로 받지 않았다. 집에서 용돈을 주기적으로 받는 아이들이 많이 있었다. 그 아이들이 부러웠다. 난 필요한 학용품을 살 때만 엄마에게 손을 벌렸다. 등교할 때 엄마는 도시락 두 개를 나에게 건넸다. 그땐 엄마가 힘들게 싸는 도시락에 대한 고마움을 몰랐다. 야간 자율학습 할 때 나도 다른 아이들처럼 저녁은 도시락 대신 라면이나 햄버거를 먹고 싶었다. 수중에 돈이 없어 난 매일 혼자 도시락을 먹었다. 언젠가 친구 하나가 자신이 라면을 사줄 테니 도시락 들고 가서 같이 먹자고 했다. 친구 둘과 라면을 먹으면서 도시락도 같이 나눠 먹었다. 라면 맛은 꿀맛이었다. 지금 생각해 봐도 그날처럼 맛있었던 라면은 없었다. 시간이 흘러 생각해 보니 그때 엄마의 도시락 두 개는 사랑이었다. 차라리 돈 몇 푼 주는 편이 더 편했으리라. 엄마가 되고 살림해 보니 그것을 절로 알게 되었다. 엄마의 희생이야말로 가치를 매길 수 없는 숭고한 것이다. 오랜 시간 나를 먹이고 입히고 가르치며 돌봐 줬다. 생명을 이어 나갈 수 있도록 엄마의 부단한 노력이 있었다는 것을 깨달았다. 자신이 엄마가 되기 전에는 절대 이해하거나 느낄 수 없는 영역이다.

난 내가 직접 번 돈으로 제일 먼저 우산을 샀다. 그것도 2단으로 접히는 초록색이었다. 내 맘에 쏙 들었다. 멀쩡한 우산 하나 갖는 소원이 드디어 이루어졌다. 기쁨과 환희에 넘쳐 헤벌쭉 미소가 절로 나왔다. 신이 나서 우산을 펴 들고 방안을 거닐었다. 하루빨리 비가 내렸으면 했다. 예쁜 우산을 들고 길을 걸으면 얼마나 행복할까 싶었다. 사용한 우산은 볕에 깨끗하게 말렸다가 이단으로 차분하게 접은 후 내 책상 서랍에 넣어 보관했다. 소중하게 아끼는 만큼 오래도록 나와 함께했다. 그러다가 안타깝게도 퇴근길에 잃어버렸다. 그날 아침 출근할 때는 비가 내렸었다. 퇴근 무렵 완전히 갠 하늘에 태양이 낯을 붉히며 나타났다. 퇴근길 버스에는 사람들이 많았다. 이리저리 차가 흔들릴 때마다 사람들과 부딪혔다. 우산을 들고 버티기가 힘들어 버스 선반에 올려놨다. 계속 서서 갔다면 잃어버리지 않았을 것이다. 난 급작스럽게 자리가 생겨서 앉았다. 선반에 둔 우산을 까맣게 잊고 있었다. 졸다가 엉겁결에 내린 탓에 우산을 챙기지 못했다. 엄마가 우산은 어쨌냐는 질문에 그제야 알아챘다. 속이 상했지만 어쩔 수 없었다. 그렇게 몇 년 동안 함께한 정든 우산을 보냈다.

오늘 우산을 정리했다. 아이들은 접는 우산을 좋아한다. 그 까닭에 각자 한 개씩 방에 보관하고 있다. 남편과 내가 사용하는 것만 베란다 우산걸이에 걸려 있다. 세어 보니 무려 여덟 개였다. 둘이 사용하는 우산치곤 많다. 시내 나갔다가 갑자기 쏟아진 비를 막기 위해 편의점에서 산 비닐우산도 두 개나 있었다. 우산을 폈다 접었다 하면서 점검했다. 모두 흠 하나 없었다. 요즘에는 망가진 우산을 쓰고 다니는 사람을 못 봤다. 어린 시절 결핍에서 오는 간절함은 한두 개가 아니었다. 지금은 흔한 우산이지만 그 당시에는 간절함의 하나였다. 이젠 많아서 탈이다. 과거에 비하면 풍요한 세상에 살고 있다. 지금은 결핍을 잘 모른다. 결핍을 경험한 자는 만족의 기쁨을 누릴 수 있다. 현대사회 사람들의 불만족은 결핍의 결여에 있다고 생각한다. 물질적으로나 정신적으로 더 자극적이고 다양해졌다. 각종 미디어에서는 우리를 향해 소비하라고 강력하게 외쳐 댄다. 살살 구슬리기도 하고 효과 좋은 제품이라며 혼을 쏙 빼놓고는 유혹한다. 나부터도 사지 않으면 후회될 것 같아 마치 홀린 듯 사들인 물건이 많다. 결국 한두 번 사용하고 처박아 둔다. 풍족함 속에 살고 있기에 만족과 감사를 잘 느끼지 못하는 게 아닐까? 부끄러운 마음이 든다. 이미 차고 넘치는데 무엇을 더 갈망하는가.

여덟 시 신데렐라

큰아이가 태어난 후 난 새로운 별명을 하나 얻었다. '여덟 시 신데렐라'였다. 난 회식 때 저녁 여덟 시만 되면 감쪽같이 사라졌다. 프랑스 고전 동화 제목에서 따온 찰떡같은 그 별명을 누가 지었는지 기억에 없다. 아마도 같은 부서에 근무하던 누군가의 입에 처음 올려졌을 것이다. 내가 사는 집은 족히 삼십 년도 넘어 보이는 허름한 연립이었다. 여섯 동의 작은 규모였는데 부식이 심해 재개발해야 한다는 말은 무성했으나 선뜻 나서는 시공사가 없어 사람들은 그냥 살고 있었다. 불안을 호소하는 입주민들도 있었지만 당장 무너질 것 같지는 않았다. 난 그 연립주택에서 신혼살림을 시작했다. 내 아이를 돌봐 주는 아주머니는 우리가 사는 바로 앞 동에 살았다. 풍채가 있고 수더분했다. 첫인상이 좋아 고민할 것도 없이 바로 결정했다. 자식을 맡겨 키워도 좋을 만큼 신뢰가 갔다. 평소에는 퇴근 후 아이를 데리러 저녁

일곱 시 전에 갔다. 직장에서 도보로 십 분 정도 소요되는 가까운 거리였다. 회식이나 야근할 일이 있는 경우에는 아홉 시까지 데리러 가는 것으로 합의를 봤다. 자주 있지는 않아도 회식은 내게 곤욕이었다. 대대적인 인사발령이 난 후 송환영회가 있는 날이었다. 출근길에 아이를 맡기며 오늘은 회식이 있어 아홉 시까지 오겠다고 말했다. 아주머니는 아이는 걱정하지 말라며 마음 놓고 저녁을 먹고 오라며 환하게 웃었다. 참으로 푸근하고 따뜻한 사람이었다.

  회식 때마다 1차가 끝나기도 전에 사라진다는 이유로 나를 미워하던 팀장이 있었다. 공교롭게도 그가 내가 근무하는 부서로 발령받게 되었다. 악연은 다시 시작된 것이다. 이전 사무실에서 그에게 받았던 상처가 다시금 덧날 위기에 놓이게 되었다. 과거 생각만으로도 가슴이 따끔거렸다. 그는 회식은 일의 연장선이라고 주장했다. 중간에 도망간 직원들을 경멸했다. 많은 술을 퍼마시고도 누가 중간에 사라졌는지, 누가 끝까지 남아 있었는지를 정확하게 기억하는 그가 대단했다. 도망자에 대한 응징이 뒤따랐다. 보기 드물게 뒤끝이 셌다. 유독 그것에 집착하는 그를 난 이해하지 못했고 이해하고 싶은 마음도 없었다. 인사발령이 있던 날부터 난 계속 우울했다. 신의 가혹한 처사에 입술을 지그시 깨물었다. 다시 그를 마주하고 견뎌야 할 시간 때문에 괴로웠다. 초긍정의 마음으로 다시 생각했다. 나의 직속 팀장으로 오지 않는 것만으로 감사하자. 만일 그랬다면 난 매일 지옥을 경험했을 것이다.

그날 저녁 메뉴는 삼겹살이었다. 오랜만에 먹는 고기라 그런지 맛이 있었다. 난 가위와 집게를 들고 앞뒤가 노릇노릇하게 구웠다. 한마디 말도 없이 쉬지 않고 입속으로 넣었다. 시계가 여덟 시를 향해 가고 있을 때 슬그머니 일어났다. 화장실 가는 척하면서 자리를 빠져나왔다. 두리번거리며 식당 입구로 슬금슬금 걸어갔다. 카운터에 미리 맡겨 둔 가방을 꺼냈다. 아무도 본 사람이 없다는 생각에 흐뭇한 미소를 지으며 현관문을 열었다. 그때 마침 담배를 피우고 들어오는 그와 마주쳤다. 아뿔싸! 원수는 외나무다리에서 만난다고 했던가! 난 순간 몸이 얼어붙는 듯 꼼짝할 수 없었다. 방심하지 말고 끝까지 긴장을 늦추어선 안 되는 것이었다. 몇 번이고 살피고 살펴서 아무도 모르게 빠져나갔어야 했다. 하필 그에게 들키다니 무거운 한숨이 토해졌다. 그가 나를 노려보며 "넌 어쩜 변한 게 없냐."라며 썩은 미소를 지어 보였다. 난 마치 큰 잘못을 저지르다 들킨 사람처럼 얼굴이 새빨갛게 달아올랐다. 공손하게 두 손을 모으고 시선을 내리깔았다. 아이를 데리고 집에 오면서 좀처럼 찜찜함을 떨쳐버릴 수 없었다.

　다음 날 동료들에게 들은 이야기는 충격적이었다. 1차에서 분위기가 무르익어 갈 때쯤 소맥 폭탄주가 열 바퀴 정도 돌았다고 했다. 물론 그가 주도한 것이었다. 그도 변한 것은 없었다. 피차일반인 셈이다. 2차는 호프집, 3차는 노래방, 4차는 포장마차로 이어졌다며 호들갑을 떨며 이야기하는 직원을 물끄러미 바라만 보고 있었다. 결국 새벽에서야 집에 들어갔다는 소리에 나의 동공이 한없이 커졌다. 체질상 술을 마시지 못하는 나로서는 입이 쩍 벌어졌다. 넙죽넙죽 받아 마신 그들의 속은 강철이란 말인가? 물론 좋아서 마신 사람도 있을 테고, 억지로 마신 이도 있을 것이다. 언젠가 회식 때 술맛이 달다고 하는 동료의 말에 웃음이 났다. 내겐 술은 쓰기만 할 뿐이다. 난 아버지 체질을 닮았다. 술 냄새만 맡아도 얼굴이 벌게졌다. 아버지도 술을 입에 대지도 못한다. 난 소주 반 잔만 마셔도 머리가 핑 돌고 모든 피부가 빨갛게 변했다. 큰아이의 말을 빌리자면 "빨간 괴물"로 한순간에 변신이 되었다. 언젠가 신문보도에서 봤는데 술 마실 때 유독 얼굴이 빨개지는 사람은 체내에 알데하이드 탈수소효소(ALDH)가 적기 때문이란다. 알데하이드 탈수소효소는 알코올이 분해되면서 생기는 아세트알데하이드를 분해하는 효소인데 그것이 턱없이 부족하다는 증거라 했다. 결론은 술을 입에 대지 말아야 한다는 것이다. 술을 마시고 싶어도 체질상 마시지 못하는 것이었다. 나 보고 어쩌란 말인가? 태생부터 그렇게 생겨 먹은 것을 말이다. 간혹 과학적인 근거를 들이밀어 설명해도 자신만의 개똥철학을 내세우는 상사가 있었다. 술은 무조건 먹으면 느는 법이라고 강력하게 주장했다. 만약 술이 보약처럼 몸에 좋은 것이라면 이렇게까지 타인에게 강권할까? 라는 엉뚱한 생각을 하곤 했다.

술을 강권하는 분위기가 싫었다. 게다가 술 잘 마시는 순서대로 줄을 세우는 것도 거슬렸다. 그 순서가 곧 일 처리 능력이라 치부하는 사람들을 증오했다. 언젠가 회식 때 상사가 내 월급 반을 떼 술 잘 마시는 옆 직원에게 줘야 한다는 말에 기분이 상했다. 단숨에 뒤통수를 가격당한 것처럼 얼떨떨했다. 곰곰이 생각하면 할수록 분노가 머리끝까지 치밀어 올랐다. 난 성질을 이기지 못하고 연거푸 소주 석 잔을 마셨다. 난생처음이었다. 그동안 술 때문에 당했던 서러움이 한꺼번에 폭발했다. 이럴 바엔 차라리 술을 마시고 그 자리에서 깔끔하게 죽고 싶었다. 숨을 제대로 쉴 수 없었다. 이러다 죽을 수도 있겠다는 공포가 밀려들었다. 그걸 지켜보던 주위 동료들이 찬물을 떠오고 부산하게 움직였다. 누군가는 응급실에 데리고 가야 한다고 했고 어떤 이는 찬바람 쐬면 괜찮을 것이라 했다. 나중에 나 때문에 혼쭐난 상사에게 들은 바로는 내가 정말로 어떻게 될까 봐 식은땀이 났었다고 한다. 그 사건 이후로 난 항상 술에서 열외였다. 술로부터 자유로웠기 때문에 회식이 나쁘지 않았다.

그로부터 몇 달 뒤 새벽, 지역에 주둔하고 있던 미군 부대에 폭탄이 설치되었다는 제보 전화가 당직실로 걸려 왔다. 새벽 두 시에 전 직원 비상이 걸렸다. 남편은 바로 뛰쳐나갔지만 난 아이를 업고 갈 수도 없고 아주머니네 집 현관을 두드릴 수도 없었다. 결국 응소를 포기했다. 아침 일곱 시, 아주머니에게 사정 이야기를 하고 아이를 일찍 맡기고 출근했다. 직원들 모두 사무실에서 대기하느라 밤을 새운 모양이었다. 눈치를 보며 들어가 자리에 앉아 컴퓨터를 켜고 주위를 살폈다. 가시방석이 따로 없었다. 죄를 지었기에 숨도 제대로 못 쉬고 노심초사했다. 여덟 시가 되자 응소하지 못한 직원 둘을 그가 불렀다. 바로 옆 직원은 핸드폰 배터리가 방전된 상태였고 엄마가 예민한 탓에 잘 때마다 집 전화 코드를 뽑는 바람에 비상소집 연락을 받지 못했다고 말했다. 직원의 말이 끝나자마자 그는 내게 시선을 돌렸다. 시선을 아래로 내린 채 꼬나보는 눈빛이라 내 심장은 심하게 요동쳤다. 어떻게 말해야 할지 고민하다가 결국 사실대로 말했다.

새벽에 갑자기 아이를 맡길 곳이 마땅치 않아 어쩔 도리가 없었다고 풀이 죽은 목소리로 말했다. 그는 이해할 수 없다는 표정을 지었다. 이 부서에 아기엄마가 당신 하나냐고 물었다. 그들은 모두 새벽에 출근했다면서 그건 핑곗거리도 안 된다고 일갈했다. 맞는 소리였다. 부서에 나처럼 갓난아이를 키우는 직원은 나를 포함해 총 네 명이었다. 한 명은 친정에 아이를 아예 맡겨서 키우고 있었고 또 한 명은 부모님과 함께 살고 있었다. 나머지 한 명은 친정엄마가 가까운 곳에 살고 있었기에 새벽에 아이를 맡길 수 있었다. 분명히 말하자면 나와 같은 케이스는 없었다. 긴말하기도 싫었지만 무슨 말을 한들 날 좋게 봐줄 리 없었다. 무엇보다 그 앞에 서 있는 것 자체가 곤욕이었다. 그저 빨리 자리로 돌아가고 싶은 마음뿐이었다. 그는 나를 바라보며 못마땅한 표정으로 한마디 하고 자리에서 일어나 출입문 밖으로 사라졌다. "아이 볼 사람 없으면 일 그만두고 애 봐야지 직장은 왜 다녀? 직장이 장난도 아니고…" 그 한마디에 다리에 힘이 확 풀렸다. 겨우 버티고 서 있다가 서고로 뛰어 들어가 복받치는 울음을 터트렸다. 그동안 쌓였던 서러움이 폭발해 난 오랫동안 흐느껴 울었다.

나랑 같이 응소하지 않은 바로 옆 직원은 술도 잘 마시고 회식 때 분위기도 잘 띄웠다. 그가 특별히 이뻐하는 직원이 있다. 그 직원에게 일언반구 하지 않고 나한테만 쏟아붓던 그가 미웠다. '음주와 가무' 중 술은 체질상 어쩔 수 없다 치더라도 가무만큼은 자신도 있고 누구보다 좋아했다. 육아 때문에 어쩔 수 없이 '여덟 시 신데렐라'가 되었을 뿐이다. 그 이유 하나로 미움을 당해야 하는 것이 속상했다. 그땐 뭐든 녹록하지 않았다. 밤에 서너 번씩 깨는 아이를 끼고 잤다. 수면 부족 상태에서 온종일 전쟁터 같은 사무실에서 생활하면 에너지는 금세 방전되었다. 힘겨운 삶과 사투를 벌이던 중이라 내 마음에 평온함과 너그러움이 생겨날 리 만무했다.

돌이켜 보면 난 중대한 잘못을 저질렀다. 난 그에 대한 사적인 감정 때문에 공적인 잘못을 얼버무리려 했다. 어떻게든 합리화시키려 했다. 곰곰이 생각해 보니 부끄러웠다. 아이 때문에 비상소집에 불응한 것에 이해를 바라던 나 자신이 어처구니없었다. 그의 말대로 직장은 장난이 아닐 정도로 냉정한 곳이다. 난 그것을 간과하고 있었다. 내 나이 스물일곱이었으니 그땐 너무 어렸다. 사회생활 칠 년 차였지만 사회 구성원으로 녹아들지 못했다. 워낙 겁이 많고 비겁한 탓에 모든 걸 참아 냈지만 내 속엔 분노가 많았다. 사회라는 공동체에 들어가지 못하고 배회하고 있는 것 같아 가끔 눈물이 났다. 오랫동안 축적된 사고방식을 깨는 것은 여간 힘든 일이 아니다. 땅콩을 거둬들일 때 보면 덜 익은 놈일수록 줄기를 놓지 않는다. 그의 눈에는 내가 늦되고 덜떨어진

땅콩으로 보였는지도 모를 일이다.

 결론적으로 나도 잘한 것 없으면서 괜한 사람에게 화풀이만 한 꼴이다. 하긴 하루아침에 인생을 어찌 다 알 수 있단 말인가? 한없이 미숙했던 내가 부딪히고 까이면서 성숙되어 가고 있었던 것이었으리라. 누군가 그랬다. "인생의 진정한 목적은 무한한 성장이 아니라 끝없는 성숙"이라고… 죽어도 이해하지 못했던 것들이 어느 순간 하나둘 이해되기 시작했다. 내가 그를 미워했던 것은 그의 잘못이 아니다. 과거 상처를 찬찬히 들여다보고 있노라면 엉겼던 실타래가 술술술 풀리는 느낌이 들 때가 있다. 그 과정에서 머릿속으로 생각만 하면 절대 그 경지에 도달하지 못한다. 글로 써 내려가다 보면 그때의 내 마음과 연결된다. 성숙한 지금의 나와 만나게 되면 상처가 치유되는 마법을 경험하게 된다. 문제를 객관적으로 바라볼 수 있는 통찰력이 생겼기 때문이다. 이젠 그의 건강과 축복을 빈다.

플라토닉 러브

 난 중학생 시절부터 플라토닉 러브를 꿈꿨다. 그것이야말로 이상적인 사랑이라고 생각했다. 국어 교과서에서 읽은 알퐁스 도데의 소설 「별」은 가슴 뭉클했다. 스테파네트에 대한 양치기의 순수한 사랑에 감격했다. 훗날 나의 사랑은 오직 내 마음과 영혼을 담아 정신적인 것에 집중하리라 맹세했다. 내가 처음으로 연모의 마음을 품은 것은 열다섯 살 때다. 가을운동회에 우리 학년은 남녀가 짝을 지어 춤을 추는 포크 댄스를 선보일 예정이었다. 운동회 한 달 전부터 운동장에 모여 연습을 시작했다. 맨 처음 했던 건 짝을 짓는 일이었다. 남학생과 여학생이 각각 두 개 반이어서 얼추 짝이 지어졌는데 여학생이 부족해 남학생끼리 짝을 맺은 아이들도 있었다. 과연 누가 내 짝이 될 것인가에 적잖은 기대를 품고 있었다. 내 짝이 된 그 아이는 하얀 이를 활짝 드러내며 미소 띤 얼굴을 하고 있었다. 첫인상부터 마음에 쏙 들었다. 웃는 모습이 귀여웠다. 난 그 아이를 그날 처음 봤다. 자주 미소 짓는 이유가 내가 마음에 들어서인가? 혼자 김칫국을 사발로 들이켰다. 그게 아니었다. 원래 웃는 얼굴상이었다. 난 마음속으로 흡족한 미소를 짓고 있으면서 겉으로는 냉랭한 표정을 지었다. 한없이 들떴지만 들키지 않으려 애썼다.

 그 당시 중학교 2학년이었던 난 수줍음이 많았다. 부끄러운 마음에 같은 또래 남학생에게 말도 붙이지 못했다. 짝을 짓고 난 후 선생님은 본격적으로 우리에게 춤을 가르쳐 주기 시작했다. 포크 댄스의 기본은 남녀가 서로 손을 잡아야 가능했다. 아이들 대부분 남자 혹은 여자의 손을 잡는 것을 부끄러워했다. 그만큼 순진했다. 아이들은 손가락 대신 나무젓가락을 서로 맞잡고 춤을 췄다. 나도 내 짝도 나무젓가락을 준비하지 않은 탓에 우린 자연스럽게 손을 잡았다. 그 아이의 손이 내 손과 만났을 때 내 심장은 평소보다 더 빨리 뛰었다. 마음과는 달리 난 여전히 무심한 표정을 지었다. 9월 한낮의 햇볕은 뜨거웠다. 땀을 뻘뻘 흘리며 연습했다. 구령대에서 호루라기를 불며 지도하는 선생님께 집중하며 동작을 하나하나 익혔다. 그 무엇보다 재미있었다. 그 즐거움의 원천은 짝이 마음에 들었기 때문이었다.

 만국기가 휘날리는 학교 운동장에 아이들은 청군과 백군으로 갈라섰다. 전 교생이 노래에 맞추어 국민체조를 했다. 트랙에선 학년별로 100미터 달리기 경기가 진행되었다. 발이 빠르지 못한 나는 꼴찌에서 첫 번째였다. 선생님은 조별 1등부터 3등까지 들어온 순서대로 손등에 도장을 찍었다. 공책을 받기 위한 증표였다. 난 손등에 동그란 표시가 있는 아이들이 부러웠다. 학창 시절을 통틀어 손등에 도장이 찍힌 적이 한 번도 없었다. 중학교 1학년 여학생들은 색색의 고운 한복을 입고 부채춤을 추었다. 분홍색 부채 끝에 흰 깃털이 달린 예쁜 부채였다. 부채로 원형을 만들어 돌거나 물결을 만들어 낼 때는 박수 소리가 터져 나왔다. 점심시간이 되자 1학년 남학생들은 작은 콩주머니를 공중으로 던졌다. 그것은 청군과 백군 양쪽에 세워져 있는 큰 박을 향했다. 먼저 터트리는 팀이 백 점을 가져갔다. 터진 박에서 오색 색종이가 쏟아져 내렸다. "점심 맛있게 드세요."라고 쓰여 있는 기다란 리본도 흘러내렸다. 박 터트리기가 끝나자마자 난 엄마를 찾아 헤맸다.

　엄마가 싸 온 김밥은 꿀맛이었다. 삶은 달걀과 밤까지 까먹은 탓에 배가 터질 듯 불렀다. 난 탄산수를 단숨에 들이켰다. 속이 뻥 뚫리는 느낌이었다. 포크 댄스 시작은 두 시였다. 엄마에게 내가 서 있을 자리를 미리 알려 주었다. 사진 한 장도 부탁했다. 짝과 함께 잘 나오게 찍어 달라고 신신당부했다. 엄마는 걱정하지 말라며 가볍고 작은 휴대용 카메라를 흔들어 보였다. 우리 학년 차례가 되자 심장이 쿵쾅거렸다. 선생님 지도에 따라 운동장 구석에서 두 명씩 줄을 서고 있었다. 갑자기 내 짝이 서 있던 줄이 흐트러지기 시작했다. 한 칸씩 앞쪽으로 이동하라는 선생님의 목소리가 들렸다. 나와 짝은 영문을 몰라 눈만 깜박이고 있었다. 선생님은 호루라기를 불면서 빨강 핸드마이크를 통해 다시 한번 큰 소리로 말했다. 결국 짝은 한 칸 앞으로 이동했다. 줄의 맨 끝에 서 있던 나는 졸지에 혼자가 되었다. 순식간에 벌어진 일이라 어안이 벙벙했다. 짝이 없는 아이가 빠지는 것이 맞는 것이란 생각이 들었다. 아쉽게도 그건 내 간절한 마음의 소리였다. 선생님은 날 가리키며 자리로 들어가라고 했다. 멍하니 서 있다가 순간 설움이 복받쳐 눈시울이 뜨거워졌다. 운동장에 벌렁 자빠져 울고 싶었다. 모래 먼지 뒤집어쓰며 한 달 동안 열심히 연습했는데 한순간 물거품이 되어 버려 다리에 힘이 쭉 빠졌다. 무엇보다 짝과 함께 찍을 사진 한 장에 설렘 가득했는데 그마저도 못하게 되어 가슴이 미어졌다.

아쉬움으로 막을 내린 운동회 탓인지 그 후로 포크 댄스를 함께 연습했던 짝이 자꾸만 눈에 들어왔다. 난 그렇게 그 아이를 흠모하게 되었다. 그냥 멀리서 바라만 봐도 마음이 설렜다. 운동장이나 매점에서 가끔은 버스 정류장에서 그 아이와 마주쳤다. 반가웠지만 우린 서로 눈길은커녕 모르는 척하고 지나쳤다. 그 아이는 내게 전혀 신경을 쓰지 않는 눈치였다. 극도로 내향적인 나로서는 무심코 지나치는 아이를 잡아 말을 시킬 수도 없었다. 뭐가 즐거운지 친구들과 웃고 떠드는 모습에 나 또한 덩달아 좋았다. 그 아이가 웃으면 나도 모르게 미소가 지어졌다. 관심 없는 척하면서 멀리서 일거수일투족을 관찰했다. 그것처럼 기분 좋은 일도 없었다. 그 아이에 대해서는 이름 석 자밖에 몰랐다. 체육복에 박혀 있던 이름을 기억하고 있었다. 고등학교에 진학하면서 난 그 아이를 더 이상 볼 수 없었다. 각자 다른 고등학교를 선택했기 때문이다. 내 추억 주머니에 중학교 2학년 운동회 날의 날벼락 같았던 기억과 그 아이에 대한 좋은 추억이 한데 맞물려 있다.

스물 무렵 같은 사무실에서 근무하던 남자 직원과 같은 컴퓨터 학원을 다녔다. 퇴근 시간이 다 되어 갈 무렵 내게 와서는 어차피 같은 학원이니 함께 퇴근하면서 가자고 했다. 동료로서 함께 가자고 했을 뿐인데도 난 불편했다. 급기야 그 직원 몰래 혼자 슬며시 사무실을 빠져나와 학원엘 갔다. 남자 직원은 자신과 함께 다니기조차 싫은 것이냐며 물었다. 난 아니라고 말을 못 했다. 그 말조차 목구멍에서 나오지 않았다. 숫기가 없었다. 그 직원은 혼자서 편하게 잘 다니라고 말하고는 학원을 그만두었다. 그에게 당신이 싫어서가 아니라는 말은 끝내 못 했다. 유교 정신에 세뇌당한 채 살아왔기에 난 몇 겹의 보호막을 치고 있었다. 그것은 두려움이기도 했다. 그 두려움은 언니들의 영향도 한몫했다. 언젠가 작은 언니가 만나주지 않는다는 불만을 품고 우리 집에 찾아온 젊은 남사가 있었다. 집 앞에서 멀쩡한 손목을 그어대던 철없던 남자를 선명하게 기억한다. 상대가 싫다고 하면 쿨하게 알겠다고 하면 될 일이지 왜 자기 목숨까지 던지는가에 대한 강력한 의문이 생겨났다. 사랑은 무모한 것이라는 생각마저

들었다. 난 불행하게도 부정적인 관점으로만 영역을 확장해 나갔다. 연애라는 것 자체가 공포였다. "구더기 무서워 장 못 담글까."라는 속담의 주인공이었다.

  내가 두려움을 갖게 된 강력한 사건이 하나 있다. 엄마는 구멍가게를 했는데 집과 군부대가 가까워 가게를 찾는 대부분은 군인이었다. 초등학교 5학년쯤으로 기억한다. 엄마가 화장실 간 틈에 손님이 와서 난 가게로 나갔다. 집에 아무도 없다는 생각이 들었는지 그 군인은 순식간에 나의 뒤로 다가와 나를 안은 채 의자에 앉았다. 난 깜짝 놀라 소리를 지르려 했지만 그만 그 남자의 왼손에 막혀 입을 떼지도 못했다. 오른손으로는 이제 겨우 몽우리 진 가슴을 더듬었다. 발버둥 쳤지만 역부족이었다. 엄청난 공포가 밀려들었다. 심장박동의 격화로 가슴에 통증이 느껴졌다. 그 남자 오른손이 배꼽을 지나 중요한 부분까지 미끄러지듯 내려갔다. 난 죽을힘을 다해 반항했다. 두 다리를 공중으로 들어 올려 마치 헤엄치듯 격렬하게 움직였다. 그가 당황하며 날 강압적으로 제어하기 위해 입을 막고 있던 손을 내린 틈을 타 "엄마!"하고 소리를 내질렀다. 그 순간 엄마가 화장실에서 나오는 인기척에 놀라 순식간에 나를 밀쳐 내고 도망쳤다. 난 그대로 주저앉아 엉엉 울었다. 아무에게도 말 못 했던 충격적인 기억은 부정적 사고 확장에 이바지한 결정적인 계기가 되었다.

  이 년 동안 짝사랑하던 사람이 있었다. 스물두 살 무렵 같은 사무실에서 근무했던 직원이었는데 뭐가 그리 좋았는지 지금은 생각조차 나지 않는다. 다른 지역으로 발령이 나는 바람에 그와 자연스럽게 헤어졌다. 그가 떠나기로 한 전날 밤 다섯 장의 장문의 편지를 썼다. 휴지통에는 밤새 찢어 낸 편지지만 수북했다. 그 편지에 무슨 내용을 썼을까? 한 글자도 기억엔 없다. 나의 솔직한 마음을 적었을 것이다. 아마도 이 년 동안 당신을 사모했노라고 고백했을 것이다. 그가 그 편지를 읽고 얼마나 황당해했을까? 지금 생각해도 웃음이 난다. 만약 그가 멀리 떠나가지 않았다면 난 절대 고백하지 않았을 것이다. 그의 결혼 소식을 듣고 지인 편에 봉투를 전했다. 결혼식에 다녀온 지인의 말로는 신부가 미인이었다고 했다. 그가 자신의 이상형은 배우 배종옥이라고 노래를 부르던 생각이 났다. 지인에게 신부가 혹시 배종옥을 닮지 않았냐고 물었다. 생각해 보니 그런 것 같다며 결혼식에 가지도 않았는데 어떻게 알았냐고 놀랬다. 난 진심으로 축복했다. 나의 사랑은 매번 짝사랑에 그쳤다. 그 시간만큼은 행복했다. 힘겨운 세상 사랑하는 마음이 있으면 덜 힘든 법이다. 짝사랑이야말로 플라토닉 사랑을 제대로 실천하는 좋은 기회라는 생각을 줄곧 했다. 그것은 내게 고된 삶을 지탱해 주는 활력소였다.

지금 생각하면 그때는 말도 안 되는 숙맥이었다. 아무것도 모르면서 육체적 사랑에 반기를 들고 정신적인 사랑만이 고결하다고 생각했다. 쾌락은 가짜라고 치부하며 유교걸을 넘어 19세기의 청교도적 윤리를 고수했다. 터무니없는 나의 모습에 숨이 막힌다. 만약 내가 짝사랑하던 사람이 내가 좋다고 돌연 고백이라도 했다면 난 두려움에 휩싸여 그대로 줄행랑을 쳤을지 모른다. 그 이유를 곰곰이 생각해 보면 상처받기 싫은 마음에 자기 방어 기제로 작동했던 것 같다. 결국 육체와 정신이 균형을 이룰 때 완전한 사랑이 성립된다는 사실을 뒤늦게 깨달았다. 첫사랑과 결혼했다고 하면 왠지 측은한 시선을 느끼곤 한다. 나도 가끔은 연애 실컷 해보고 결혼했으면 좋았을 것이라는 생각이 들 때가 있다. 플라토닉 사랑의 이데올로기는 나의 몸과 마음을 밧줄로 꽁꽁 묶었다. 맹목적이고 무지했던 과거의 나 자신을 생각하면 고개를 가로젓게 된다. 내 청춘은 비정상적이었다. 정상적이지 않았다고 해서 내 삶이 아니라고 말할 수 없다. 그냥 난 그렇게 생겨 먹은 거였다. 나대로 살았을 뿐이다. 어떤 인생길이든 완벽한 길은 없다. 온전하게 좋거나 나쁘거나 하나에 치우친 극단적인 길은 존재하지 않는다. 음과 양 두 가지는 항상 공존한다. 내가 청춘을 비정상적으로 살아서 얻은 것과 잃은 것이 있다면 그 반대의 경우라 해도 똑같을 테니까. 흔히들 삶에 정답이 없다고 한다. 맞는 말이다. 삶에서 경험하는 모든 것이 정답인 셈이다.

까무러치게 좋은 꿈

아침에 눈을 떴을 때 나도 모르게 웃음이 번졌다. 간밤에 꾼 꿈 생각이 났기 때문이다. 생생한 꿈이었다. 난 꿈을 꾸지 않는 편이다. 꿈을 꾸어도 기억을 못 하는 것인지는 알 수 없다. 아침에 일어나면 꿈 생각이 전혀 나지 않는다. 아주 드물게 꾸는 악몽은 선명하게 기억한다. 악몽은 크게 두 가지다. 하나는 괴물에게 쫓기는데 다리가 움직이지 않아 바둥거리는 모습의 내가 보인다. 바닥에 신발을 강력한 접착제로 붙여 놓은 것 같이 꼼작할 수가 없다. 이러다간 괴물에게 잡히겠다는 극도의 공포심에 사로잡힌 채 꿈에서 깬다. 다른 하나는 집에 불이 나는 꿈이다. 소방서에 신고하기 위해 떨리는 손으로 수화기를 들었는데 수십 번 숫자 버튼을 눌러도 전화는 걸리지 않는다. 1을 두 번 누른 다음 9를 눌러야 하는데 숫자 9는 절대 누를 수 없다. 희한하게 1부터 8까지는 잘 눌러진다. 숫자 9쪽으로 손가락이 가는 듯하다가 어느새 손가락은 내 의지와 다르게 다른 숫자를 누른다. 전화기 앞에서 쩔쩔매다가 잠에서 깬다. 꿈에선 내 의지대로 되는 법이 없다. 답답한 마음에 가슴만 타기 일쑤다. 어젠 악몽이 아니었다. 까무러치게 좋은 꿈이었다.

꿈속은 교실 안이었다. 새 학기를 맞아 선생님께서 일 년 동안 함께 앉을 짝을 지어 주고 있었다. 난 선생님이 지정해 준 자리에 앉았다. 선생님은 내 짝을 호명한 후 내 옆에 앉게 했다. 선생님이 내 짝이 될 친구 이름을 부르는 순간 난 기절할 뻔했다. 그 이름은 내가 고등학교 때 좋아하던 남자아이 이름이었다. 난 얼른 손으로 미소를 가렸다. 그 아이와 난 같은 반이었다. 왠지 모르게 그 아이에게 눈길이 자주 갔다. 내가 다니던 고등학교는 학년별로 총 네 반이었다. 그중 세 개 반은 남·여 합반이었고, 나머지 한 반은 여학생만 있었다. 1학년 때 나는 여학생반이었다. 그 후 학년은 남·여 합반에서 공부했다. 같은 반이었던 그 아이와는 졸업할 때까지 한마디 말도 하지 않았다. 난 그 무엇도 내색하지 않았다. 그것이 내 삶의 방식이었다. 그 수위가 가히 병적이었다. 난 조용히 앉아 교실 앞 칠판만 뚫어지게 보는 것에 열중했다. 그 친구도 나와 같았다. 언제나 조용했다. 수업 시간에 딴짓하지 않고 수업에 집중하는 모습이 좋았다. 장난치고 떠들고 다른 학생들의 집중을 방해하는 아이들은 딱 질색이다. 쉬는 시간에 해야 할 행동을 공부 시간에 하는 건 무례한 짓이라고 생각했다.

고등학교 2학년 여름날의 일이다. 컴퓨터실에서 수업을 마치고 교실로 돌아왔을 때였다. 옆 분단에 있던 남자아이들이 내 이름을 불러 댔다. 여러 명이 한꺼번에 불러서 화들짝 놀랐다. 무슨 큰일이라도 난 것일까? 가슴이 뛰기 시작했다. 도대체 무슨 일이냐고 묻고 싶었다. 난 그 아이들을 향해 고개를 돌릴 수 없었다. 이미 내 빨간 볼은 활활 불타고 있었다. 내가 컴퓨터실에 갔을 때 내 지우개를 영호가 가져갔다고 외쳐 댔다. 필통을 열어 보니 지우개가 없었다. 아이들 말이 거짓말은 아니었다. 난 영호에게 달려가 냉큼 지우개를 달라고 할 만큼 용기가 없었다. 원체 부끄러움이 많았다. 빨간 볼이 문제였다. 같은 반이었던 남자아이들에게조차 말 한마디 건네지 못한 강력한 이유이기도 했다. 남자아이들이 소란을 피우면 피울수록 난 어찌할 바를 몰랐다. 난감한 일이었다. 이미 눈가가 촉촉해지고 있었다. 눈물이 터지기 전에 이 사건을 빨리 마무리 지어야 했다. 난 고민 끝에 고개를 약간 돌린 후 "그냥 너 가져."라는 한마디를 가까스로 뱉었다. 내 얼굴을 본 남자아이들은 멍해졌고 삽시간에 사방이 고요해졌다.

잠시 후 자기들끼리 수군대는 소리가 들렸다. "야, 쟤 우는 거냐?" 말 걸었다고 우는 아이는 처음 목격했으리라. 창피해서 죽는 줄 알았다. 왜 난 이렇게 생겼을까? 이 모든 문제의 근원은 사과처럼 빨간 볼이었다. 난 사소한 사건 하나에 내 자신을 비하하고 학대했다. 속상한 마음에 눈물을 뚝뚝 흘렸다. 난 졸지에 말 걸면 울어 버리는 멍청한 아이로 낙인찍혔다. 어쩌겠는가. 그게 사실인 것을… 좀 전에 고개를 돌렸을 때 내가 좋아하는 그 아이는 없었다. 다행이었다. 그 아이는 친구 놀리는 것에 휩쓸리지 않았다. 지금 생각해 보면 참 순박한 아이들이었다. 워낙 말이 없는 나의 입을 떼기 위해 지우개를 가져간 것이 분명하다. 고등학교 2학년 남학생이 할 짓은 아니지 않는가 말이다. 나이에 걸맞지 않게 유치했다. 졸업식 날에는 기필코 좋아했던 그 아이에게 말을 걸어 보겠노라고 다짐했다. 거울 앞에서 수십 번 연습했다. 졸업식 날 아침 버스를 타기 위해 한참을 걸으면서 그 친구 이름을 부르며 말하기 연습을 반복했다. 내가 준비한 말은 간단했다. "건강하게 잘 지내."란 한마디였다. 이번이 마지막 기회라고 생각하니 할 수 있을 것 같았다. 애끓는 마음의 간절함에 용기가 솟았다. 그리 다짐했건만 졸업식이 끝나고 내 앞을 지나가는 그 아이를 불러 세우지 못했다. 그런 내가 한심스러웠지만 소용없는 노릇이었다. 마치 입에 접착제를 발라 놓은 것처럼 입술이 붙어 떨어질 생각을 하지 않았다.

고등학교 졸업식장에서 맥없이 보내 버린 바로 그 아이가 꿈속에서 내 짝이 된 것이다. 기분이 좋아 하늘을 날아오를 것 같았다. 그 아이는 나에게 인사를 건네며 내 옆에 앉았다. 둘이 나란히 앉아 있는 것만으로도 기쁨이 차고 넘쳤다. 여전히 그 친구는 말이 없었다. 물론 나도 그랬다. 1교시 끝나는 종소리가 울려 퍼졌다. 아이들이 쉬는 시간에 일어나 움직이는 바람에 교실은 소란스러웠다. 난 살며시 일어나 화장실을 다녀왔다. 그 아이는 꿈

짝하지 않고 쉬는 시간 내내 노트에 무엇인가 적었다. 2교시 시작종이 울리자 그 아이는 급하게 노트를 뜯어내 딱지를 접은 후 내 책상 쪽으로 밀었다. 그러고는 집에 가서 읽어 보라고 속삭이듯 말했다. 난 놀란 눈으로 바라봤다. 그 쪽지에 무엇이 적혀 있을지 궁금했다. 앞에 앉아 그걸 바라보고 있던 친구가 손 빠르다는 것을 자랑이라도 하듯 잽싸게 쪽지를 낚아챘다. 자신이 먼저 읽어 보고 나에게 다시 주겠다고 했다. 난 말려 달라는 마음으로 황급히 그 아이를 바라봤다. 짝은 그래도 좋다는 표시로 조용히 고개를 끄덕였다. 내가 먼저 읽고 싶었는데 아쉬웠다. 수업이 모두 끝났을 때 그 쪽지는 내 손에 들려 있었다.

집에 가서 읽어 보라고 했지만 궁금한 마음에 짝이 없는 틈을 타 쪽지를 읽었다. 거기엔 '어머니'라는 제목의 시 한 편이 있었다. 쉬는 시간 동안 시를 적은 모양이다. 난 읽자마자 감동했다. 어머니에 대한 그리움을 담은 글귀들이 구구절절하게 채워져 있었다. 시까지 잘 쓰다니 미처 몰랐던 일이라 놀랐다. 말로 표현을 잘 못하는 사람은 대체로 글로 감수성을 표현하는 능력이 높다고 들었다. 그런 말이 괜히 나온 것이 아니었구나 싶었다. 그 아이의 매력을 또 하나 알게 되어 기뻤다. 난 시를 잘 못 쓴다. 더 이상 뺄 단어가 없을 때까지 문장을 줄여야 하는 작업이라 쉽지 않다. 개인적으로 시는 문학의 꽃이라 생각한다. 자신의 감정이나 생각을 시처럼 짧게 표현할 수 있다는 건 놀라운 일이다. 그런 연유로 시는 간결한 아름다운 언어다. 나는 시를 좋아한다.

답답할 때마다 아무 시집을 꺼내 들어 읽으면 속이 시원하게 풀렸다. 다친 마음을 치료하고 몸속 독을 깡그리 죽이는 느낌이다. 시는 나에게 소화제였고 때론 해독제였다. 짝이 왔을 때 난 그 아이를 바라보며 환한 미소를 지었다. 시를 이렇게나 잘 쓸 줄 몰랐다며 엄지손가락을 치켜세워 보였다. 그 아이는 쑥스러운지 손으로 머리를 긁적이며 웃었다. 그 아이가 웃는 것을 보니 나도 절로 기분이 좋았다. 내가 좋아하는 아이와 짝이 된 첫날, 난 간절히 받고 싶었던 선물을 받은 것처럼 행복했다. 더군다나 자연스럽게 대화까지 했다는 것에 난 달콤함에 취해 있었다.

종례 시간이 끝나자마자 아이들은 가방을 메고 사방으로 흩어졌다. 우린 서로 내일 보자는 인사를 나누며 가벼운 발걸음으로 각자 집으로 향했다. 콧노래가 절로 흘러나왔다. 이토록 세상이 아름다웠는가?! 집으로 가는 길에 피어난 풀 한 포기에 나의 눈이 가닿았다. 이젠 아침에 뒤척이지 않고 벌떡 일어날 것이 자명하다. 난 매일 아침 기운 넘치는 발걸음으로 학교로 향하게 될 것이다. 행복한 기분을 즐겼다. 집에 와서도 난 그 아이 생각뿐이었다. 내일 또 볼 수 있다는 생각만 해도 입가에 미소가 끊이질 않았다. 일 년 동안 내 짝이라니! 믿기 어려운 일이었다. 눈치 빠른 엄마는 학교에서 좋은 일이라도 있었냐고 물었다. 난 솔직하게 이야기했다. 평소 좋아하던 친구와 짝이 되어 기분이 좋다고 말했다. 엄마도 환하게 웃으며 축하를 해줬다. 저녁상을 차리는 엄마를 도와 물컵과 수저를 놓는데 '땡'하고 문자 수신 알림이 울렸다. 발신처가 학교였다. '학교에서 무슨 일일까?' 궁금한 마음에 바로 터치 후 문자를 읽었다. 코로나로 인해 대면 수업을 전면 폐지한다는 안내문이었다. 내일부터 비대면 수업으로 전환된다는 내용에 난 절망했다. 잘못 본 것은 아닌지 눈을 비비고 다시 읽었다. 내용에는 변함이 없었다. 눈물이 나도 모르게 고였다. 삶은 너무나도 가혹하다. 겨우 오늘 짝이 되었는데 이럴 수는 없는 일이다.

  난 밥맛을 잃었다. 멍하니 앉아 있다가 내 방으로 들어가 이불을 뒤집어쓰고 누웠다. 생각하면 할수록 속상해서 엉엉 울다가 잠에서 깼다. 이토록 꿈이 생생할까? 그 아이의 모습은 삼십 년 전 모습 그대로였다. 하긴 졸업식 때 봤던 얼굴이 마지막이었으니 그럴 수밖에 없다. 단 하루 나의 짝으로 꿈속에 나타난 것만으로 충분했다. 그토록 원하던 말 한마디 주고받을 수 있었으니 말이다. 가끔은 그가 이 세상 어디선가 어떤 모습으로 살아가고 있을지 궁금하다. 하지만 설사 만날 기회가 생긴다 해도 난 만나지 않을 작정이다. 오래전 순수했던 아름다운 추억을 훼손하고 싶지 않다. 내 나이 열여덟 낭랑했던 그 시절에 그리움으로 즐거움을 자아냈던 순간들이 소중하기 때문이다. 강렬함은 없지만 그 시절의 느낌은 시간이 가면 갈수록 더 따스하고 매력적인 추억으로 남는다. 더 솔직한 이유를 고백하자면 실망하고 싶지 않기 때문이다. 혹여 누가 알겠는가! 지금은 배 나온 아저씨로 변신해 있을지… 오래전 그때 그 모습 그대로 간직하고 싶다.

최고의 트라우마

내 인생 전체를 통틀어 가장 강력한 트라우마가 생겨난 건 내 나이 스물여섯 무렵이었다.

첫아이를 힘들게 출산했다. 하긴 어렵지 않은 출산이 어디 있으랴. 4.2킬로그램의 제법 큰 아이를 낳는 과정은 지옥을 맛보는 일이었다. 첫아이를 받은 사람은 산부인과 의사가 아니었다. 그 사실을 아이를 출산한 지 일 년이 지나서야 알았다. 피곤한 하루를 마감하고 잠자리에 들려는데 작은언니에게 전화가 왔다. 내가 첫아이를 낳았던 병원이 TV에 나왔다며 약간 흥분된 억양의 다급한 목소리였다. 난 황급히 TV를 켰다. 리모컨으로 언니가 알려 준 채널의 숫자 버튼을 눌렀다. 정말로 그 병원이었다. 인터뷰하는 사람 얼굴은 모자이크 처리되어 나왔지만 건물 내부는 그대로 보여 줘서 한눈에 알아볼 수 있었다. 그 병원은 집과 가까운 탓에 임신 초기부터 다녔다. 나를 담당했던 의사는 마흔

살 정도로 보이는 뽀얀 얼굴에 금테 안경을 쓰고 있었다. 콧날이 오뚝해 더 지적으로 보였다. 보건복지부 장관의 빨간 직인이 찍혀 있는 의사면허증이 증명하지 않아도 그녀는 의사로 보였다. 매우 친절해서 편안한 마음으로 병원 진료를 받았다.

  예정일이 하루 지난 새벽에 양수가 먼저 터졌다. 털컥 겁이 났다. 남편과 난 허둥지둥 병원을 찾았다. 응급벨을 누르자마자 문이 열렸고 당직 간호사 두 명이 나의 상태를 체크한 후 바로 진통실로 들어갔다. 관장을 시작한 탓에 화장실을 수없이 들락거렸다. 시간이 갈수록 진통 강도가 점점 높아졌다. 초산이라 골반 벌어지는 속도가 느리다는 간호사의 말이 들렸다. 난 감당해 내기 어려운 극한 고통을 참아 내느라 치아가 아플 지경이었다. 아홉 시간 넘는 진통 끝에 분만실로 옮겨졌다. 모든 준비가 끝난 후 간호사가 데려온 사람은 그 병원 원장이었다. 나를 진찰하던 의사가 왜 오지 않았을까? 의구심이 들었다. 하늘이 노랗게 변하기 직전의 고통이 엄습해 왔던 나로서는 누구든 상관없었다. 그저 나를 어서 고통에서 꺼내 주기만 하면 되었다. 원장으로부터 힘을 잘 주지 못한다는 타박을 몇 번 받았다. 진통이 오는 상황에서 자꾸 눈이 감기는 바람에 간호사에게 뺨을 몇 대 맞기도 했는데 그 덕에 난 정신을 차릴 수 있었다. 최후의 수단이었을까? 급기야 간호사 한 명이 내 배 위로 올라탔다. 그 순간 난 이번이 마지막이라고 생각했다. 이번에 성공하지 못하면 죽을 수도 있겠다는 공포에 휩싸였다. 사력을 다해 힘을 줬고 아이가 나왔다. 그 순간 엉덩이가 따끔했다. 난 바로 정신을 잃었다. 그 후 분만실에서의 일은 기억에 없다.

내 몸은 정상이 아니었다. 앉아 있는 것이 너무 불편해서 살펴봤더니 아래가 시퍼렇게 멍이 든 상태에서 퉁퉁 부어 있었다. 난 깜짝 놀랐다. 인간의 신체 일부라고는 생각하지 못할 정도로 흉측했다. 불편을 호소하자 간호사는 내 몸을 살피다 놀란 눈을 한 채 이해할 수 없다는 듯 고개를 갸웃하더니 말을 잇지 못하고 나가 버렸다. 회음부 절개한 부분을 잘못 꿰맸는지 소변을 볼 때마다 전기가 오는 고통이 한 달 넘도록 이어졌다. 첫아이라 경험이 없었기 때문에 난 그 모든 것이 정상이라고 생각하며 견뎠다. 첫아이 출산의 모든 것이 비정상적이었다는 사실을 둘째 아이를 출산하고서야 알았다. 둘째는 기절은커녕 TV 드라마에서 봤던 장면처럼 아이를 품에 안아 보기까지 했다. 모든 것이 순조로웠다. 난 멀쩡해 보이는 갓난아이를 대면하고는 기쁨과 감사의 미소를 지었다. 첫아이 출산 때와는 달리 보름이 지나니 회음부의 불편함을 전혀 느끼지 못했다.

내가 첫 아이를 출산한 지 6개월 뒤 그 병원에서 산모와 아이가 모두 죽는 사고가 터졌다. 다시 3개월 뒤에는 신생아가 죽었다. 사건을 파헤치며 그 병원을 고발하고 있는 시사 프로그램을 떨리는 가슴을 부여잡고 봤다. 큰아이 출산을 맡았던 원장은 무자격이었는데 대부분 출산은 그 원장이 도맡았다는 너무나 충격적인 사실이 보도되었다. 결국 누군가 방송국에 그 사실을 제보했고 밀착 취재를 통해 진실이 밝혀진 것이다. 방송을 통해 만천하에 드러났으니 더 이상 희생자는 없을 터였다. 다행스러운 일이었다. 난 가슴을 쓸어내렸다. 출산 후유증이 오래갔을 뿐 별다른 사고는 없어서 감사했다. 그 희생자가 큰아이나 내가 될 수 있었다고 생각하면 소름이 돋는다.

첫아이를 낳고 내 몸에 생각지도 못했던 중대한 변화가 생겼다. 난 출산한 지 반년이 흘렀음에도 불구하고 부부관계를 할 수 없었다. 시도할 때마다 몸이 굳어졌다. 마음은 그게 아닌데 몸은 말을 듣지 않았다. 괜찮아지겠지 하고 차일피일 미루다가 시간을 내서 산부인과를 찾았다. 찬찬히 내 이야기를 들은 의사는 심각한 표정으로 고개를 끄덕였다. 첫아이 출산을 유독 고통스럽게 느꼈던 산모에게 나타나는 증세라고 말했다. 나 같은 환자를 아주 가끔 봤다는 말을 덧붙였다. 첫아이를 고통스럽게 낳은 트라우마가 뇌에 깊게 저장되어 부부관계는 곧 임신을 연상시킨다는 것이다. 임신은 곧 출산으로 연결된다. 극도로 고통스러웠던 출산의 경험을 상기시켜 뇌가 몸을 꼼짝할 수 없게 명령을 내리고 있어 부부관계가 불가능한 것이라고 의사는 찬찬히 설명했다. 하긴 인간은 뇌 명령 없이는 손가락 하나 까닥할 수 없는 존재이지 않은가. 사람들은 강한 트라우마를 겪게 되면 자신을 보호할 수 있는 방법을 자신도 모르게 선택하게 된다는 것이다. 난 연신 고개를 끄덕이며 경청했다. 의사는 산부인과 물리적 치료 외 심리치료 상담을 병행해야 효과를 볼 수 있다고 말했다. 난 심리치료비용을 안내받고 깜짝 놀라 예약도 못하고 전화를 끊었다. 그 당시에는 주기적으로 치료받을 시간과 경제적 여유가 없었다. 쥐꼬리만 한 내 월급은 아이를 돌보는 아주머니에게 몽땅 건네졌다.

결국 산부인과 치료도 포기했다. 자리가 민원실 창구이다 보니 잦은 외출은 눈치 보이는 일이었다. 누군가 내 자리에서 대신 업무를 해줘야 가능했다. 동료에게 민폐를 주는 일이라 마음이 편하지 않았다. 남에게 부탁하는 일은 끔찍이도 싫어했던 나로서는 어쩔 수 없었다. 시간을 믿었다. 시간이 지나면 나아질 것이라고 대수롭지 않게 생각했다. 아내의 도리를 다하지 못한다는 죄책감에 시달리며 심적으로 힘든 시간이 지속되었다. 물론 신체적으로 매우 건강한 남편도 쉽지 않은 시간을 보냈을 것이다. 난 매일 밤 남편이 곯아떨어지기만을 기다렸다. 코를 고는 소리를 확인한 후 마음 졸이며 살금살금 침대에 들어가 잠을 청했다. 가끔 시도해 보자며 덤벼드는 남편을 피해 화장실로 뛰어들어가 엉겁결에 문을 잠갔다. 순간 복받치는 설움에 화장실 변기에 앉아 엉엉 울었다. 내 마음속에 조용히 흐르던 남편에 대한 미안함이 빌미가 되어 언제나 남편 뜻을 존중하며 잔소리조차 하지 않는 순한 아내로 살았다.

지금은 예전보다 많이 좋아졌다. 일을 그만두고 마음에 여유가 생겨 몸도 많이 이완된 기분이다. 남편과 대화하며 지혜롭게 잘 풀어 나가고 있다. 난 더 이상 주눅 들어 살지 않아도 될 경지에 이르렀다. 힘든 시간 끝까지 참아 주고 견뎌 준 남편이 고맙다. 모름지기 부부라면 당연히 서로의 상처를 보듬어 주면서 살아가야 한다. 현실에선 생각처럼 쉽지 않다. 상대보다 나를 먼저 생각하는 것이 본성이다. 이젠 다 지나간 일이다. 지금은 아무렇지 않게 이야기하고 있지만 트라우마에 휩싸여 살던 시간은 우울했고 자주 슬펐다. 마음속에서 끙끙 앓는 소리를 냈다. 마음에 품었던 것 중 가장 무거웠던 상처를 아무렇지도 않게 발설하게 되었다는 사실이 놀랍다. 버젓이 만천하에 공개하게 될 것이라곤 꿈에도 몰랐다. 이렇듯 글이기에 가능하다. 말로는 절대 불가능했을 것이다. 글쓰기는 지극히 개인적이고 민감한 사안까지 이야기할 수 있는 신비로운 행위다. 또한 마주하고 싶지 않았던 상처를 꺼내 글로 표현하면 그 상처는 아무것도 아닌 것이 된다. 그런 놀라운 사실을 경험한 후에는 품지 않고 쓰게 된다. 상처는 드러낸 만큼 감량된다. 나는 확신한다. 이 글을 쓰기 전보다 후의 마음 무게가 줄어들었을 것이란 사실을 말이다. 알베르 카뮈가 애정하던 스승 장 그르니에의 『어느 개의 죽음』이란 산문에 이런 문장이 나온다. "고통은 언어를 얻고 나면 이슬처럼 증발한다." 고통의 감정을 글로 쓰면 고통은 감쪽같이 사라진다는 말이다. 깊게 공감한다. 난 그의 문장을 발견하고는 감격했다. 어떻게 이런 표현을 할 수 있는가에 대한 놀라움과 그도 나와 같다는 동질감에 한없는 기쁨과 위로의 눈물을 흘렸다. 나도 치유의 목적으로 글쓰기를 선택했다. 그래서 난 쓴다. 오직 그것을 통해 고통은 사라진다.

지금을 살아 내기

 난 어릴 적부터 약골이었다. 오 남매 중 유일하게 허약했다. 겨울에는 기침, 콧물, 목감기를 번갈아 가며 앓기도 했고 가끔은 그것들이 한꺼번에 찾아오기도 했다. 그럴 때면 난 맥을 못 추었다. 끊임없이 날 괴롭히는 고통에서 벗어나는 길은 오직 죽음뿐이라는 생각을 종종 했다. 병원은 원체 멀었다. 내가 사는 집에서 버스를 타고 족히 한 시간을 달려가야 했다. 병원에 가는 것 자체가 쉽지 않은 일이었다. 다행히 옆 마을에 무허가로 운영하는 약방이 하나 있었다. 엄마는 내가 아플 때마다 그 집에 가서 약을 지어 왔다. 엄마와 함께 몇 번 방문했었는데 약방 구색도 갖춰져 있지 않은 허름한 집이었다. 놀랍게도 육십이 훨씬 넘어 보이는 할머니가 있었다. 의외였다. 순간 알 수 없는 불신의 마음이 생겼다. 할머니 손은 울퉁불퉁했다. 난 엄마의 강압에 못 이겨 그 할머니가 지어 준 약을 먹었다. 투박한 손으로 접어 준

종이를 펴면 원형으로 된 흰색 알약 서너 개가 보였다. 그 약을 먹고 내 상태가 좋아졌다고 느낀 적은 없었지만 난 노상 그 약을 먹고 살았다. 약에 대한 효과는 그 약을 지어 준 약사에 대한 신뢰가 바탕이 되어야 한다. 믿음이 산산이 부서진 채로 먹은 약은 효과가 있을 리 없다. 한번은 기침감기가 심하게 온 적이 있었다. 초등학교 6학년 때로 기억한다. 담임 선생님이 공부에 방해되니 복도에 나가 있으라고 했다. 한번 시작된 기침은 잘 그치지 않았다. 한참 동안 몰아치는 기침 후에 오는 가슴 통증을 견디기 힘들었다.

  오빠랑 언니들과 동생은 말짱했다. 왜 유독 나만 병치레를 하는 것인지 의아했다. 한 가지 짚이는 것이 있었다. 그건 바로 내가 밥을 적게 먹는다는 것이었다. 엄마는 내 밥을 푸면서 맨날 고양이 밥 먹는다고 타박했다. 밥이 보약이라며 많이 먹어야 아프지 않는다고 밥을 풀 때마다 강조했다. 내겐 어림없는 일이었다. 희한하게 밥 반 공기를 넘게 먹을라치면 구역질이 났다. 더이상 밥을 입속으로 넣을 수 없었다. 억지로라도 먹고 싶었다. 건강해질 수 있다면 토할 때까지 먹고 싶었다. 내 몸은 언제나 딱 반 공기만 허락했다. 왜 그런지 알 수 없었다. 밥맛이 좋을 리 없었다. 내게 밥은 생존 수단일 뿐이었다. 밥맛이 좋다며 먹는 사람들을 멍하니 바라봤다. 나도 그 맛을 느끼고 싶었다. 밥맛이 좋아 많이 먹으면 나도 건강해질 수 있을 것이라 확신했다. 그 생각을 하니 더 간절했다. 그 당시 주전부리할 것이 없어 식구들은 모두 밥을 많이 먹었다. 특히 아버지 밥공기는 컸다. 은색 스테인리스였는데 깊게 파여 있어 내가 먹는 밥의 몇 배는 들어갔다. 제발 밥이 맛있게 해달라고 난 매일 신께 기도했다. 돈을 허투루 쓰지 않는 엄마였지만 허약체질 발육 영양제는 떨어지는 법이 없었다. 엄마는 그 영양제를 내 손에만 쥐여 줬다.

내가 고등학생 무렵 큰언니가 내게 전해 준 말은 충격적이었다. 오랫동안 마음이 쓰였다. 이야기인즉 엄마가 나를 임신한 상태에서 담배를 피웠다고 했다. 난 그 말을 듣고도 믿을 수 없었다. 아니 믿고 싶지 않았다. 흡연이 태아에게 끼치는 영향을 담은 영상을 봤었다. 학생들에게 금연을 안내하고 홍보하기 위한 영상물이었다. 학교에서 봤던 그 영상이 떠오르면서 난 괴로움에 휩싸였다. 내가 약골인 이유가 바로 그것인가? 그 생각이 내 머릿속에서 떠나지 않았다. 내 약골의 원인을 제공한 자가 엄마였다니! 엄마가 곱게 보일 리 없었다. 몇 달 뒤 시집간 작은언니가 집에 놀러 왔다. 작은언니는 나보다 여덟 살이나 많았다. 언니에게 슬쩍 물어보니 사실이라고 했다. 엄마가 나를 임신하기 바로 전 대규모로 하던 양계장이 망해 빚더미에 앉게 되었다고 했다. 살던 집까지 팔아 빚을 정리하고 무일푼으로 산 중턱 집으로 이사를 했다는 말에 마음이 아팠다. 엄마는 날 임신한 것도 모르고 집 옆 군부대 공사 현장으로 일을 다녔고 담배를 그 공사판에서 배워 온 것 같다는 말도 함께 전했다. 작은언니의 말을 들으니 마음이 누그러졌다. 얼마나 힘이 들었으면 그랬을까? 이해하는 쪽으로 마음이 기울었다. 내가 평소 품고 있던 의문이 완전히 풀리면서 원망보다 감사한 마음이 들었다. 내가 이렇게 멀쩡하게 태어난 것만으로도 이미 기적이 일어난 것이라고 생각했다. 작은언니는 엄마가 나를 임신했다는 사실을 알고는 바로 담배를 끊었다고 했다. 그러면 그렇지. 모르고 한 일이었다. 알고 있었다면 절대 그런 일은 없었을 것이다. 모성은 본능이고 강력하기 때문이다.

내가 고등학교 3학년이 되었을 때 엄마는 서울에서 한약을 지어 왔다. 용하다고 소문이 자자한 한약방인데 약값이 무려 사십만 원이라는 말을 듣고 놀랐다. 알뜰한 엄마가 그 비싼 약을 사오다니! 믿기 어려웠다. 몸에 좋은 각종 한약재로만 달인 보약이었다. 한약은 아침과 저녁 하루 두 번 따뜻하게 데워 먹었다. 한약을 복용한 지 일주일이 지날 무렵 효과가 나타나기 시작했다. 그 효능은 실로 굉장했다. 난생처음 밥맛을 느낄 수 있었다. 과하게 좋아진 탓에 아버지가 먹던 밥그릇 크기에 고봉으로 담아 준 밥을 싹싹 비웠다. 꿀떡꿀떡 잘도 넘어갔다. 밥이 이처럼 꿀맛이었는가에 대한 기쁨으로 식욕이 용솟음쳤다. 이것이 꿈인지 생시인지 헷갈렸다. 그리하여 6개월 만에 몸무게가 무려 15킬로그램이 증량되있다. 기적이었다. 식구들은 모두 놀랐다. 엄마가 가장 좋아했다. 환절기에 달고 살던 감기조차 걸리지 않았다. 어떤 일이든 좋은 것과 나쁜 것이 함께 온다는 말처럼 연탄집게처럼 말랐던 몸이 갑자기 늘어나 둔하고 갑갑했다. 불어난 몸무게를 삼 년 정도 유지하다가 더 이상 견딜 수 없어 체중 감량에 돌입했다. 매일 아침, 저녁으로 줄넘기를 삼천 개씩 했다. 물론 식이요법도 했다. 커다란 밥공기를 작은 공기로 바꿨다. 꾸준히 노력한 결과 10개월 만에 10킬로그램 감량에 성공했다. 엄마는 딱 좋다며 더 이상 빼면 보기 흉하다고 했다. 난 흡족한 웃음을 지었다.

사람 구실 하며 살아 낼 수 있었던 것은 엄마가 사다 준 한약 덕분이다. 그것을 먹지 않았다면 지금의 나는 존재하지 않았을 것이다. 한마디로 엄마는 내게 '병 주고 약 주고' 한 셈이다. 지금까지도 믿기 어려운 점은 기침이 아예 없어졌다는 것이다. 겨울만 되면 기침감기 때문에 수업을 듣지 못할 때도 있었다. 기침을 한참 동안 하게 되면 몸통이 터질 듯한 고통이 엄습해 오곤 했다. 그 한약을 먹은 뒤로 지금까지 일절 기침이 사라졌다는 것은 매우 놀랍고 미스터리다. 난 지금도 그 생각만 하면 신기해 죽을 지경이다. 하지만 매년 건강 검진 시 폐활량 검사는 날 짜증 나게 했다. 매년 폐활량이 초등학교 저학년 수준이라는 이야기를 들을 때마다 속이 상했다. 플라스틱 원형 모양을 입 쪽으로 대고 '후우'하면서 있는 힘껏 끝까지 불어야 한다. 난 힘이 달려 중간에 갑자기 '후'를 끊었다. 일부러 그런 건 아니었다. 검사하는 직원이 검사가 되지 않는다며 몇 번씩 반복을 요청할 때는 지친다. 한번은 검사를 제대로 하지 못하는 나를 어이없게 쳐다보는 병원 직원에게 화가 났다. 검사요령을 몰라서가 아니라 안 되는 것을 어찌하랴! 원래 폐활량이 좋지 않다고 목소리를 한 톤 높여 짜증을 냈다. 인상이 잔뜩 굳은 직원은 알겠다며 검사를 중지했다.

  삼 년 전쯤 몸이 좋지 않아 누워 있었는데 엄마에게 전화가 왔다. 엄마는 왜 목소리에 힘이 없냐고 물었다. 도대체 왜 넌 그렇게 몸이 약하냐는 엄마의 속상함이 잔뜩 배어 있는 목소리가 내 귓가에 울렸다. "정말 몰라서 묻는 거예요?"라고 말하고 싶었다. 그 말이 목구멍 언저리까지 올라왔다가 도로 삼켰다. '지금 와서 그런 소리가 무슨 소용이 있을까?'하는 생각에 그냥 가만히 듣고만 있었다. 지난 과거를 들쑤셔 엄마를 괴롭히기 싫었다. 난 엄마를 원망하지 않는다. 이젠 이해까지 된다. 이해심이 이렇게 많은 사람이었나? 스스로도 놀랐다. 예전엔 이해하는 척만 했다. 실제로는 이해가 되지 않았는데 척만 하려니 힘들었다. 결국 내 손에서 발사된 독화살은 나의 심장에 수없이 박혀 나 자신을 아프게 했다. 이젠 척이 아니라 진짜 괜찮다. 마음이 넓어진 기분이다. "아픈 만큼 성숙한다."라는 말처럼 신체에 가혹한 시련을 겪고 나서 변화된 나를 발견하게 되었다. 그땐 엄마도 최선의 삶을 살아 내고 있었을 것이다. 엄마는 내가 결혼하기 전까지 무려 이십오 년 동안 끼니를 챙겨 줬다. 그 사실 하나만으로도 영웅 취급을 받아 마땅하디. 나의 살과 피가 된 밥은 내 삶을 온전하게 지탱해 주었다.

  손에 물도 묻히지 않고 곱게 자란 무남독녀 외동딸이었던 엄마가 경제력 없는 남편을 만나 고생한 이야기는 내가 들어도 안 쓰럽다. 동네 사람들은 아버지를 향해 워낙 호인이라 법 없이도 살 사람이라고 입을 모아 말했다. 그 말은 사람이 좋아 베풀기만 해서 실속 없다는 뜻이기도 했다. 엄마의 말처럼 아버지와 결혼하지 않았다면 다니던 은행을 관두지 않아도 되었을뿐더러 경제적으로 안정된 남자를 만날 확률이 높았다. 그랬다면 죽을 고생을 하지 않아도 되었을지 모른다. 언젠가 엄마는 나에게 뜬금없는 고백을 했다. 엄마는 큰아들만 이유 없이 미워하는 남편이 꼴 보기 싫어 오빠만 데리고 집을 나가려고 마음을 먹었던 적이 있었다고 한다. 그때 나를 버리고 도망가지 않고 살아 준 것이 얼마나 고마운지 모른다. 난 엄마의 마음을 헤아릴 만큼 나이를 먹었다. 누구든 저마다의 이야기가 있듯이 엄마도 엄마만의 이야기가 있다. 세상은 가혹했고 엄마를 가만히 내버려두지 않았다. 그런 까닭에 과거 자신의 삶을 맘에 들어 하지 않는다. 하지만 자신이 선택한 일이다. 어른이라면 선택한 일에 대한 책임과 의무가 있다. 그렇다고 모든 어른이 책임을 다하지도 않는다. 엄마는 역경 속에서도 자신의 책임을 성실히 수행하며 살았다. 그런 엄마가 난 자랑스럽다.

엄마는 과거를 흘려보내지 못하고 있다. 꽉 붙잡고 있다는 느낌이 들 때가 많다. 지금의 시간을 즐기기에도 모자랄 상황에 과거의 기억에 매어 고통받는 건 얼마나 불행한 일인가. 인생을 낭비하며 살아가는 무지한 사람의 짓이다. 그런 모습을 바라보면 안타깝기 그지없다. 현명한 사람이라면 과거를 잘 흘려보내야 한다. 물론 나도 과거에 당한 일에 대한 죄책감, 자책과 분노와 상처로 얼룩진 나 자신을 옭아매고 살았었다. 지금은 그러지 않으려고 노력하고 있다. 글쓰기를 시작하고부터는 그 증상이 많이 사라졌다. 나도 엄마도 오직 이 순간에 몰입할 수 있는 삶을 살아 내기를 바란다. 그리하여 진정한 나로 지금을 즐기며 살고 싶다.

행복을 입히는 일

점심을 먹는데 핸드폰이 울렸다. 02로 시작되는 번호였다. 오전에도 같은 번호로 두 번이나 전화가 왔었는데 모르는 번호라 받지 않았다. 스팸 전화가 많아서 난 핸드폰에 저장된 연락처가 아니면 받지 않는다. 같은 번호로 오늘만 벌써 세 번째다. 혹시 중요한 일일지도 모른다는 생각에 통화 버튼을 눌렀다. "안녕하세요?"로 시작되는 텔레마케터의 전형적인 억양으로 '실손보험'이라는 단어를 듣자마자 괜히 받았다는 후회가 밀려왔다. 저는 실손보험도 있고 암보험도 있어서 가입할 의향이 전혀 없는 사람이니 이만 끊겠다고 말했다. 그 텔레마케터는 다급한 목소리로 잠깐만 기다려 보시라고 부탁했다. 설명을 아주 조금만 들어 보라며 마치 종달새처럼 빠른 속도로 이야기했다. 실손보험 내용을 막힘없이 순식간에 늘어놓았다. 숨도 쉬지 않고 말하는 통에 듣는 내가 숨이 막혀 버릴 것 같았다. 마음이 시끄럽고 귀가 소란스러워 어떤 단어도 머리에 들어오지 않았다. 끊어야 한다는 걸 알지만 난 주저하고 있었다. 그 순간 밀려드는 스트레스를 감당하기 힘들었다. 밥을 먹던 아이가 난처해하는 나를 바라보며 스팸이면 그냥 끊으라고 작은 소리로 속삭였다.

  나도 끊고 싶었다. 단지 끊을 타이밍을 찾고 있었을 뿐이었다. 옆에 남편이 있었다면 난리 쳤을 것이 뻔하다. 아이들만 있어서 다행이란 생각이 들었다. 남편은 스팸 전화를 끊지 못해 쩔쩔매는 날 이해하지 못했다. 몇 년 전 그 모습을 지켜본 남편은 얼굴을 잔뜩 찌푸렸다. 오른쪽 팔을 사방으로 휘저으며 끊으라고 성화였다. 자신은 받자마자 "관심 없습니다." 한마디 하고 미련 없이 빨간 버튼을 누른다고 했다. 난 아들 눈치를 보다가 더 이상 시간을 지체하면 안 될 것 같아 바빠서 이만 끊겠다고 했다. 그럼 괜찮은 시간이 언제냐고 상냥한 목소리로 되물어 왔다. 끈질긴 사람이었다. 난 필요 없다는 말을 한 후 뒤도 돌아보지 않고 종료 버튼을 눌렀다. 아이가 답답한 표정으로 날 쳐다봤다. 자신은 받자마자 "죄송합니다."라고 말하고 바로 끊어 버린다는 것이다. 왜 그렇게 하지 못하냐고 묻는 말에 사람은 모든 것을 다 잘해 낼 수 없는 법이라며 싱거운 웃음을 지었다.

  2002년 6월, 우리나라에서 월드컵이 열렸다. 4강 신화로 기적을 맛본 대한민국은 기쁨과 환희의 도가니였다. 무엇보다 난 둘째 출산을 기다리고 있었다. 예정일은 6월 19일이었다. 3월부터 배가 급속하게 불러 왔는데 갑자기 소변이 갈색으로 바뀌었다. 덜컥 겁이 나서 병원으로 달려갔다. 검사를 끝낸 산부인과 의사는 신우신염이 의심된다고 했다. 큰 병원에서 검사를 다시 받으라며 소견서를 써주었다. 무조건 쉬어야 한다고 강조했다. 현재 상태로 계속 간다면 태아의 생명은 물론이고 산모도 위험하다고 했다. 임신하기 전부터 업무의 강도가 높았다. 고작 오천 세대에 만 오천 명이 살고 있던 작은 면 소재지에 신도시가 들어섰다. 아파트 준공이 하나둘 시작되면서 6개월 동안 약 팔천 세대에 이만 명이 넘는 사람들이 이사를 왔다. 하필 그때 난 전입 담당자였다. 입주가 시작되면서 매일 밤 열한 시 넘어 퇴근했다. 주말도 예외는 아니었다. 업무가 전입만 있는 것이 아닌지라 주말에는 다른 고유업무를 처리하느라 바빴다. 일일 백 건에 육박하는 전입신고 처리 때문에 점심을 제대로 먹지 못한 날도 허다했다. 하루는 지방지 기자가 날 인터뷰하고 싶다고 왔었는데 밀려드는 전입 민원인에 치여 포기하고 돌아갔다. 그다음 날 퇴근 시간 이후 전화로 진행했다. 그 생활을 반년 넘게 하다가 임신을 했으니 내 몸은 말이 아니었다. 그즈음 찍었던 사진을 앨범에서 발견했을 때 난 깜짝 놀랐다. 쇼트커트를 한 머리에 너무 말라 광대뼈만 튀어나온 몰골은 흉측해 보였다.

난 고민하다가 3월에 사표를 냈다. 십 년이나 몸담았던 직장이라 애정도 많았지만 어쩔 수 없는 선택이었다. 입주도 마무리된 상태라 떠나는 내 마음도 홀가분했다. 내가 곧 퇴직할 것이라는 이야기를 전해 들은 형님이 내게 전화를 걸어 왔다. "아이는 또 가지면 되지만 안정된 직장은 또 얻기 힘들잖아."라는 현실적인 조언은 나를 경악하게 했다. 형님뿐 아니라 주위 사람들 대부분 퇴사를 반대했다. 난 이미 마음을 정한 상태였기에 그 어떤 말도 귀에 들어오지 않았다. 타인은 나의 일에 큰 관심이 없다. 그들은 잘 모른다. 본인이 당하지 않고서는 알 길이 없다. 그러기에 우린 남을 이해하기 어렵다. 설사 똑같은 상황에서 같은 고통을 당했다고 해도 사람마다 체감되는 그 고통의 무게는 다르다. 내가 얼마나 힘든 시간을 보냈는지 아무도 알아주지 않는 것은 어쩌면 당연한 일이다. 분명한 건 그들은 나를 위한답시고 수많은 말들을 쏟아 냈을 것이다. 난 버텨 낼 수 있는 한도를 넘은 지 오래였다. 어떻게든 아이를 지키고 싶었다. 소중한 한 생명을 잉태한 어미로서 당연한 일이 아니겠는가. 다시 돌아간다 해도 똑같은 선택을 했을 것이다. 후회는 없다. 계획하지 않은 상태에서 갑자기 찾아온 임신은 나를 당황하게 했지만 감사함이 먼저였다.

둘째 아이가 놀이방에 재미를 붙였을 때 난 석 달 동안 국민연금공단에서 일했다. 국세청으로 소득이 잡히는 사람들에게 전화를 걸어 연금에 가입하라고 권유하는 일이었다. 스무 명 남짓한 인원이 한 사무실에 모여 온종일 전화를 걸었다. 상대방을 직접 대면하지 않고 하는 일이기에 더 어려웠다. 오직 전화로만 진행되는 업무라 말주변이 없는 나로서는 곤욕이었다. 다행히 상황별 맞춤 전화응대 매뉴얼이 깔끔하게 정리되어 있었다. 그 매뉴얼은 내게 지푸라기 같은 존재였다. "안녕하세요? 국민연금공단…" 말이 다 끝나기도 전에 전화를 끊는 이가 태반이었다. 대기업은 믿어도 이 나라는 믿지 못하겠다며 가입을 거부하는 사람들이 대다수였다. 일반 보험회사에서 파는 연금저축 취급을 했다. 국가에서 하는 일이라고 하면 더 쌍수를 들고 욕을 해댔다. 낮술을 먹은 사람의 성희롱 발언으로 불쾌한 적도 있었다. 듣기만 해도 거북한 말을 하거나 수작을 거는 투의 말은 기분을 몹시 상하게 했다. 폭언을 하는 사람과 통화한 날은 기운이 쏙 빠졌다. 작은 일로도 나는 쉽게 마음에 상처를 입는 사람이다. 매월 실적을 나타내는 순위표가 뒤쪽 벽에 붙여졌다. 다행히 꼴찌는 아니었다. 꼴찌만 아니면 되었다. 그 사실 하나로 나는 버틸 만했다.

스팸 전화가 오면 그때의 일들이 불현듯 뇌리를 스친다. 전화 통화하면서 상처받았던 일들이 새록새록 떠오른다. 그러면서 내게 전화를 걸어 준 텔레마케터에게 되도록 상처를 주지 않고 끊으려고 애를 쓴다. 나도 모르게 그렇게 된다. 내가 착해서가 아니다. 잠자던 트라우마가 순간 잠에서 깬다. 과거 기억에 지배당하고 있다는 걸 증명하는 셈이다. 과거가 현재를 지배하면 과거에 머물러 있을 수밖에 없다. 우린 과거로 돌아갈 수 없다. 물론 타임머신이 실제로 존재한다면 모를까. 기억에만 있는 과거에 집착하며 살고 있다는 생각이 들었다. 나는 현재만을 살고 싶다. 엄밀히 따지자면 이 글을 쓰고 있는 지금도 1초씩 초침이 지나갈 때마다 과거로 흘러가고 있다. 최근에 대니얼 J. 레비틴이 쓴 『정리하는 뇌』라는 책에서 놀라운 사실을 하나 발견했다. "당신이 우울할 때 행복한 기억을 떠올리면, 기억을 검색할 당시의 기분이 그 기억에 덧입혀져 당신이 그것을 저장소에 다시 저장할 때 그 사건이 조금 슬프게 기록된다."라는 문장을 보고 무릎을 쳤다.

우리가 뇌에 저장된 과거 기억을 검색해서 꺼냈을 때 자동으로 '편집' 모드로 열린다는 것이다. 그러니 슬픈 기억일지라도 현재의 행복한 마음 상태에 있을 때 그 기억을 불러들여 재생하고 다시 뇌에 저장한다면 현재의 행복감이 덧입혀져 조금 덜 슬픈 기억이 된다는 이야기다. 나의 경우 맞는 말이다. 놀랍게도 블로그에 글을 쓰면서 이미 그것을 실행하고 있었다. 체험을 통해 그 묘한 매력에 빠져든 순간부터 난 내 마음속에 박혀 있던 못을 하나씩 꺼냈다. 그렇게 기억 속 깊게 박힌 상처를 모조리 꺼내 현재의 행복감을 입혀 다시 저장했다. 관조적으로 볼 수 있는 능력이 생겼으므로 과거의 사건을 객관적으로 통찰하게 되어 아픔은 급격하게 줄어들고 어떤 것은 상황이 역전되기도 한다. 인생사 모든 것은 '생각하기 나름'이라고 하지 않던가. 생각만 바꾸면 된다. 마음을 바꿔 먹으면 된다. 가장 어려울 것 같으면서도 쉬운 일이다. 어떤 시선으로 어떻게 보느냐에 따라 해석은 달라질 수 있다. 과거의 아팠던 기억을 하나씩 소환해 편향되지 않는 해석과 현재의 충만한 감정을 덧칠해 다시 저장하는 일은 매우 성공적이다. 그 작업은 나를 평생 씻을 수 없는 상처에서 벗어날 수 있게 한다. 상처를 꺼내 정확히 들여다보고 글로 옮긴다면 그것은 더 이상 나를 아프게 할 수 없다.

생긴 대로 살아가는 것

 난 살면서 고지식하다는 말을 자주 들었다. "앞뒤가 꽉 막힌 사람" 내지는 "융통성이 없는 사람"이라는 소리도 가끔 귓가에 울렸다. 그러기에 타인을 이해하는 마음이 바늘구멍만큼 작았다. 내 마음의 잣대에 사람을 올려놓고 그 기준에 맞지 않으면 멀리했다. 오직 기준은 나였다. 마음대로 다른 사람을 낙인찍어 버렸다. 난 신이 아니다. 완벽하지 않은 인간이 다른 사람을 어찌 판단할 수 있단 말인가. 무척이나 한심하고 부끄러운 일이다. 돌이켜 생각해 보면 갑갑하기 짝이 없다. 다행스럽게도 난 나이를 먹으면서 이해의 폭이 확장되었다. 책을 읽는 것도 너그러워지는 데 많은 도움이 되었다. 예전이라면 이해할 수 없었던 것도 이젠 이해된다. 거꾸로 이해할 수 없는 것을 찾기가 어려울 정도다. 나의 고지식은 어릴 적부터 끊임없이 주입된 사회적 관습의 영향을 받았다. 학교와 가정에서 오랫동안 자신을 틀 속에 가두는 교육을 받으며 자랐다. 내가 스무 살이던 1990년대 초반에는 여자는 시집만 잘 가면 된다는 생각이 짙었다. 하물며 엄마에게도 여러 번 그 소리를 들었다. 난 착한 아이처럼 그 말도 안 되는 이야기를 스펀지처럼 빨아들였다. 부모님에게 대꾸 한번 안 하는 순종적인 사람으로 자랐다. 언젠가 사회 초년생이 된 나에게 엄마는 착한 것이 마냥 좋은 것이 아니라고 말했다. 그렇게 키워놓고 이젠 아니라고 하니 혼란스러웠다.

  시어머니는 가끔 나를 바라보며 성격을 고쳐야 한다고 말했다. "제 성격이 어떤데요?"라고 말대꾸조차 하지 못했다. 바보처럼 그저 웃기만 했다. 정말 바보였다. 시댁에 가면 난 말수가 줄었다. 웬일인지 입이 절로 다물어졌다. 딱히 할 말도 없었다. 뚱해 보이는 내가 못마땅했는지 어머니는 그런 성격으로 사회생활을 어떻게 하냐고 물었다. 진심으로 궁금하다는 말투였다. 난 사회에 귀속되는 동시에 사회성 버튼을 꾹 눌렀다. 그것이 눌러지면 다른 사람과의 소통이 이루어졌다. 맘에 전혀 들지 않는 사람들과도 곧잘 웃고 떠들 수 있다. 민원인을 친절하게 대했고 직원들과도 문제없이 지냈다. 어머니는 나의 그런 모습을 상상조차 하지 못했을 것이다. 시댁에선 입을 굳게 닫고 음식을 하고 상을 차리고 설거지를 한 후 TV를 쳐다보는 것이 전부였다. 사회성 버튼을 아무리 눌러도 좀처럼 어머니 앞에서는 작동되지 않았다. 어머니는 며느리가 싹싹하길 바랐을 것이다. 그때 난 알았다. 세상에는 아무리 노력해도 안 되는 것이 있다는 사실을…

난 천성적으로 둔한 사람이다. 물고기 보고 나무에 오르라고 하는 꼴이니 가당키나 한가 말이다. 난 혼자 있는 시간이 가장 행복하다. 홀로 있을 땐 에너지가 충전된다. 사회에 뛰어드는 순간 나의 에너지는 급격하게 닳아 없어지기 시작한다.

잠시 스친 인연으로 알게 된 언니가 있는데 석 달 정도 같은 사무실에서 근무했다. 그 언니가 사무실을 그만두는 날 나에게 조언이랍시고 한 말은 어처구니없었다. "헬멧 쓰고 화투 치는 꼴"이란 말을 들었을 때 난 바로 이해할 수 없었다. 한참을 곰곰이 생각했다. 헬멧 앞쪽 덮개는 달릴 때 바람과 햇볕을 막아주는 용도이다. 소재는 반투명한 플라스틱이다. 그것을 쓰고 화투를 치면 같이 치는 사람들이 덮개에 반사된 내 패를 다 볼 수 있다는 이야기였다. 자기 패를 다 보여 주면서 화투를 치는 멍청이가 어디 있단 말인가. 충고가 아니라 내가 마치 바보라는 비난으로 들렸다. 그녀는 오해하지 말라며 내가 걱정되어서 말을 꺼냈다고 했다. 난 전혀 고맙지 않았다. 고맙긴커녕 분노가 치밀었다. 당신이 나에 대해 뭘 얼마나 안다고 떠드느냐고 멱살이라도 잡고 싶은 심정이었다. 고작 몇 개월 본 사람에게 그런 충고를 하는 건 경솔한 처사라고 생각했다. 기분이 몹시 상했다. 당신이나 똑바로 살라고 소리치고 싶었다. 하지만 난 뜻하지 않게 그만 하하하 웃음보를 터트렸다. 화투패 보여 주며 사는 머저리 목에 그 누가 칼을 들이댈까? 싶었다. 마음은 상했지만 다른 한편으로는 적지 않은 위로를 받았다.

"세상 물정 모르는 건 아버지랑 똑같아."라는 소리가 핸드폰에서 흘러나왔다. 남동생이었다. "뭐라고!!"라고 응수하고 싶었지만 "이제 알았니?"하며 깔깔깔 웃었다. 목구멍에 설치된 거름망을 통과하면 완전 딴판인 단어가 튀어나왔다. 내 의지와는 상관없이 자동으로 걸러 주는 시스템이다. 그 시스템 덕분에 난 친절한 사람으로 살 수 있었다. 동생 말은 맞는 말이었다. 틀린 말이 아니었기에 동생에게 역정을 낼 수 없었다. "세상 물정 모르는 너희 아버지"란 말은 엄마가 자식들에게 아버지 뒷담화할 때 가끔 하는 말이다. 자식 중 유독 나만 아버지와 붕어빵이다. 생김새나 성격은 물론이거니와 걷는 모습까지 똑같다. 엄마는 팔자걸음까지 지아비 쏙 빼닮았다고 했다. 말투에서 아버지의 팔자걸음마저 꼴 보기 싫다는 태가 났다. 동생이 전화한 용건은 한마디로 집에서 놀면 뭐 하냐는 것이었다. 직장을 그만두고 이 년 넘게 쉬어서 건강도 많이 회복되었으니 이제 슬슬 경제활동을 시작해야 않겠냐고 했다. 주식이나 경매, 공매 공부를 적극 추천했다. 어떻게든 가계에 보탬이 되어야 할 것 아니냐는 말에 헛웃음이 나왔다. 동생은 내가 안쓰러운 마음에 한 말일 것이다.

친정 식구들 하나같이 주식을 한다. 엄마까지 주식을 하는 모습에 놀랐다. 엄마는 주식이란 여윳돈으로 욕심만 부리지 않는다면 용돈벌이는 할 수 있다고 했다. 정말로 쏠쏠한 재미가 있어 보였다. 난 뭐든 섣불리 하고 싶지 않았다. 책 읽기를 좋아했지만 유독 경제 관련 분야 책은 눈에 들어오지 않았다. 재테크나

부동산, 주식에 관한 책을 몇 번 시도해 본 적은 있다. 눈으로는 문자를 읽는데 머리까지 전달되지 않는다. 애를 먹으면서 책을 읽을 필요는 없지 않은가. 그쪽으로 아예 신경을 쓰지 않고 살았다. 그런 연유에서인지 경제 쪽으로 가는 뇌 회로가 끊어진 것처럼 몸에서 받아들여지지 않는다. 몸에 받지 않는 음식을 먹는 것처럼 토악질이 날 정도였다. 머리까지 아파 와 덮은 재테크 관련 책이 한두 권이 아니다. "언제까지 후지고 오래된 아파트에서 살 것"이라는 동생 말은 평온한 호숫가에 돌을 던지는 격이었다. 언젠가 킨텍스 옆에 사는 친구가 했던 말이 생각난다. 분양가 이억 오천짜리 아파트가 순식간에 십억이 되어 세금 낼 생각에 걱정이라고 했다. 매우 충격적이었다. 이게 맞게 돌아가는 세상인가? 싶었다. 재작년쯤 아파트 단지 내 위치한 부동산 중개소를 찾아가 상담을 받았는데 아파트가 워낙 외곽에 있고 오래되어 십 년 전보다 실거래가가 오천만 원이나 떨어졌다고 했다. 매물이 나와도 매매가 되지 않는다는 말에 기운이 쭉 빠진 채 발을 돌렸었다.

가끔 시내에 사는 지인들을 만날 때마다 듣는 말이 있다. 왜 그 시골 촌구석에서 나오지 않느냐는 말이다. 진즉에 나왔으면 아파트값이 많이 올라 힘들지 않게 돈도 벌고 얼마나 좋았겠냐고 한목소리로 떠들어 댄다. 이젠 귀에 딱지가 앉을 지경이다. 그런 말을 하는 사람들을 멀리하게 된다. 물론 안다. 나를 진심으로 걱정해서 하는 말이라는 것을… 하지만 어찌하랴, 모든 사람이 재테크에 해박할 수 없는 일이다. 관심이 없는 건 어쩔 수 없다. 솔직히 그쪽 분야에 재능이 없다. 아버지 칠순 잔치 때 엄마를 두 시간 지켜본 큰형님이 나에게 말했다. "동서는 엄마 2%만 닮았어도 좋았을걸"이라며 의미심장한 표정을 지었다. 어떤 의미인지 단번에 알아차렸다. 시어머니가 인정하는 큰형님의 눈썰미에 깜짝 놀랐다. 큰형님은 재테크에 밝았다. 일 년에 한 번 이사를 감내하면서 부지런히 자산을 불렸다. 시어머니는 가끔 큰형님과 나를 비교했다. 큰아이처럼 남편 휘어잡고 야무지게 살림했으면 좋겠다는 말을 몇 번 했었다. 그건 형님이나 가능한 일이었다. 내겐 그런 능력은 없다. 있는 그대로의 내 모습을 인정해 주길 바랐지만 안타깝게도 그렇게 대해 주지 않았다. 푸석한 가지에게 아삭한 오이 맛을 내라고 하니 그건 애초에 불가능한 일이다.

동생과 통화한 후 이런저런 생각에 잠을 이루지 못했다. 설사 관심이 있어 시작한들 돈을 번다는 보장도 없지 않은가. 난 습관처럼 하지 못하는 핑계만 찾았다. 사람은 생긴 대로 사는 거다. 부화뇌동할 필요는 없다며 스스로를 위로했다. 극한의 참담한 신체적 고통을 겪어 본 사람은 안다. 통증만 없다면 물과 빵만으로도 충분히 인생이 즐겁고 감사한 일이라는 사실을 말이다. 사람은 뜻하지 않은 고난을 경험하고 나면 삶의 목표나 관점을 완전히 바꿔 놓기도 한다. 나부터라도 갑자기 찾아온 심신의 아픔을 극복하고 나서 삶에 대한 기대치가 한없이 낮아졌다. 새롭고 좋은 일을 기대하게 되는 것이 아니라 고통만 없다면 행복감을 느낀다. "소극적인 행복론의 핵심은 고통의 원인을 최소화하는 것이다. 즉 쾌락을 적극적으로 추구할 것이 아니라 고통을 줄여 나가는 것이 행복을 위한 일이다."『마흔에 읽는 쇼펜하우어』에 적혀 있던 문장을 본 순간 무릎을 '탁' 쳤다. 현재의 내 마음과 일맥상통하는 말이라 격하게 공감했다. 기쁜 순간은 찰나지만 몸의 고통은 오랫동안 지속되기 때문이다.

확실한 건 기대치를 낮추면 행복할 수 있다. 수많은 사람들이 로또에 당첨되는 꿈을 꾼다. 실제로 당첨되어 좋은 집과 차를 바꾼다면 주체할 수 없는 기쁨에 한동안 행복에 겨워할 것은 당연하다. 하지만 얼마 동안의 시간이 경과한 후에는 그 행복은 바람 빠진 풍선처럼 쭈그러들 것이 뻔하다. 호화저택에 살고 멋진 스포츠카를 탄다고 해서 다른 세상에서 살 수는 없다. 일상은 똑같이 반복된다. 선택의 기로에서 갈등하고 사람들과 사소한 마찰의 빈번함은 물론이거니와 때때로 소화불량에 시달리는 특별할 것 없는 삶을 살게 된다. 어쩌면 삶의 기대치가 한껏 높아진 탓에 되레 행복감을 덜 느낄지도 모른다. 기대치를 낮추고 마음을 비워 내는 단순한 삶을 살고 싶다. 그래야 진정 자유로운 삶을 영위할 수 있음을 아프고 나서야 깨달았다.

드라마「나의 아저씨」의 대사처럼 "성실한 무기징역수처럼 꾸역꾸역" 살아간들 삶이 아니라 말할 수 없다. 사람들은 어차피 생긴 대로 살아가게 되어 있다. 난 자발적 고립을 택하며 살아가는 은둔형이다. 내가 가장 좋아하는 책 읽기와 글쓰기에 빠져 즐거운 마음으로 살아가는 요즘이다. 자신이 재미있어하는 일을 하는 사람이야말로 가장 행복한 사람이다. 한때 난 스스로 위축된 시간을 보냈다. 타인을 동경하고 혼자 절벽 끝에 앉아 있다는 어리석은 생각에 빠져 있었다. 어느 순간 그건 내가 못나서가 아니라 너무 잘나고 싶어 욕심을 부리는 탓이라는 것을 깨닫게 되었다. 과한 욕심에서 불러오는 결핍은 자신도 모르게 심신을 갉아먹힌다. 약삭빠르지 못한 날, 지금 있는 그대로의 나를 사랑한다. 자기 자신을 사랑하는 마음이 존재하는 한 문제는 없다. 지금이야말로 내가 꿈꾸던 세상이다.

있을 때 잘하자

 남편은 금요일 오전 화이자 백신 접종을 마치고 집에 왔다. 접종자 유의 사항에 사흘 정도 안정을 취하라고 적혀 있었기에 난 무조건 쉬라고 신신당부했다. 산책 정도야 괜찮겠지만 산행이나 자전거 탈 생각은 꿈도 꾸지 말라 했더니 입을 삐죽거렸다. 코로나백신이 어떻게 반응하는지 몸 상태를 관찰해야 한다고 쫓아다니며 잔소리를 늘어놓았더니 남편은 귀찮은 듯 건성으로 고개를 끄덕였다. 하룻밤 자고 나더니 남편은 주사 맞은 부위가 쑤시는 것 빼고는 멀쩡하다며 미리 사놓은 진통제를 약통에 다시 넣었다. 내심 걱정했는데 다행이었다. 하지만 끝까지 방심할 순 없었다. 몇 년 전 독감 예방접종 후 끙끙 앓았던 생각이 나서였다. 얼마나 심하게 아팠는지 남편은 그 후로 독감 예방접종을 절대 하지 않겠다고 선언했다. 아무리 무증상이라고 해도 무리하면 안 된다고 다시 한번 남편에게 경각심을 상기시켰다. 남편은 귀를 막고 방 안으로 들어갔다. 백신 부작용이 연일 매스컴을 통해 보도되고 있었다. 후유증이 두려워 아예 접종을 포기하는 사람이 늘고 있는 추세였다. 이틀째 집에만 처박혀 있는 것이 답답한지 한시도 얌전히 있지 않았다. 똥 마려운 강아지처럼 거실을 서성대며 안절부절못했다. 보는 내가 정신 사나울 지경이었다. 저녁을 먹고는 갑자기 배낭을 꺼내 들었다. 자기만의 영역에 틀어박혀 물건을 정리하는 모습을 보니 측은했다. 남편은 집안에 처박혀 있는 것을 못 견뎌 한다. 반면 나는 한 달 내내 꼼짝 말고 집 안에서만 지내라고 해도 가능하다.

다음 날 아침 일곱 시, 내가 눈을 떴을 때 남편은 집 안 어디에도 없었다. 어제저녁 만지작거리던 배낭도 보이지 않았다. 혹시 몰라 신발장을 열어 보니 남편이 아끼던 등산화도 없었다. 기어코 산에 간 모양이다. 남편 고집은 고래 쇠심줄보다 질기다. 아무도 말릴 수 없다. 사실 남편은 산을 싫어했다. 산에 자주 오르던 내게 어차피 내려올 산을 무엇 하러 힘들게 올라가냐며 이해할 수 없다고 했다. 나는 산을 좋아했다. 산의 정기를 받고 태어나서 그런지 산이 무작정 좋았다. 결혼하기 전에는 주말이면 산에 올랐다. 혼자서도 오르고 때론 친구랑, 아니면 사무실 직원들과 함께였다. 물론 힘들었다. 산에 오르면서 힘이 들지 않는다는 말은 새빨간 거짓말이다. 숨이 턱 끝까지 차올라 헉헉거려도 즐거웠다. 그 과정이 생략된다면 정상에 올랐을 때의 짜릿함도 없을 것이다. 발아래로 보이는 세상은 아주 작아 보였다. 땀을 식혀 주는 산 정상의 바람은 상쾌하다. 난 눈 쌓인 겨울 산을 가장 좋아한다. 때론 위험했지만 설산만큼 아름다운 장관은 없다. 겨울에 오른 덕유산의 절경은 아직도 생생하다. 산은 변함없이 그 자리에서 나를 기다리고 있었다. 나에겐 늘 좋은 친구다. 홀로 산에 들었을 때의 고요함은 말로 표현 못 할 정도로 황홀하다. 아무에게도 방해받지 않아 더 좋다. 몸속 독소를 배출하고 산에서 뿜어내는 좋은 것들을 흡입하면 몸이 정화되면서 절로 상쾌해진다. 한결 가벼워짐을 느낀다. 자연 속에 있을 때 기분 좋다. 생각해 보면 자연만큼 우리를 행복하게 하는 것도 없다. 나를 감탄하게 만드는 것은 자연이다. 해 질 녘 붉게 물드는 석양을 난 가장 좋아한다. 그 아름다운 노을빛에 취해 나도 모르게 빠져 넋 놓고 바라보게 된다. 초승달이나 이름 모를 작은 풀꽃을 바라보는 순간 너무 이뻐 경탄의 소리를 질러 옆 사람이 놀란 적도 여러 번이다.

　결혼한 후부터 좋아하던 산을 가지 못하니 난 시름시름 앓기 시작했다. 결국 남편은 주말에 내가 가고 싶은 산으로 차를 몰았다. 자신은 산을 오르는 것은 절대 할 수 없다며 산 밑에서 시간을 보냈다. 난 혼자 정상을 찍고 내려왔다. 아이들이 생기면서 남편은 아이들과 산 밑에서 시간을 보냈다. 아이들과 몇 시간씩 놀아 주는 것이 더 힘들어 보였다. 남편은 산에 오르는 일만 아니면 괜찮다고 웃어 댔다. 나로서는 이해할 수 없었다. 산은 날 살게 하는 것 중 하나였다. 나에겐 쉼이고 위안이었다. 지금은 상황이 반전되었다. 이렇게 바뀔 줄은 꿈에도 몰랐다. 하긴 세상의 기준도 세월에 따라 변화한다. 각자 품고 있던 신념도 어떤 계기로 뒤집힐 수 있다. 난 허리디스크와 약한 무릎관절 때문에 산을 놓아 버렸다. 남편은 갑자기 산에 오르기 시작했다. 식성도 육식에서 채식으로 바꿨다. 우리 집 밥상은 마치 홍해 갈라지듯 육식과 채식으로 극명하게 반으로 나누어져 있었다. 난 고기보단 채소가 좋았다. 물론 고기를 먹지 않는 채식주의자는 절대 아니다. 고기는 아주 가끔 먹는다. 그저 자주 즐기지 않을 뿐이다. 남편은 삼겹살을 먹을 때도 야채에는 눈길도 주지 않고 고기만 주야장천 먹었다. 난 오래전부터 사과를 깎아 아침상에 올렸다. 아침 사과는 보약보다 낫다는 소리도 있지 않은가. 오직 가족의 건강을 생각했다. 아이들은 맛있게 먹었지만 남편은 고개를 절레절레 흔들었다. 자꾸 권하는 나에게 어느 날 느닷없이 소리를 빽 질렀다. 먹기 싫은 거 억지로 권하는 건 명백한 고문이라고 외쳤다. 난 순간 멍했다. 그 뒤론 남편에게 '사과'라는 단어조차 뱉지 않았다. 나중에 남편이 아침에 사과를 찾았을 때 실없는 웃음이 나왔다. 그뿐 아니었다. 하지 않던 운동을 시작했다. 평소 토요일과 일요일은 자전거와 등산을 한다. 그것이 이젠 그의 루틴이 되어 버렸다.

남동생은 어느 날 내게 매형이 이상해졌다며 뒷조사가 필요하다고 심각한 표정으로 말했다. 결혼하고 십오 년 동안 운동이라고는 숨쉬기운동밖에 할 줄 몰랐다. 그랬던 사람이 갑자기 홀린 듯 운동에 빠지다니 자신은 믿을 수 없을 만큼 놀라운 일이라고 했다. 평일 집에서 조석으로 웨이트 트레이닝을 하며 몸매를 가꾸는 것을 보면 의심스럽다는 것이다. 실제로 불룩하게 나왔던 배가 많이 들어갔다. 미끈했던 상체가 울퉁불퉁해져서는 마치 살 속에 공기가 차 있는 듯한 느낌이 들었다. 동생은 여자가 생긴 것이 틀림없다는 결론을 내렸다. 남자는 남자가 아는데 분명 누군가에게 잘 보이고 싶어서 그러는 거라며 누나는 남자를 너무 모른다며 숙맥 취급했다. 남자 너무 믿지 말라는 말을 덧붙였다. 난 남편을 잘 안다. 딴짓할 사람은 아니다. 설사 여자에 빠져 운동을 시작한 거라면 그 여자에게 쫓아갈 작정이다. 만나서 머리채를 잡을 것이 아니라 진심으로 고맙다고 넙죽 큰절이라도 올리고 싶은 심정이다. 매년 받는 종합 건강 검진 결과 보고서 한 페이지를 빼곡히 채우던 문제 소견은 일 년 만에 반으로 줄었다. 운동하라고 노래를 불러도 콧방귀도 안 뀌던 사람이 변했으니 나도 놀랐다. 졸지에 병 수발을 들거나 과부가 되는 허망함의 확률이 줄어들고 있는 것 같아 흐뭇했다.

남편이 변한 건 암센터에서 큰일을 치른 후였다. 대장에 있는 용종을 떼어 내는 시술을 받았다. 의사가 큰일 아니라고 말해서 크게 신경 쓰지 않았다. 간단한 시술로 두 시간이면 충분하다고 말했다. 입원하고 각종 검사를 받은 후 오후에 시술이 시작되었다. 난 시술실 앞쪽에서 기다렸다. 지루해서 몸이 뒤틀렸다. 벌써 세 시간을 넘기고 있었다. 난 초조해졌다. 간호사를 찾아가 왜 아직 끝나지 않느냐고 문의했다. 간호사는 한참 만에 나를 불렀다. 차질이 생겨 한 시간 정도 더 지체될 것이라는 의사의 말을 전달했다. 이유를 물으니 자신은 아무것도 모른다고 했다. 결국 시술을 시작한 지 네 시간 만에 끝났다. 나는 시술실 바로 옆에 붙어 있던 작은 방으로 호출되어 갔다. 남편은 간이침대로 옮겨졌고 의사는 땀에 젖은 수술복을 입은 채 의자에 걸터앉아 있었다. 하필 용종이 대장이 꺾이는 부위에 있어서 시술하는 데 두 배의 시간이 걸렸다고 했다. 남편이 시술 도중 마취에서 깨어나 의료진은 당황했다고 한다. 그렇다고 중간에 끝낼 수도 없고 마취를 다시 할 수도 없어 강행할 수밖에 없었다고 차분하게 말했다. 마취되지 않은 상태로 당했으니 얼마나 아팠을까? 견디기 힘든 고통이었을 것이 분명하다. 눈을 가느다랗게 뜬 남편을 보니 마음이 찡했다. 얼마나 참았는지 입술 주변으로 하얀 거품이 잔뜩 흘러나와 굳어 가고 있었다. 그 강력한 통증과 고통을 견뎌 낸 후 남편은 새로 태어났다. 그 후로 모든 것이 바뀌었다. 역시 사람은 백 마디 말보다 몸소 체험하고 당해 봐야 변한다는 것을 내 눈으로 직접 확인한 셈이다.

점심을 차리고 보니 열두 시 반이었다. 평소 같으면 남편은 이미 집에 도착하고도 남을 시간이다. 오늘은 왜 아직 오지 않는 걸까? 갑자기 불안이 엄습해 왔다. 남편에게 전화를 걸었다. 지금은 전화를 받을 수 없사오니 나중에 전화를 걸어 달라는 메시지만 흘러나왔다. 심장이 두근대기 시작했다. 수십 번 전화를 걸었지만 먹통이었다. 그는 아무리 높은 산에 갔어도 전화는 받는 사람이었다. 문자를 보내도 답은 오지 않았다. 여태 살면서 남편과 연락이 안 된 적은 단 한 번도 없었다. 큰아이는 아빠가 무슨 산에 갔냐고 물었다. 난 알 길이 없었다. 매주 전날 나에게 산행지를 이야기해 주었다. 이번엔 몰래 간 것이니 알 길이 없었다. 일단 아이들에게 밥을 먹고 아빠를 찾아 나서자고 했다. 이미 손, 발이 떨려 배라도 채우지 않으면 산에 오를 자신이 없었다. 우리 셋은 한술 뜨고 바로 일어났다. 오후 세 시 기준으로 연락이 되지 않으면 경찰에 실종 신고를 하기로 했다. 코로나백신 접종이 문제였다. 계속 신경이 쓰였다. 분명 관내 산을 갔을 텐데 어느 산부터 뒤져야 할지 몰랐다. 머리가 멍했다. 백신 접종을 하지 않았다면 이렇게까지 걱정하지 않았을 것이다. 갑자기 산을 오르다가 후유증으로 어지러워 발을 헛디뎌 벼랑으로 굴러떨어진 것은 아닌지, 혹여 걷다가 맥없이 등산로에 쓰러진 건 아닌지 온갖 방정맞은 생각으로 마음속이 지옥이 되었다. 나도 모르게 눈물이 왈칵 쏟아졌다.

큰아이는 별일 없을 거라며 나를 위로했다. 일단 찾아보자며 부랴부랴 현관문을 나섰다. 작은아이에겐 집으로 연락이 올지도 모르니 집을 지키라고 했다. 난 후들거리는 다리를 끌고 주차장까지 걸었다. 시동을 걸고 출발하려는 찰나 작은아이에게 전화가 왔다. 아빠랑 연락이 되었다고 했다. 아빠는 말짱하니 걱정하지 말라며 전화를 끊었다. 난 남편에게 전화를 걸었다. 숨이 찬 남편 목소리를 듣자마자 눈물이 터졌다. 남편은 난감해했다. 자기가 마치 큰 죄라도 지은 것처럼 미안한 말투였다. 산이 깊어 핸드폰이 터지지 않았고 수풀이 우거져 길을 잃어 조금 헤매다가 늦어졌다고 했다. 아무렴 어떤가! 남편은 무사했다. 그것만이 중요했다. 한 시간이 지난 후 남편이 왔다. 땀을 많이 흘린 탓에 물에 빠진 생쥐 꼴이었다. 씻고 밥상 앞에 앉았을 때 큰아이가 앞으로는 등산할 산을 꼭 예고하고 가라고 했다. 엄마가 아빠 걱정하느라 울고불고 맘고생 좀 했다는 아이들의 말에 흐뭇한 표정을 짓는 남편이 그렇게 얄미울 수가 없었다. 잠시나마 눈물 콧물 바람에 애는 탔지만 무탈하게 귀환했으니 감사했다. 요즘 뉴스를 보면 귀중한 생명을 잃게 되는 예기치 못한 안타까운 사건 사고가 많이 발생한다. 숨 쉬고 살아도 살아 있다고 보기 어려운 세상이다. "언젠가 죽는 게 아니라 언제든 죽는다는 걸 알았습니다." 일본 국민배우였던 '키키 키린'의 말이다. 그녀의 말처럼 우린 언제든 죽을 수 있는 존재다. 사람들은 그 사실을 망각하며 살아간다. 나중에 후회하지 않으려면 소중한 사람이 곁에 있을 때, 내가 무엇이라도 해줄 수 있을 때 잘해야겠다.

특별한 백억이

 조카가 아침 댓바람부터 메시지를 보내왔다. "이모! 우리 백억이 인사 올려요."라는 말과 함께 부추 사진을 보내왔다. 뜬금없이 백억이 무슨 소리냐고 물었더니 엄마가 백억을 준다 해도 부추는 절대 안 줄 거라는 말에 그런 애칭을 지어 준 거란다. 조카가 부추에 대한 엄마의 넘치는 사랑을 질투하는 말투였다. '백억이'란 이름은 부를 때마다 매력이 느껴졌다. 입에 착 감길 뿐만 아니라 기존에 불리던 '부추'보다 더 친근한 느낌이다. 언니는 요새 반려묘에게 푹 빠져 있다. 고양이 없이는 대화 자체가 불가능하다. 가끔 그 정도가 지나쳐 듣고 있으면 피식 웃음이 나오기 일쑤다. 사랑에 빠지면 그렇지 않은가. 상대방이 하는 짓은 다 예뻐 보이고 억만금을 준다 해도 바꿀 수 없다. 언니 말에 따르면 백억이 신통력은 가히 대단하다. 말을 다 알아듣고 말까지 한단다. 누나를 부를 때는 '누냐옹', 형을 부를 때는 '형야옹', 자신을 부를 때는 '엄마옹'이라고 한다는 소리에 난 그만 웃음이 터지고 말았다. 언니는 비웃지 말라며 펄쩍 뛰었다. 자기만 들은 것이 아니라 딸과 아들도 함께 들었다고 했다. 셋이 같은 소리로 들었다면 맞는 것이라고 우겼다. 내가 웃음을 진정하고 "알았어. 믿을게."라는 말을 했을 때 언니는 그제야 회심의 미소를 지어 보였다.

부추는 2015년 여름에 남편이 데리고 온 고양이다. 남편과 같은 사무실에서 근무하는 동료가 길에서 발견한 고양이였다. 다리를 다친 새끼 고양이가 죽을지도 모른다는 생각에 무작정 집으로 데려오긴 했으나 막상 키울 엄두가 나지 않는다는 직원의 토로에 남편이 데리고 온 것이다. 남편의 의지는 아니었다. 아이들 때문이다. 그동안 아이들이 고양이 키우고 싶다고 노래를 불렀다. 몇 달을 조르고 있었다. 남편은 내게 의견을 물었고 난 흔쾌히 승낙했다. 작은 종이 박스를 열어 보니 새끼 고양이가 몸을 잔뜩 움츠리고 있었다. 까만색과 흰색이 섞인 고양이였는데 너무나 자그맣고 야위어서 못나 보였다. 고양이를 보자마자 아이들은 난리를 피웠다. 소원이라도 이루어진 것처럼 경중경중 뛰면서 웃음꽃이 만발했다. 고양이는 왼쪽 뒷다리를 절뚝거렸다. 살점이 움푹 파여 아파 보였다. 아이들은 작은 몸의 고양이가 다칠까 봐 조심스럽게 만졌다. 동물병원을 다녀온 후 뒷다리에 붕대가 칭칭 감겼다. 다리는 3주 정도 치료하면 깨끗이 나아질 거라고 했다. 회복이 빨라 2주가 지나고부터 네 다리로 자유롭게 뛰어다녔다. 시간이 지날수록 차츰 고양이 모습이 갖춰져 갔다. 시크한 외모와는 다르게 친화력이 강한 다정한 고양이였다. 막내가 지은 이름 '부추'를 부르며 매일 눈인사를 나눴다. 식구들 모두에게 골고루 애정을 표현했다. 난 쉬는 날이면 부추와 자주 놀았다. 장난감을 들이대면 열정적으로 반응했다. 깃털을 잡기 위해 가벼운 몸을 공중으로 날리는 모습은 날렵했다. 부추의 매력은 카리스마 넘치는 도도한 눈매였다.

 일 년 남짓 키우다가 부추를 엄마네로 분양했다. 털이 문제였다. 남편은 비염을 앓고 있었는데 고양이 털 때문에 증세가 심해졌다. 아침마다 재채기를 연신 해댔다. 자주 코점막이 터져 피가 흘렀다. 약을 먹으며 버텼지만 남편은 결국 두 손을 들었다. 자기와 고양이 중 양자택일을 하라고 선포했다. 아이들과 나는 매우 서운했지만 어쩔 수 없는 노릇이었다. 사람이 먼저 살아야 하지 않는가. 우린 결국 부추를 떠나보냈다. 난 일주일 넘도록 멍하니 있었다. 아무것도 집중할 수 없었다. 마치 키우던 자식을 입양 보낸 것처럼 가슴에 구멍이 뚫린 듯 쓰리고 아렸다. 부추가 보고 싶을 때마다 아이들과 친정으로 향했다. 부추는 우리를 잊지 않고 반겼다. 발 앞에 배를 보이며 벌렁 드러누웠다. 시골집에서 지내는 부추는 지저분했다. 들고양이들과 몸싸움을 했는지 눈 옆에 깊이 파인 상처도 있었다. 가슴이 아팠다. 집 안에서만 편안하게 생활하다가 야생에 적응하느라 힘들었을 것이다. 매일 아침 현관문 앞에 죽은 쥐 한 마리가 놓여 있다고 엄마는 기특하다며 고양이를 쓰다듬었다. 죽은 쥐의 출몰은 이래 봬도 밥값 한다는 양 도도하게 앉아 있는 부추 짓이 틀림없다. 어느 날 동네 아저씨가 화가 잔뜩 난 얼굴로 엄마를 찾아왔다. 고양이가 밭을 파헤치는 통에 씨앗 뿌린 것이 제대로 싹을 틔우지 않았다고 언성을 높였다. 아저씨는 말끝에 부추를 지목했다. 어처구니없었다. 부추는 마당에 마련한 배변통에서 볼일을 봤다. 그건 분명 들고양이 짓이었다. 눈에 보이는 건 부추뿐이니 오해를 한 것이다. 다시 한번 밭이 엉망이 되면 고양이를 죽여 버리겠다는 협박을 하고 사라졌다. 엄마는 놀라서 고양이 목에 줄을 묶어 창고에 가뒀다. 그걸 목격한 조카는 안쓰러운 마음에 집으로 데리고 갔다.

  작은언니네로 거처를 옮긴 부추는 이틀 동안 구석에 처박혀 꼼짝 안 했다. 이틀이 지나자 사회성을 금세 발휘했다. 언니네 식구들의 혼을 쏙 빼놓았다. 특히 언니를 가장 잘 따랐다. 언니는 자신의 건강을 지킨 부추가 생명의 은인이라고 격양된 어조로 말했다. 하늘에서 보내 준 선물이라는 말을 시작으로 이야기를 늘어놓았다. 이야기인즉 침대 매트리스 위에 얇은 매트리스를 하나 더 깔고 지내는데 부추가 자기랑 같이 이틀을 자고 난 후 그 위에 오줌을 누었더라는 것이다. 절대 그런 실수를 할 고양이가 아니었다. 우리 집에서도 그런 적이 없었거니와 고양이는 땅을 파고 볼일을 본 후 덮는 것이 본능이다. 난 듣고도 믿지 못했다. 언니가 겉 홑청을 세탁하기 위해 지퍼를 열어 속 패드를 꺼냈는데 거기에 곰팡이가 시커멓게 피어 있더라는 거였다.

부추가 그 사실을 알고 알려 줄 방법을 고민하다가 오줌을 쌌다는 거였다. 순간 언니의 상상력에 웃음이 나왔지만 이내 그럴 수도 있겠다는 생각이 들었다. 언젠가 큰아이가 경험했던 일이 생각났다. 아이가 혼자 집에 있을 때였다. 전자레인지에서 음식을 조리하기 위해 타이머를 오 분 설정해 놓고 방에 들어가 있었다. 갑자기 부추가 방으로 뛰어 들어와 다급한 몸짓을 하며 야옹야옹 시끄럽게 울어 대는 통에 무슨 일이 있나? 싶어 거실로 나왔는데 전자레인지에서 연기가 피어오르고 있었다. 아이는 깜짝 놀라 전원스위치를 바로 껐다. 그 전자레인지는 이십삼 년째 쓰고 있던 고물이었다. 부추가 알리지 않았다면 전자레인지가 터졌을지도 모르는 일이다. 생각만 해도 아찔하다.

신기하게도 부추는 언니만을 특별하게 더 따른다. 마치 진정한 집사는 당신뿐이라며 추앙이라도 하는 것처럼 보였다. 잠을 잘 때도 언니 발밑에 자리를 잡는다. 언니가 주방에 있을 때는 싱크대 위에 올라앉아 설거지하는 모습을 지켜본다. 언니는 매일 부추의 다정한 눈빛과 함께 그릇을 씻어 내니 수고로움도 덜어지는 느낌이라고 종종 말했다. 집사에게 보내는 과한 애정에 언니는 빠질 수밖에 없었다. 그 모습이 담긴 사진을 바라보니 신기할 뿐이었다. 주방에서 고양이와의 교감이라니 놀라웠다. 내가 키울 때는 그런 적이 한 번도 없었다. 거실에서 함께 잘 놀기는 했다. 하지만 주방 근처에는 오지도 않았다. 부추가 더 이상 환경이 바뀌는 것이 싫어 이토록 애를 쓰는 것일까? 벌써 세 번째 새로운 집사를 맞이했으니 그럴 만도 하다. 고양이 입장에서 보면 자신이 버림받았다고 생각할지 모른다. 다시 그런 일이 없도록 집사의 사랑을 받기 위해 필사적으로 노력하는 모습이라고 생각하니 왠지 모르게 코끝이 찡했다. 고양이에게 몹쓸 짓을 한 것 같아 마음이 시렸다. 하지만 이젠 꽃길 걸을 일만 남았다고 확신이 드니 마음이 가벼워졌다.

부추는 질투의 화신이었다. 애정 어린 눈빛으로 집사를 보다가도 사랑을 빼앗길 위험에 처할 상대가 나타났을 때는 돌변했다. 눈은 가늘고 길게 찢어졌다. 마침내 상대에게 다가가 솜방망이를 날려야 직성이 풀렸다. 언니의 시집간 막내딸이 키우는 개는 영문도 모른 채 얼굴을 가격당하고는 겁에 잔뜩 질려 덜덜 떨었다. 급기야 쫓아다니면서 어서 너네 집으로 가라는 듯 괴롭혔다. 웃긴 건 언니 눈치를 살살 보면서 언니가 보지 못하는 사각지대로 개를 몰고 가서는 사나운 눈빛을 던졌다는 것이다. 그 개는 예전부터 언니를 많이 따랐다. 그럴 수밖에 없는 것이 조카가 일이 있을 때마다 엄마에게 맡겼기 때문이다. 개가 언니 무릎 가에 앉기라도 하면 영락없이 슬금슬금 다가가 자리를 뺏었다. 부추는 집사의 사랑을 혼자 독차지하고 싶어 안달 난 욕심쟁이였다.

며칠 전 언니가 세상 즐거운 미소를 지으며 내게 말했다. 부추와의 동거가 시작되면서 삶이 더 행복해졌다고… 열 달 품고 있다가 배 아파 낳은 자식들보다 자신을 더 따르고 위해 준다고 했다. 이게 가당키나 한 이야기인가? 도무지 모를 일이었다. 부추가 원래 다정한 편이었지만 우리 집 식구들이나 엄마한테는 안 그랬다. 언니가 외출할 때마다 현관문 앞까지 가서 배웅을 한다. 집으로 돌아오면 벌써 쫓아 나와 '엄마옹, 잘 다녀왔냐옹'하며 인사를 한다고 하니 어찌 이쁘지 않을 수가 있겠는가. 부추가 하는 짓마다 귀엽고 사랑스러워 죽을 지경이라며 행복한 비명을 지르는 언니를 바라보니 나 또한 기분이 좋아졌다. 언젠가 아버지가 어깨 수술을 하고 퇴원하자마자 언니네로 갔다. 며칠 요양을 하기 위해서였다. 첫날에 부추가 할아버지 옆을 밤새 앉아 지켰다는 이야기는 너무나 감격스러워 눈시울을 뜨겁게 했다. 언니는 약간 흥분된 목소리로 증거 사진을 내게 보여 주었다. 정말로 늠름한 자세로 할아버지 바로 옆에 떡하니 앉아 있었다. 부추는 여태 내가 본 고양이 중 가장 영특하다.

부추는 그냥 흔한 고양이가 아니다. 사람 말귀를 알아듣고 식구의 호칭을 알아서 달리 부르는 특별한 고양이다. 그런 탓에 일억도 아니고 십억도 아니고 무려 백억이다. 언니에겐 백억 그 이상의 가치가 있는 것이다. 백억에도 내놓지 않겠다는 언니의 신념에 진실함이 느껴진다. 언니는 식구 중 속정이 가장 깊다. 아마도 부추도 집사의 그 마음을 이미 간파했을 것이다. 과연 보통내기가 아니다. 사람도 마찬가지겠지만 동물과도 매우 특별하고 소중한 인연은 따로 있는 것이 분명하다. 이번에 제대로 만난 셈이다. 어쩌면 언니와의 인연을 찾아 이토록 헤맨 것은 아닐까? 돌고 돌아 최고의 집사를 찾았다. 의사와 선교사로 활동하며 인류애를 실천했던 '알베르트 슈바이처'가 말한 고양이에 대한 명언이 있다. "비참한 인생에서 벗어날 수 있는 두 가지 방법, 그것은 바로 고양이와 음악이다." 그의 말이 공감된다. 언니를 보더라도 삶이 얼마나 바뀌었는가를 알 수 있지 않은가. 미국의 한 교도소에서는 재소자들을 교화시키기 위한 프로그램의 일환으로 고양이를 돌보는 일을 시켰다고 하는 뉴스를 접한 적이 있다. 고양이를 직접 키운 집사로서 장담할 수 있다. 그 프로그램은 성공적이었을 것이다. 난 백억이를 쓰다듬으며 가만히 읊조렸다. "백억아! 이젠 안심해. 앞으로 집사가 바뀌는 일은 없을 거야. 그러니 마음 평안히 살아." 백억이와 언니의 행복한 동거가 오래도록 이어지기를 간절히 바란다.

사과 깎기에 관한 진실

 가장 좋아하는 과일을 꼽으라 하면 단연코 사과다. 사계절 내내 먹을 수 있을뿐더러 씹을 때마다 사각거리는 식감이 좋아 즐겨 먹는다. "사과가 빨갛게 익어 가는 가을이 되면 의사 얼굴이 파랗게 질린다."는 우스갯소리도 있다. 그만큼 사과가 몸에 좋다는 사실을 입증하는 말이다. 나는 항상 껍질째 먹는다. 물에 깨끗이 씻어 마른행주에 쓱쓱 닦는다. 뭐니 뭐니 해도 속보다는 껍질이 맛이 있다. 그런 탓에 부사보다는 홍로 맛이 훨씬 낫다. 부사는 10월 하순에 나오는데 과즙이 풍부하긴 하나 8월 중순부터 나오는 홍로보다는 육질이 단단하지 않아 껍질 맛이 덜하다. 영양 측면에서도 겉이 우세하다. 껍질에는 '펙틴'이란 식이섬유가 들어 있어 장을 청소해 준다. 또한 항산화 성분인 '케르세틴'이 함유되어 있어 우리 몸을 보호하는 중요한 역할을 한다. 그렇기에 사과를 깎아 먹는다는 건 내겐 있을 수 없는 일이다. 사과를 좋아하는 나를 보고 언젠가 아버지가 말했다. "엄마가 널 임신했을 때 사과를 많이 먹었어. 입덧할 때 사과만 찾았거든." 싱겁게 웃으며 먼 옛날, 그때를 생각하는 듯 아버지는 눈을 가늘게 떴다. 유독 그것을 좋아하게 된 건 사과의 영양분을 탯줄로 받아먹었기 때문인지도 모른다. 정확히 말해 내가 세상에 태어나기 전부터 좋아한 셈이다.

 결혼 후 난 사과를 부지런히 깎았다. 시댁에 가서 밥상을 물리고 나면 으레 커피를 끓이고 사과를 깎아 후식을 준비한다. 시댁 식구 중 껍질째 사과를 먹는 사람은 한 명도 없었다. 남편은 껍질이 간혹 이에 끼는 것이 거슬려서 싫다고 했고 다른 이들은 농약이 잔뜩 묻어 있는 껍질을 굳이 왜 먹냐며 이해하지 못했다. 어머니는 내가 사과를 너무 두껍게 깎는다고 타박했다. 그도 그럴 것이 맨날 깎지 않고 먹었으니 당연한 이치다. 난 내가 먹을 사과는 껍질을 깎지 않았다. 깐 사과는 무슨 맛으로 먹는지 나로서는 도저히 납득하기 어려웠다. 집에서 먹는다면 굳이 칼을 사용할 필요도 없다. 사과를 손으로 반 갈라 입으로 베어 먹는다. 그렇게 먹으면 더 맛있다. 어릴 적부터 습관이 되어 맨손으로 사과 가르기에 소질이 엿보일 정도다. 역시 어떤 행동이든 반복적으로 하면 탁월해지기 마련이다. 무턱대고 힘만 준다고 될 일이 아니다. 오른쪽 다리를 구부린 후 넓적다리 위에 사과를 올려놓고 엄지손가락에 힘을 주고 가르면 된다. 힘을 줄 땐 서로 다른 바깥 방향으로 줘야 한다. 난 사과 가르기에 요령이 붙어 재미있어지기 시작했다. 자랑삼아 가족이나 친구들 앞에서 종종 시연했다. 힘을 너무 준 탓에 얼굴이 시뻘게지는 순간 '쩍'하고 소리를 내며 정확히 반으로 나누어진다. 그 광경을 목격한 사람들의 탄성을 들으면 기분이 좋았다.

특별한 재능이 없던 나는 그것도 재주인 양 뿌듯했다. 과즙이 많은 사과일수록 맛도 좋다. 한입 베어 물면 입속에서 사과 과즙이 터지면서 달콤함이 입안 가득하다. 그 맛을 경험하면 절대 잊을 수 없다. 작은아이도 사과를 좋아해서 매일 먹는다. 아침마다 사과를 깎아 투명 용기에 담아 냉장고에 넣은 후 출근했다. 학교에 다녀온 후 다시 학원 가기 전 자투리 시간을 이용해 먹을 수 있게 한 것이다. 물론 작은아이는 나처럼 껍질째 먹지 않는다. 무조건 벗겨서 깎아 놓아야 한다. 한번은 인사발령이 나서 갑작스럽게 부서를 옮겼다. 그동안 행정지원 업무를 했었는데, 인허가 업무 부서로 옮기게 되었다. 업무가 낯설어 몇 개월 동안 적응하느라 밤늦도록 야근을 했다.

하루는 밤 열 시쯤 들어갔더니 아이들이 안 자고 날 기다리고 있었다. 주방 식탁 위에 놓인 쟁반에는 복숭아 세 개와 접시 그리고 과도가 가지런히 놓여 있었다. 복숭아가 너무 먹고 싶었는데 그걸 깎지 못해 내가 올 때까지 기다리고 있었다고 했다. 아빠보고 깎아 달라고 하지 그랬냐고 했더니, 그러지 않아도 아빠한테 먼저 조른 모양이다. "아빠는 이런 거 못 한대요." 작은 아이가 시무룩하게 말했다. 아빠는 절대 할 수 없으니 엄마 들어오면 해달라는 말을 남기고 방으로 들어갔다는 소리를 듣자마자 난 혈압이 급격히 올랐다. 손이 있으면 할 수 있는 일인데… 이걸 못 한다고? 어처구니없었다. 생각해 보니 그동안 과일은 나만 깎았다. 그가 할 수 있는지 없는지조차 몰랐다. 난 옷도 갈아입지 않고 손을 닦자마자 복숭아를 깎아 아이들에게 건넸다. 옷을 갈아입고 나왔더니 남편은 어느새 식탁에 앉아 아이들과 함께 복숭아를 먹고 있었다. 너무 얄미워서 뒤통수를 쏘아보았다. 당신이 좀 깎아 주지 그랬냐고 서운함을 비쳤더니 자신은 과일을 한 번도 깎아 본 적이 없어 어떻게 하는지 모른다고 했다. 그럴 수 있겠다 싶었다. 못 하는 걸 억지로 시킬 수는 없는 노릇이다. 괜히 깎다가 손가락이라도 베면 낭패다. 난 한 치의 의심 없이 남편 말을 곧이곧대로 믿었다.

그 뒤로 감기에 심하게 걸려 앓아누워 있는데 남편이 조용히 들어와 아무리 힘들어도 사과 두 개만 깎고 다시 누우면 안 되겠냐고 공손하게 부탁했다. 난 쑤시는 몸을 일으켜 사과를 깎고 다시 누웠다. 그런 적이 여러 날 있었다. 남편은 과일을 아예 못 깎는 사람이라고 철석같이 믿고 있었다.

난 사 년 전 건강 검진 결과 왼쪽 신장이 퉁퉁 부어오른 사실을 알게 되었다. 병원에서는 큰 병원에 가서 검사해 보라는 소견서를 써줬다. 난 가까운 대학병원에 가서 CT를 찍고 여러 가지 검사를 했다. 요관에 돌멩이가 껴서 신장이 부은 것이니 수술해서 제거만 하면 된다는 소리에 안심했다. 전신마취를 해야 하는

데 혈압이 갑자기 190까지 올라 난 어안이 벙벙했다. 결국 약을 처방받아 혈압을 내린 후 수술을 받았다. 마취에서 깨어났을 때 이젠 다 끝난 줄 알았지만 내 신장은 전혀 가라앉지 않았다. 의사는 당황했다. 이유를 찾지 못하겠다며 두 손을 들었다. 이토록 놀라운 의료기술 앞에서 원인을 찾지 못하다니 절망스러웠다.

  난 몇 개월 후 서울에 있는 대학병원으로 검사를 받으러 갔다. CT 한번 찍었을 뿐인데 비뇨기과 교수는 모든 걸 알고 있었다. 답답함이 해소되어 마음이 놓였다. 원인을 알았으니 치료만 하면 될 터였다. 머리 희끗한 의사는 신뢰 가는 인상이었다. 의사는 일단 지금 막힌 요관을 뚫는 것이 가장 급선무라며 날 처치실로 안내했다. 산부인과에서 봤던 의자에 올라 난 다리를 벌리고 누웠다. 의사는 단단한 쇠꼬챙이 같은 것을 요도에 넣기 시작했다. 그게 신장까지 올라가야 한다며 아프면 말하라고 했다. 신중한 작업이라 마취하면 요관이 손상될 수 있으니 마취 없이 하는 것이라 설명했다. 너무 고통스러웠다. 출산 이후 그처럼 강력한 고통은 처음이었다. 약 30센티미터가량의 요관에 부목을 넣는 시술이었다. 일자면 빠지기 쉬운 탓에 신장과 방광에 갈고리처럼 구부러져 있어 과격한 움직임은 절대 하지 말라는 안내를 받았다.

  난 요관 부목 시술 후 제대로 걷지도 못했다. 이물질이 몸에 들어간 탓에 아마도 몸이 적응하는 시간이 필요했을 것이다. 수개월 동안 여러 가지로 불편했다. 갈고리가 자꾸 방광을 긁어 대는 통에 요의가 계속 생겼다. 소변을 보고 난 후도 시원하지 않아 내내 불편했다. 옆구리 및 복부에 통증이 자주 발생했고 혈뇨도 가끔 나왔다. 급한 시술을 마치고 난 바로 산부인과로 안내받아 추가 검사를 진행했다. 비뇨기과와 산부인과 협치로 수술 날짜를 잡았다. 다행히 수술이 잘되어서 일주일 입원 후 바로 퇴원했다. 아직 회복이 완전히 된 상태가 아니라 대부분 침대에서 시간을 보냈다.

 낮잠을 한숨 자고 일어나 거실로 나왔는데 작은아이가 사과를 먹고 있었다. 접시에 정갈하게 담겨 있는 사과를 목격하고 난 깜짝 놀랐다. 친정엄마가 오신 걸까? 아이에게 누가 깎아 준 거냐고 물었더니 아빠란다. 난 경악을 금치 못했다. 솜씨가 예사롭지 않았다. 심지어 내가 한 것보다 더 잘했다. 미스터리한 일이었다. 이렇게 잘하면서도 그동안 못 한다고 거짓말을 한 것일까? 도대체 왜? 그럴 이유가 무엇인지? 궁금했다. 생각하면 할수록 이해가 되지 않았고 풀리지 않는 의문만 꼬리에 꼬리를 물고 늘어졌다. 한편으로 뒤통수를 세게 맞은 것처럼 머리가 멍했다. 배신감이 들었다. 그는 끝까지 사과를 깎지 말았어야 했다. 그동안 있었던 일이 필름처럼 지나갔다. 순간 참을 수 없는 울분이 끓어올랐다. 남편에게 쫓아가 어떻게 된 일이냐고 물었다. 남편은 아무렇지도 않은 얼굴로 무슨 일 때문이냐고 되물었다. 난 떨리는 손으로 사과 접시를 가리켰다. "저 사과 당신이 깎은 거라며?" 남편은 무심히 대답했다. "응, 내가 깎았어. 근데 왜?" 차분한 말투라 난 더 화가 바짝 올랐다. 능청스럽게 대한다는 것 자체가 흥분한 나에게 석유를 뿌리는 꼴이었다. "아니, 사과 절대 못 깎는다며?" 물었더니 맞단다. 자신은 전혀 할 줄 몰랐단다. 피나는 연습을 거듭해서 이룬 성과라고 나에게 진지하게 말했다.

이젠 아내 몸도 안 좋으니 앞으로 내가 해야겠다는 마음이 들어 매일 깎는 연습을 했다며 핸드폰을 만지작거렸다. 유튜브를 검색하면 손 다치지 않고 쉽게 사과 깎는 방법이라는 제목으로 5분 영상이 있어서 일주일 동안 반복한 결과 아주 마음에 드는 모양으로 완성할 수 있었다고 한다. 너무나 기뻐서 아이에게 오늘 그걸 내준 거라며 흡족한 표정을 지었다. 난 믿기 어려웠다. 지금 뱉어 낸 모든 말이 진실일지도 모른다. 하지만 나로서는 절대 믿을 수 없었다. 끝까지 진실을 외면하고 거짓말하는 남편에 대한 분노가 치밀었다. 차라리 끝까지 숨기는 편이 백번 나았을 거란 소리가 마음속 깊은 곳에서 들려왔다. 어쩐지 내가 지금까지 남편에게 된통 당한 것 같은 생각에 분통이 터졌다.

지금까지도 진실은 모른다. 하늘과 남편만 알 것이다. 난 아리송할 뿐이다. 심증은 있으나 물증이 없는 꼴이다. 친구에게 그간의 사건을 쏟아 내니 친구가 한바탕 웃는다. 괜스레 속 끓이지 말고 끝까지 믿으란다. 평소 긍정 마인드 소유자로 정평이 난 친구다. 현명한 방법이다. 모든 것에 진실을 마주할 필요는 없다. 알면서도 그냥 넘어가는 경우도 많지 않은가. 중요한 문제도 아니지 않냐고 스스로를 안심시켰다. 내 마음속 저울이 불신에서 반대쪽으로 살짝 기울었다. 내 몸 상태가 좋아지면서부터 더 이상 남편은 사과를 깎지 않는다. 산에 가기 위해 짐을 꾸릴 때도 사과를 냉장고에서 꺼내 나에게 깎아 달라고 부탁한다. 본인이 할 수도 있는데 절대 하지 않는다. 사과 깎는 게 뭐 그리 어렵다고 그토록 싫은 걸까? 알다가도 모를 일이다. 단지 귀차니즘에 사로잡힌 행동의 발현인가. 다른 분야는 부지런하면서 하필 주방 쪽 일은 질색하는지 의문이다. 난 더 이상 미스터리한 사건의 진실게임은 하지 않기로 했다. 앞으로 내가 하면 그만이다. 전혀 문제 될 것이 없다. 과연 진실은 무엇일까? 불현듯 궁금해지는 건 어쩔 수 없다.

지난한 여정

　나의 결혼 소식을 접한 친구들은 "얌전한 고양이 부뚜막에 먼저 올라간다."는 속담을 한목소리로 떠들어 댔다. 평소 가깝게 지내던 친구들 중 내가 제일 먼저 결혼할 거라고 생각한 이는 아무도 없었다. 난 본래 숫기가 없어 다른 이가 말만 시켜도 얼굴이 새빨개졌다. 스스로 생각하기에도 '과연 연애란 걸 할 수 있을까?'라는 의문이 들곤 했다. 난 하루빨리 결혼하기를 바랐다. 엄마 손아귀에서 탈출하는 방법은 그것밖에 없었다. 날 좋아한다고 고백하는 첫 번째 남자와 결혼하겠다는 의지를 불태웠다. 여러 사람 만나보고 결정해도 늦지 않는다는 언니의 조언이 귀에 들어올 리 만무했다. 사실은 두려웠다. '늙어 죽을 때까지 그런 사람이 나타나지 않으면 어떡하지?'라는 방정맞은 생각이 드는 순간 불안하고 초조했다. 난 홀로 늙어 죽을 생각이 전혀 없었다. 성실하고 책임감 있는 남자라면 언제라도 결혼할 작정이었다. 그 당시 나의 어리석었던 생각을 떠올릴 때마다 얼굴이 화끈거린다.

 엄마는 내가 딸이라는 이유로 일상의 많은 부분을 통제하고 구속했다. 난 자유를 갈망했다. 엄마는 친한 친구들과 가는 여행조차 허락하지 않았다. 당일치기 여행이었다면 허락했을 것이다. 일박이라는 말에 고개를 흔들었다. 엄마 의견을 무시하고 여행을 떠날 배포도 없었다. 그렇다고 다 큰 딸 자유의지를 억압하는 건 아니지 않냐며 대들지도 못했다. 난 겁 없는 사람이 아니었다. 엄마에게 길들여진 딸은 그저 직장과 집을 시계추처럼 오고 갔다. 새장 속에 갇혀 사는 것은 익숙해지기 마련이다. 방에 틀어박혀 책이나 읽고 편지나 써대는 은둔자 신세를 면치 못했다. 하루빨리 집에서 도망치고 싶은 욕망이 꿈틀거렸다.
 부서 내 친한 동료 일을 돕다가 아슬아슬하게 집으로 가는 막차를 탔다. 버스를 타려고 전력 질주 한 탓에 후들거리던 다리는 금세 진정되었다. 시곗바늘이 통금시간인 열 시를 가리키자 엄마에게 혼날 생각에 콩닥콩닥 뛰는 가슴은 쉽게 가라앉지 않았다. 엄마는 화가 잔뜩 난 얼굴로 머리를 싸매고 누워 인사도 받지 않았다. 사전에 엄마에게 전화로 야근 사실을 알렸다. 근데 무엇이 문제일까? 싶었다. 막차를 탈 정도로 늦으면 한 번 더 알렸어야 했다는 것이 엄마의 주장이다. 그 생각을 아예 못 한 것은 아니다. 일에 집중한 나머지 전화할 타이밍을 놓쳤다. 전화를 걸었다면 난 집으로 가는 마지막 버스에 몸을 싣지 못했을 것이다. 더 큰 화를 불러오는 일을 막았다는 안도감에 버스에 오르자마자 얼마나 큰 한숨을 내쉬었던가! 막차 탄다고 한 번 더 고하지 않은 잘못은 나에게 있었지만 그 일로 이렇게까지 화를 내는 엄마를 이해할 수 없었다.

 스물넷에 이르러서야 나를 좋아하는 사람을 만났다. 나도 그에게 빠졌다. 이틀에 한 번 내 방 책상 위에 놓인 그의 편지가 내 마음을 흔들었다. 그의 정성 어린 편지를 읽는 시간이 가장 행복했다. 가끔은 그가 집으로 걸어 오는 전화를 받고 사무실에선 매일 마주쳤다. 결혼할 때 남자 조건은 하나도 보지 않겠다던 평소 나의 다짐을 제대로 실천했다. 난 그의 집안 사정에 대해선 무지했다. 사실 궁금하지도 않았다. 사랑 하나만 있으면 어떤 역경도 헤쳐 나갈 수 있다고 생각했다. 세상 그 어떤 것도 '사랑'이라는 명제 앞에서는 죄다 무릎을 꿇을 것이라는 착각 속에 빠져 있었다. 난 매우 어리석었다. 현실은 깡그리 무시한 채 사랑하는 마음 하나만으로 벅차올랐다. 우린 여느 연인들처럼 영화를 보고 맛있는 저녁도 먹었다. 근사한 카페에서 커피를 마시며 서로에게 끊임없이 미소를 보냈다. 그는 매우 성실하고 책임감 강한 사람으로 보였다. 내가 찾던 이상형이었다. 결정적으로 그가 나보다 네 살 연상이라는 사실에 흡족했다. 엄마는 쥐와 원숭이 궁합이 좋다며 잔나비를 만나라는 말을 자주 했었다.

 사귄 지 6개월이 지날 무렵이었다. 예비 시부모께 인사드리기 위해 그의 집을 찾았다. 떨리는 가슴을 부여잡고 얌전한 자태로 앉아 있었다. 숨도 제대로 쉬지 못하고 있는 나에게 그의 어머니가 말을 건넸다. 당신 아들 성질이 욱하고 뚱하고 꽁한 편이긴 해도 그것 빼곤 완벽한 아이라며 남자 하나는 잘 만났다며 내 등을 두드렸다. 나는 아무 말 못 하고 바보처럼 미소만 지었다. 괜찮았다. 어떤 말도 웃어넘겼을 것이다. 사랑에 눈이 먼 상태였기 때문에 설사 남들이 그에 대해 험담을 늘어놓는다고 해도 무시했을 것이다. 우리는 상견례를 한 이듬해 봄에 결혼식을 올렸다. 서둘러 결혼 날짜를 잡은 이유는 물론 그를 사랑했기 때문이었지만 그보다 더 강력했던 것은 엄마의 속박에서 벗어나고 싶은 마음에서였다. 유독 눈물이 많은 난 다른 이가 우는 것만 봐도 눈물이 났다. 영화나 드라마에서 연기자가 울면 나도 꼭 따라 울었다. 가끔 친구나 지인들 결혼식에 갔을 때도 눈물이 났다. '부모님께 인사'라는 멘트에 우는 신부를 여럿 봤다. 부모와 떨어져 살아야 하는 아득함과 그간 키워 주신 감사함에 대한 눈물일 것이다. 신부의 울컥거림에 나도 모르게 눈물을 흘린 적도 있다. 정작 나의 결혼식에서는 눈물은 고사하고 웃음이 나는 통에 자제하느라 혼이 났다. 솟아나는 해방감에 마음속으로 만세를 불렀다. 그것보다 더 강력한 족쇄가 채워지는지도 모른 채 희희낙락했다. 어리석은 결정이었다. 난 가끔 결혼을 후회했다. 시어머니가 말했던 욱, 뚱, 꽁한 남편으로 인해 고통을 당할 때마다 견딜 수 없이 괴로웠다.

남편 고집은 고래 힘줄보다 더 질겼다. 한번 아니면 칼이 목에 들어와도 아니라고 외치는 모습에 기겁했다. 미약했던 나의 고집은 슬며시 던져 버리고 원래부터 고집이란 없는 사람처럼 굴었다. 남편은 책상 위 비스듬히 놓인 책을 그대로 넘기질 못했다. 어느새 각도를 틀어 가로세로가 직각이 되도록 놓았다. 한마디로 각이 잡혀야 마음의 평온을 느끼는 사람이다. 완벽주의자는 자기 자신을 들들 볶는다. 옆에 있던 나도 덩달아 볶였다. 신혼 무렵 라디오를 틀어 놓고 설거지를 하고 있는데 갑자기 부엌으로 들어와 라디오를 껐다. 난 순간 깜짝 놀라 멍하니 있었다. 내가 듣고 있는 것을 뻔히 알고 있으면서 허락은 고사하고 일언반구 없이 한 행동은 무례하기 짝이 없었다. 라디오는 왜 껐냐고 물었더니 남편은 귀가 아파서 어쩔 수 없었다며 인상을 있는 대로 썼다. 남편은 귀가 예민했다. 내가 잘 듣지 못하는 작은 소리까지 들었다. 라디오에서 흘러나오는 노래마저 소음이었다. 그 사실을 알고 난 후 다시 라디오를 켜지 못했다. 귀가 아파 고통을 호소하는 사람을 앞에 두고 켤 수는 없었다. 음악을 사랑하는 나로서는 답답했다. 청소할 때나 설거지할 때 음악은 필수였다. 힘듦이 반으로 줄어드는 효과를 체감한 뒤로는 마치 중독된 것처럼 그것이 없으면 안 되었다. 남편이 음악을 소음으로 듣는다는 충격적인 사실을 결혼하고서야 알았다. 그렇다고 음악을 전혀 듣지 않는 것도 아니었다. 남편이 즐겨 듣는 음악 장르는 피아노 선율이 세련된 잔잔한 클래식이 대부분이었다. 간간이 축축 처지는 가락의 한국 민요도 들었다. 앞날이 암담했다. 시름시름 앓고 있던 무렵 남편은 설거지하는 나의 목에 최신형 MP3플레이어를 걸어 주었다. 난 이어폰으로 흘러나오는 노래를 들으며 노동을 즐겼다.

　내가 철들기 시작한 것은 오 년 전이다. 병원에서 두 번 수술 후 내 옆을 지킨 사람은 남편이었다. 오줌과 피 주머니를 달고 다니기도 불편한 나를 위해 일주일 동안 내 옆에 붙어 손과 발이 되어 주었다. 밤낮없이 화장실로 날 안내했다. 밥 먹는 것을 도와주고 침대 레버를 움직여 최적의 자세를 잡아 주었다. 침대 밑 보호자용 간이침대에 쪼그려 자는 모습을 보니 마음이 찡했다. 오랫동안 응축되어 나의 가슴에 쌓인 화가 조금씩 녹아내렸다. 내가 만약 아프지 않았다면 나의 울퉁불퉁한 마음이 매끄러워졌을까? 그런 의문이 들 때마다 아프길 잘했다는 답만 돌아왔다. 나도 모르는 사이 미숙은 성숙으로 전환되었다.
　이십 년 넘게 다니던 직장도 그만두고 이젠 전업주부가 되었다. 난 마음속 깊은 곳에 감춰 두어 원래 없었던 것 같은 성질을 꺼냈다. 남편도 세월이라는 묘약에 깎이고 깎여 날 선 각이 둔해졌다. 남편은 더 이상 비뚤어지게 놓인 책을 만지지도 않는다. 내가 좋아하는 랩이 잔뜩 있는 비트 빠른 노래도 이젠 즐겨 듣는다. 귀도 순해지고 대나무 같았던 마음도 물러졌다. 오래 살고 볼 일이다. 결혼생활이란 너무나 다른 둘이 현실을 살아 내는 어려운 일이다. 상대방을 배려하고 존중하는 마음 없이 불가능하다. 조건이나 사랑, 어느 쪽 하나만으로 유지하기 어려운 복잡

미묘한 것이다. 나도 남편도 이십칠 년 동안 각자 품고 있던 모난 돌을 갈고닦았다.

요즘 같아서는 '하늘이 정해 준 반쪽'이란 말을 들먹일 만큼 우린 제법 잘 맞는다. 난 예민한 남편을 위해 헌신했고 참아 냈노라 생각하면서 살았다. 어느 날 문득 남편의 뒷모습을 바라봤을 때 그도 오랜 세월 동안 나처럼 참아 냈음을 알아챘다. 남편에 대한 연민의 마음이 발화되는 순간이었다. 배우자에 대한 측은함이 슬그머니 생겨났다. 나를 챙기는 마음이 한결같은 남편이기에 고맙다. 서로 노력한 시간만큼 맞춰질 수밖에 없는 것 또한 부부다. 노력 없이 얻을 수 있는 건 이 세상 어디에도 없다. 작년에 읽었던 임경선 작가의 『평범한 결혼생활』이라는 책 중 기억에 남는 문장이 있다. "대체 누가 결혼생활을 안정의 상징처럼 묘사하는가. 결혼이란 오히려 불안정의 상징이어야 마땅하다." 작가의 말에 공감은 되지만 내 나름대로 다시 정의를 내렸다. "결혼생활이란 불안정에서 안정으로 가는 지난한 여정이다."

첫 소개팅의 흑역사

엄마랑 친자매처럼 지내고 있는 이모의 딸이 나에게 소개팅 제의를 했다. 교육받으러 갔다가 건실하고 싹싹한 청년을 만났는데 그 남자를 나에게 소개해 주고 싶다는 거였다. 이모의 딸은 나보다 서너 살 많았는데 평소에는 모범생 같은 인상에 조용한 편이었지만 분위기에 따라 쾌활한 모습을 보이기도 했다. 난 아주 가끔 그녀를 볼 때마다 반가워서 언니라고 부르며 친근하게 대했다. 그 당시 내 나이 스물셋이었다. 난 그때까지 남자를 소개받은 경우도, 사귀어 본 적도 없었다. 연애에 관해선 백치였다. 이성 친구는 있었다. 가끔 만나 수다 떨 수 있는 편안한 친구였다. 고등학교 동창생이었는데 버스에서 우연히 만나 전화번호를 주고받았다. 그 후로 가끔 그 친구에게 연락이 왔다. 우린 서로 이성적인 감정 없이 만났다. 시쳇말로 남사친이었다. 대화가 잘 통해 만나서 이야기할 때면 마치 여자 친구랑 대화하는 듯

한 착각이 일기도 했다. 난 교제할 남자가 생기길 바랐다. 그것을 성취할 기회가 왔다는 생각에 한껏 부풀었다. 더군다나 언니가 검증한 남자라고 하니 더 관심이 갔다. 관형사 어근 '첫'이 붙는 단어는 왠지 모를 설렘을 준다. 그렇지 않은가. 첫날밤, 첫 키스, 첫사랑, 첫눈까지 모두 말랑말랑하다. 막연한 기대감에 사로잡힌 난 첫 소개팅 하기 전 들뜬 마음에 잠을 이룰 수 없었다.

이모의 딸은 내 성격을 잘 알고 있었다. 소개받을 남자와 단둘이 만나게 하는 것은 무리라고 생각해서였는지 자신과 곧 결혼할 남자와 함께 나가도 되겠냐고 물어왔다. 난 흔쾌히 좋다고 답했다. 그렇게 우리 넷은 늦가을로 접어드는 11월에 만났다. 약속 장소는 도시 중심부에 있는 카페였다. 대중교통을 이용하는 나를 위한 배려였을 것이다. 난 떨리는 손으로 카페 문을 열고 들어가 두리번거렸다. 멀리서 언니가 고개를 빼며 손을 들어 보였다. 이미 셋은 도착해서 담소를 나누고 있었다. 난 잔뜩 긴장한 나머지 어색한 표정을 지었지만 모두 웃는 얼굴로 나를 환대했다. 다행히 언니와 결혼할 남자는 말주변이 좋았다. 분위기를 금세 편안하게 만들었다. 내 얼굴도 얼마 지나지 않아 자연스럽게 풀어졌다. 소개받은 그는 준수한 외모를 갖고 있었다. 호리호리한 체형에 얼굴은 작은 편이었다. 너무 오래된 일이라 얼굴은 기억에 없다. 이목구비가 어땠는지 전혀 생각나지 않는다.

프리드리히 니체는 "인간은 망각의 동물"이라는 명언을 남겼다. 인간에게 망각이 없다면 더 고통스러운 삶을 영위하게 될 것이다. 어찌 보면 망각은 축복인 셈이다. 우리의 기억은 좋은 것과 나쁜 것이 공존한다. 선별적으로 기억하고 싶은 것만 저장할 수 있다면 얼마나 좋을까? 매우 민망하거나 부끄러운 과거는 깨끗이 잊었으면 하고 바랄 때가 있다. 신기한 건 그런 사건일수록 절대 기억에서 사라지지 않는다. 다른 건 잊어도 흑역사는 또렷하게 떠오르기 마련이다.

  그는 스물일곱 원숭이띠였다. 어딘가 모르게 당당했고 자신감이 넘쳐 보였다. 밝은 에너지가 느껴졌다. 그는 수영과 볼링이 취미였다. 자신이 워낙 활동적이다 보니 이상형 역시 능동적이고 활달한 여자라고 했다. 난 그가 말한 정반대 성향의 사람이었다. 수동적이고 매우 비활동적으로 살고 있었다. 그때까지 수영장은커녕 볼링장에도 가보지 않았다. 매일 시계추처럼 회사와 집을 오갔고 집에서는 방에 틀어박혀 있었다. 혼자 책 읽고 친구들에게 편지를 쓰고 음악을 듣는 것이 내 생활의 전부였다. 그의 이야기를 유심히 듣고 있으려니 난감했다. 분위기상 나를 솔직하게 이야기했다가는 이번 만남이 끝이 될 수도 있겠다 싶었다. 그가 내심 마음에 들었던 모양이다. 나는 내 자신을 철저하게 숨기고 싶었다. 그게 어디 쉬운 일인가. "눈 가리고 아웅"하는 꼴이다. 겉모습이나 말하는 것에서 사람의 성향은 웬만큼 드러나기 마련이다. 그는 이미 나를 간파하고 있었는지도 모른다. 성격을 한순간 손바닥 뒤집듯 바꿀 수 있는 것도 아니지 않는가. 그때 왜 난 그런 어리석은 생각을 했는지 모르겠다.

내 마음속은 순식간에 분란이 일었다. 도대체 무슨 생각을 하고 있냐며 정신 차리라고 외쳤다. 자신을 숨길 이유가 전혀 없다고 그냥 있는 그대로 너를 내보이라며 다그쳤다. 욕심을 버리고 마음을 내려놓으라고 흰 녀석이 속삭였다. 검은 녀석이 다시 반격에 나섰다. 마음에 드는 사람이 또 언제 나타날지 모르는 일이라고 했다. 언제나 인생은 타이밍이니 기회가 왔을 때 최선을 다해 잡아야 한다며 내 멱살이라도 거칠게 잡을 것처럼 소리쳤다. 이런저런 생각에 내 속은 시끄러웠다. 바로 그때 그가 나의 얼굴을 빤히 바라보며 "볼링 애버리지가 얼마예요?"라고 물어 왔다. 심장이 떨렸다. 숙제를 안 해 왔을 때 검사하는 선생님 앞에 있는 학생처럼 주눅이 들었다. 볼링장 구경도 못 한 사람에게 애버리지가 얼마냐고 물어 오니 순간 난 당황했다. 같은 사무실에 근무하는 언니 중 볼링에 빠진 사람이 있었다. 볼링장에서 살다시피 해서 몇 개월 만에 애버리지가 120점까지 올라갔다며 좋아했던 기억이 스쳤다. 120점이면 무척 잘 치는 점수라고 생각했다. 거기에서 조금만 뺀 숫자를 나도 모르게 뱉었다. "파아알십이요." 순간 말까지 더듬었다. 그 언니가 아니었으면 난 그가 뱉은 '애버리지'라는 단어 해석조차 불가능했을 터였다. 그는 그 정도면 조금만 연습하면 백은 우습게 넘을 수 있을 것이라며 활짝 웃었다. 그가 나를 향해 미소 지을 때마다 난 널뛰는 마음을 진정시키려고 애를 썼다. 우리 넷은 어느새 친한 사람들처럼 서로 얼굴을 번갈아 바라보며 깔깔대고 웃어 댔다.

실컷 수다를 떨고 우리는 거리로 나와 저녁 먹을 식당을 찾았다. 간판에 맛집이라고 소개한 식당에서 제육볶음을 먹었다. 제법 맛이 있었다. 저녁을 먹고 소화도 시킬 겸 넷은 거리를 한참 걸었다. 공기가 쌀쌀했지만 추운 줄 몰랐다. 신호등 앞에 서서 신호가 바뀌기를 기다리고 있을 때 그가 갑자기 볼링 치러 가자는 말을 꺼냈다. 난 순간 얼굴이 굳었다. 행복했던 시간에 금이 가는 말이었다. 모두 신나서 좋다고 말했다. "간만에 몸 좀 풀어 볼까?" 하며 남자 둘은 연신 팔을 돌리며 스트레칭 시늉을 했다. 난 혼자 어찌 할지 몰라 엉거주춤하고 있었다. 언니가 내게 물었다. "왜, 어디 안 좋아?" 나는 신발을 손가락으로 가리키며 "아뇨, 전 오늘 구두 신고 와서 아무래도 어려울 것 같아요."라고 말했다. 내 말을 들은 셋은 웃음기 없는 얼굴로 변했다. 그 당시에는 그들의 안색이 갑자기 변한 것이 볼링장을 가지 못해 실망해서 그런 줄 알았다. 언니는 놀란 표정으로 오늘은 그냥 일찍 집에 들어가자며 말끝을 흐렸다.

그로부터 3개월 후 볼링에 빠져 살던 언니가 내게 말했다. "퇴근하고 저녁 약속 없으면 나랑 볼링 치러 갈래?" 난 반가웠지만 "편한 신발이 없어 못 가겠어요."라고 대답했다. 언니의 가느다란 눈이 갑자기 똥그래졌다. 그게 무슨 소리냐며 볼링장에 가면 신발이 있으니 걱정하지 말라고 했다. 자신은 매일 치는 관계로 볼링화를 따로 구입한 거라며 씽긋 웃었다. 언니의 말에 난 깜짝 놀라 순간 얼음이 되었다.

어스름하게 어두워질 무렵 사무실 언니와 함께 퇴근했다. 그날 난 볼링장에 처음 발을 들였다. 내 눈은 휘둥그레졌다. 정말로 흰색 운동화가 크기별로 신발장 가득 가지런히 놓여 있었다. 볼링 칠 때 각자 신고 온 신발 그대로 신고 치는 줄 알았다. 볼링장에 운동화가 마련되어 있는 줄은 꿈에도 몰랐다. 얼굴이 화끈 달아올랐다. 하늘이 무너져 내리는 것 같았다. 그제야 3개월 전 사건의 실마리가 풀렸다. 창피해서 몸 둘 바를 몰랐다. 내가 애 버리지 팔십이라고 말해 놓고 볼링장 한 번도 안 갔다는 거짓을 훤히 드러냈으니 말이다. 그들이 나를 어떻게 봤을까? 하는 생각에 쥐구멍이라도 있으면 들어가고 싶었다. 어떤 경우라도 거짓말은 나쁘다. 하지 말았어야 했다. 나를 거짓말이나 살살치는 사람으로 봤을지도 모를 일이다.

볼링장 앞을 지날 때마다 문득 그때를 회상하게 되면 나도 모르게 피식 웃게 된다. 왜 그때 솔직한 내 모습을 보여 주지 못했을까? 그를 잡기 위한 욕심이었을까? 갖가지 생각이 빗발쳤다. 살다 보면 그런 경험이 있지 않은가. 돌이켜 봤을 때 내가 왜 그랬는지 도저히 이해할 수 없는 그런 일이 있다. 마치 귀신에게 홀린 것처럼 말이다. 결론은 그와는 인연이 아니었다는 것이다. 인연이었다면 어떻게든 이어졌을 것이다. 눈곱만큼의 미련은 없다. 다만 인생 첫 소개팅이란 점에서 의미가 있을 뿐이다. 씻을 수 없는 치욕적인 흑역사였음에도 불구하고 이젠 배시시 미소 지을 수 있는 추억이다. 시간은 모든 걸 흐리게 만드는 묘약이다. 얼굴조차 기억나지 않는 그가 이 세상 어딘가에서 행복한 모습으로 잘 살아 내기를 소망한다.

편지 속 청년

얼마 전 『나는 단순하게 살기로 했다』라는 책을 읽고 미니멀라이프에 빠졌다. 번잡한 내 삶을 반성했다. 내가 소유한 물건들이 차고 넘친다. 옷장에 꽉 찬 옷부터 사용하지 않는 쓸데없는 잡동사니까지 엄청나다. 버리는 것을 잘 못한다. 언젠간 사용할 것이라는 믿음 때문이다. 버리고 나서 찾을 때 없으면 낭패라는 생각에 용기가 나지 않는다. 옷만 해도 그렇다. 몇 년 동안 입지 않는 옷은 과감하게 버려야 한다. 언젠가 입을지도 모른다는 막연함으로 난 숨도 쉬지 못하는 옷장을 갖고 있다. 난 단순하게 살기로 결심 후 매일 조금씩 정리를 시작했다. 한꺼번에 하는 건 무리가 될 것 같아 구역을 나눠 야금야금 버리고 있었다. 안방과 거실을 마치고 베란다 물건을 정리할 차례였다. 케케묵은 상자들이 쌓여 있었다. 그 속에 무엇이 들어 있는지는 알 길이 없다. 하나씩 열어 확인해야 하는 번거로움에 봉착했다. 난 하루 날을 잡아 아침부터 베란다에서 작업을 시작했다. 필요 없는 것들은 과감히 쓰레기통으로 직행했다. 온종일 먼지를 뒤집어쓰면서 베란다에서 시간을 보냈다. 지쳐갈 무렵 난 편지가 수십 통 들어 있는 상자를 발견했다. 겉은 바라고 먼지까지 뽀얗게 쌓여 희미한 회색빛이었다. 과거 내가 가족, 친구, 동료들에게 받은 편지였다. 어릴 적부터 편지 쓰는 것을 좋아했다. 내성적인 성격 탓에 말보다는 글이 편했다. 편지를 쓸 때처럼 날 행복하게 하는 것도 없었다. 학창 시절에도 많이 썼지만 사회생활 하면서도 결혼하기 전까지 한 달에 평균 예닐곱 통의 편지를 꾸준히 썼다. 집에서 도보로 십여 분 거리에 슈퍼가 있었다. 그곳에 작은 빨강 우체통이 처마 밑 벽에 달려 있었다. 우표를 사서 붙이고는 설레는 마음으로 편지를 우체통에 밀어 넣었다. 답장이 오는 경우는 드물었지만 편지 쓰는 행위는 내겐 작은 즐거움이었다.

 상자를 엎어 편지를 모두 쏟았다. 다시 한 통 한 통 가지런히 정리하며 누구에게 온 편지인지 확인했다. 이름이 보이면 그 사람을 떠올리며 잠시 잠깐 추억에 잠기기도 했다. 한참 뒤적이다 가 보니 낯선 이름으로 온 편지 십여 통이 고개를 갸웃거리게 했다. 수신인은 내가 아닌 남편이었다. 나한테 온 편지가 아니니 내가 잘 모르는 것이 당연하다고 생각했다. 순간 호기심이 생겨 편지 한 통을 꺼내 읽었다. 내용을 읽고서야 기억이 떠올랐다. 약 이십 년 전 남편이 지방으로 출장을 다녀올 일이 있었다. 남편은 기차를 타고 서울로 올라오는 길이었다. 바로 앞에 앉았던 군복 입은 청년이 이어폰을 빌려 달라 했다고 한다. 남편은 가방에서 꺼내 청년에게 건넸다. 그 청년은 남편보다 먼저 내렸는데 내리면서 혹시 명함 한 장 줄 수 있겠냐 물었고 남편은 마침 갖고 있던 명함을 주었다고 했다. 편지를 보내온 주인공이 바로 그때 기차에서 만났던 군인이었다. 그 일이 있고 한 달이 지날 때쯤 남편 사무실로 편지가 왔다. 남편은 내게 그 편지를 건네주었다. 자신은 편지 쓰는 것이 서투르다며 당신이 알아서 하라고 식탁 위에 올려놓았다. 답장을 써주면 좋겠다는 부탁의 말도 덧붙였다. 편지 봉투에 적혀 있던 "강원도 철원군"이란 주소를 보자마자 어릴 적 학교에서 의무적으로 썼던 위문편지가 떠올랐다. 추운 겨울마다 "국군장병 아저씨께"로 시작하는 편지를 썼다. 중학교 때까지 쓴 것으로 기억한다. 편지 내용은 매년 똑같았다. 얼굴도 모르는 불특정인에게 편지를 쓴다는 것은 매우 어려운 일이다. 추운 날씨에 나라를 지키느라 얼마나 고생이 많으냐, 국군 아저씨 덕분에 마음 편히 살아가고 있기에 고맙다는 인사를 전했다. 물론 답장은 오지 않았다. 영혼 없는 편지였기에 받는 사람도 맥없이 읽었을 것이다.

  그 청년은 스물두 살이었고 고향은 경남 김해였다. 첫 편지라 그런지 간단하게 자기소개 글로 시작되었다. 강원도 철원에서 군 복무를 하는데 날이 추워서 고생하고 있는 모양이었다. 하긴 따뜻한 남쪽 나라에서 태어나 자랐으니 최전방 철원의 겨울 날씨는 평생 느껴 보지 못한 추위였을 것이다. 한창 젊은 나이임에도 불구하고 편지는 암울했다. 희망은 눈곱만치도 찾아볼 수 없었다. 그도 그럴 것이 군대 간지 이제 백 일이 갓 넘었다고 하니 그 긴장감과 두려움이 오죽했으랴. 지금 눈앞에 닥친 고난이 아닌가. 지금은 군 문화가 많이 바뀌어서 일과 후에는 핸드폰까지 지급되고 있다. 그 당시에는 여러 가지로 쉽지 않았을 것이다. 편지를 읽고 나서 순간 청년에게 따스한 희망의 씨앗을 심어 주고 싶다는 의지가 생겼다. 젊은이는 젊은이다워야 한다. 청년에겐 긍정 마인드가 필요했다. 난 희망 전도사가 되기로 결심했다. 그 후로 틈틈이 편지를 써서 철원으로 보냈다. 나로서도 오랜만에 써보는 편지였다. 결혼 후 살림과 육아와 일을 병행하느라 도통 짬이 나지 않았다. 편지 쓰는 일이 사치로 전락한 지 오래전 일이다. 그 청년 덕분에 잠시나마 난 사치를 부린 셈이다.

 베란다에 주저앉아 그가 보낸 열 통의 편지를 모두 읽어 내려갔다. 내가 어떤 내용을 써 보냈는지 전혀 기억은 없다. 그가 보낸 편지 내용을 보면 미루어 짐작할 수 있었다. 내가 보내 준 책을 읽고 감동받았다는 문장도 보였다. 그의 편지는 뒤로 가면 갈수록 일취월장했다. 고참이 될수록 안정감이 느껴졌다. 정확히 말하면 상병이 되면서부터 편지에 긴장감이 빠지기 시작했다. 병장이 되었을 때는 우스갯소리를 할 만큼 여유를 부렸다. 산과 책을 좋아하는 심신이 건강한 청년이었다. 편지도 제법 잘 썼다. 무엇보다 놀라웠던 건 시간이 지날수록 그의 편지는 점점 밝아졌다. 희망이 넘쳐났다. 난 히죽히죽 웃으면서 읽었다. 나중엔 되레 나 자신이 위로받았다. 문득 그는 원래 밝은 성격의 소유자였겠다는 생각이 들었다. 군기가 바짝 들었던 것이었으리라.

 마지막 편지에는 전역 소식을 알렸다. 나가서 무엇을 하며 살아가야 할지 고민이 많은 것 같았다. 편지와 함께 보내 줬던 부부 찻잔이 문득 생각났다. 적은 월급을 모아 선물을 사 보낸 그의 마음에 감동했었다. 사용은 하지 않고 어딘가 처박아 놓았던 기억을 더듬어 찾았다. 안방 장롱 선반 위에 먼지를 잔뜩 뒤집어 쓴 작은 박스가 있었다. 분명 버리지는 않았을 터였다. 웬만해선 버리지 않는 습성이 이럴 땐 칭찬받을 만하다. 난 찻잔을 꺼내 깨끗하게 씻었다. 한 번도 사용하지 않아 새것처럼 광채가 났다. 약 이십 년 전 물건이라 투박했다. 일반 찻잔이 아니고 찻잎 거름망과 뚜껑이 있는 청색의 도자기 잔이라 꽤 무거웠다. 그 잔에 국화차를 우려 마셨다. 얼굴도 모르는 사람에게 희망을 심어 주겠다는 오지랖으로 편지를 써서 보냈다는 사실에 웃음이 났다.

 언젠가 아는 지인에게 청년의 편지 이야기를 한 적이 있다. 그 이야기를 가만히 듣고 있던 지인이 갑자기 언짢은 표정을 지었다. 세상 무서운 줄 모르고 그런 미친 짓을 했냐는 것이었다. '미친 짓'이란 단어가 가슴에 날카롭게 꽂혔다. 왜 그렇게 생각할까? 난 스스로 아름다운 일이라고 자부하고 있었다. 나의 최고의 기쁨이고 보람이다. 다른 이를 위로하는 것은 아무나 할 수 있는 일이 아니다. 그의 편지도 내겐 위로였다. 그딴 식으로 해석해서 찬물을 끼얹었다니 마음이 쓰렸다. 하긴 모든 사람이 같은 마음일 수 없는 노릇이다. 각자 생각하는 방식이 다르다. 난 얼굴을 찌푸렸다가 바로 풀었다. 인상은 풀렸으나 마음은 아니었다. 그런 감동을 모르는 멋없는 사람이라면 굳이 마주하고 싶지 않다. '미친 짓'이란 단어 하나가 그녀와 나를 멀어지게 했다. 나의 편지가 그에게 위로가 되었다면 그럼 된 것이다. 무엇이 더 필요한가. 어쩌면 세상은 어떤 이들에게 미친 짓이라 불리는 것으로 인해 잠시라도 반짝이는 것은 아닐까?

나이를 먹을수록 금이나 보석처럼 실제로 반짝이는 것에는 의미를 잃게 된다. 정확히 표현하자면 내가 아프고 나서부터 그런 것들에 흥미가 떨어진다. 대신 보이지 않는 반짝임에 감격하게 되고 기쁨과 감동의 눈물을 쏟게 된다. 남편 기차 앞자리에 앉아 인연이 되었던 그 청년, 명함을 달라고 했을 때 거절당할 것이 두려워 엄청난 용기를 내어 입을 떼었다고 고백하는 그의 편지, 나에게 받은 편지로 인해 힘겨웠던 군 생활을 무사히 마칠 수 있었다고 감사를 전하는 그의 마음에 가슴이 뭉클해졌다. 편지로나마 잠시 스쳐 지나간 인연이었지만 서로에게 좋은 기억을 남겼다면 그처럼 보람되고 흐뭇한 일도 없다. 그 청년은 지금쯤 무엇을 하며 삶을 살아 내고 있을지 궁금하다. 그도 우리를 기억할까? 끝없는 궁금증을 남기며 얼굴조차 알 수 없는 그를 추억하며 초여름 밤이 깊어 간다.

다음은 청년이 보내온 편지 중 일부다.

● 　　따사로운 봄 햇살 새싹들이 파릇파릇하게 돋아나는 계절 누군가에게서 편지를 받고 싶었던 어느 군인, 150원의 따뜻한 자판기 커피도 자주 못 먹는 어느 청년은 편지를 받고 감동 먹어 쓰러졌습니다. 안녕하세요? 8살 3살 꼬마 신사분들은 잘 자라고 있지요? 오늘은 4월 11일 일요일입니다. 드디어 철원 날씨가 풀렸나 봅니다. 더 이상 영하로 내려가지 않으니까요. 고참이 말하길 2003년 4월 5일에는 눈이 내렸다구 하네요. 무척 섬뜩하죠. 철원 날씨는 겨울에서 바로 여름이라고 하던데 정말 적응하기 힘든 날씨예요. 저희 부대는 최전방 포대로서 삼팔선에 위치하며 한반도 정중앙부에 있어요. (중간생략) 이제 제가 군대 오기 전까지 살고 있는 김해라는 곳을 말씀드리면 정말 좋은 곳입니다. 넓은 김해평야, 그리고 국내 최초로 개통될 경전철 편리한 교통시설에 옛 가야 도읍지로 그 유적이 아직까지 남아 박물관도 있고 일본에서도 많은 학자들이 오고 간다고 합니다. 기차에서 처음 뵌 선생님의 첫 느낌은 매우 열정적이시고 안정적으로 보였습니다. 편지를 사모님께 보여 주신 것으로 보아 또한 매우 가정적이신 분 같습니다. 저의 취미는 등산과 독서인데 우리나라 명산은 다 갔는데 아직 지리산은 못 가봐서 슬픕니다. 꼭 한번 다녀와서 군대 오려고 했는데… 책을 무척 좋아합니다. 제가 평소 좋아하는 글 두 가지만 적어봅니다.

꽃은 피어나야 하기 때문에 피는 것이지 예쁘게 보이기 위해서 피어나는 것은 아니다. 역시 나는 사랑하기 때문에 사랑하는 것이지 사랑을 되돌려 받기를 기대하면서 사랑하는 것은 아니다. 만일 무엇인가 되돌아오기를 기대하면서 준다면 나는 정말로 불행해질 것이다.

- 레오 버스카글리아 -

아름다운 얼굴이 추천장이라면
아름다운 마음은 신용장이다.

- 리튼 -

저에게 정말 군 생활이 사회에서 도움이 될진 모르겠지만 저 같은 군인도 있어야 나라가 침략당하지 않는다고 생각합니다. 군대에서 많은 기술을 배우고 있습니다. 동아리 활동 시간에 편지를 썼는데 제 글이 마음에 드실지 모르겠습니다. 다만 세상은 아름답고 그중에 가장 아름다운 것은 사모님 마음 같습니다. 건강하십시오.
행여 나중에 아이들도 군대 갈 거란 생각에 한 자 더 써봅니다.

국가수호를 위해 싸우는 군인보다
더 위대한 사람은 어머니다.

- 루즈벨트 -

- 2004년 봄날에 일병 박XX -

그에게 빠졌습니다

　전 요즘 한 인물에게 심취해 있습니다. 지금까지 살아오면서 이토록 한 사람에게 푹 빠졌던 적이 있었는지? 아무리 생각해봐도 그런 인물은 떠오르지 않습니다. 친구가 유명한 연예인 덕질 한답시고 방을 온통 그 사람 사진으로 도배했을 때 어이없는 웃음이 나왔습니다. 저로서는 도무지 이해할 수 없는 일이었습니다. 저는 가수나 배우에게 빠지는 일은 한 번도 없었습니다. 서른 초반의 일이었습니다. 갑자기 팀장이 제게 책을 한 권 건넸습니다. 지인이 택배로 책을 보내왔는데 자기 취향이 아니라고 했습니다. 자신은 소설책은 읽지 않는다고 하더군요. 지식을 전달하는 책만 좋아한다는 말을 덧붙였습니다. 전 이해가 되지 않았습니다만 감사한 마음으로 받았습니다. 덕분에 책 한 권이 공짜로 생겼으니 말입니다. 한마디로 기분이 째졌습니다. 저는 책을 무척 좋아합니다. 좋아하는 이유는 단연코 재미가 있기 때문입니다. 제가 여태껏 해본 것 중 책 읽기가 가장 재미있습니다. 그래서 전 책은 취미가 아니라 오락의 범주에 들어간다고 생각합니다. 지금까지 그 이상의 쾌락은 경험하지 못했습니다. 팀장한테 받은 책은 파울로 코엘료 작가의 『베로니카, 죽기로 결심하다』라는 책이었습니다. 그 책을 읽고 얼마나 큰 위로를 받았는지 모릅니다. 삶이 힘겨울 때마다 세상을 떠날 궁리만 했던 저는 그만 부끄러워졌습니다. 그 책으로 인해 더 이상 그런 바보 같은 생각은 하지 않게 되었습니다. 알고 보니 파울로 코엘료는 『연금술사』라는 작품으로 우리나라에서 이미 사랑받는 작가 반열에 오른 사람이었습니다. 저는 그가 쓴 책을 한 번에 몽땅 구입해 틈틈이 읽었습니다. 그때는 작가에게 빠졌던 건 아닙니다. 그의 작품에 내재되어 있던 흡입력에 끝도 없이 빨려 들어갔습니다.

그 뒤로 딱 한 번 더 파트리크 쥐스킨트의 『향수』를 접하고 그의 책도 모조리 읽으며 연속으로 탄성을 내질렀던 경험이 있습니다. 『깊이에의 강요』, 『비둘기』, 『좀머 씨 이야기』, 『승부』 등 단편이지만 흥미진진한 작품들이 많았습니다. 제겐 뱃속 깊이 새길 만한 깨달음을 주는 책도 있었습니다. 소화시킨 책은 모두 제 마음속에서 반짝대고 있었습니다. 그저 작품이 좋았던 겁니다. 작가에 대한 불꽃 같은 열망은 활활 태우지 못했습니다. 이번은 다릅니다. 매일 그의 사진을 들여다봅니다. 미남은 아닙니다. 볼살이 흉측하리만치 쪽 빠진 데다가 깊은 고뇌에 빠진 표정은 어딘가 넋이 나간 듯 보입니다. 공감 가는 근사한 문장들을 조금씩 매일 읽고 있습니다. 마치 달콤한 사탕이 다 닳아 없어질까 봐 아껴 가며 빨아 먹는 순수한 아이가 된 기분입니다. 그는 현존하는 인물도 아니고 우리나라 사람도 아닙니다. 안타깝게도 1948년 스스로 생을 마감했습니다. 삶이 보통 어려운 것이 아닌지라 도무지 인생을 어찌 살아야 할지 몰라 그리했을지도 모를 일입니다. 그가 이승에서의 삶을 저버린 확실한 이유는 저로서는 잘 모르겠습니다. 다만 추측뿐입니다. 그는 너무 나약했습니다. 선천적으로 심약했던 그에겐 세상은 반항이 아니라 도망쳐야만 했던 대상이었을 겁니다. 험한 이 세상에서 자유롭게 살아내기는 역부족이었습니다. 얼마나 고통스러웠으면 무려 다섯 번의 자살 시도를 했을까요? 저는 밀려드는 연민을 피할 길이 없었습니다. 끝없는 동정심에 휩싸였습니다. 전 문득 그를 사랑하고 싶어졌습니다.

작년부터 뜬금없이 고전소설 읽는 재미를 붙이기 시작했습니다. 도스토옙스키의 『죄와 벌』을 시작으로 『카라마조프 가의 형제들』을 뒤이어 신나서 읽어 내려갔습니다. 고전은 지루하고 재미없을 것이라는 선입견 때문에 멀리하고 있었습니다. 실제로 읽어 보니 흥미로웠습니다. 제 삶의 새로운 즐거움을 발견한 듯 행복했습니다. 저만의 '고전 백 권 읽기' 목표를 세웠습니다. 일주일에 한 권씩 읽어 내려가니 꼬박 이 년이 걸렸습니다. 읽을 책 리스트를 작성하느라 인터넷에서 많은 시간 기웃거렸습니다. 어느 날 이웃 블로그에서 그가 쓴 작품의 서평을 보게 되었습니다. 저는 다음 날 그 책을 사서 읽기 시작했습니다. 그 책이 바로 다자이 오사무의 『인간 실격』입니다. 작가의 일생과 많이 닮은 소설이라는 사실을 알고 깜짝 놀랐습니다. 저는 그냥 지어낸 이야기인 줄로만 알았습니다. 허구가 아니라 사소설이었습니다. 그의 실제 인생은 소설보다 더 질곡이 깊었습니다. 그의 소설 『사양』과 단편소설 모음집 『만년』과 『달려라 메로스』, 그리고 국내에서는 잘 알려지지 않은 산문만 모아 놓은 『다자이, 다자이』를 읽고는 그가 더 좋아졌습니다. 자전적 산문들을 통해 그를 더 이해할 수 있었습니다. 너무나도 솔직한 글들이었습니다. 이렇게 솔직하게 써도 되는 걸까? 라는 의구심이 들 정도였습니다.

그와 저는 분명 닮은 구석이 있습니다. 『인간 실격』의 주인공 '요조'가 특히나 비슷했습니다. 전 그가 표현한 문장을 읽다가 격하게 공감할 때는 심장이 요동쳤습니다. 그가 천성적으로 싸움을 못 하는 사람이라고 고백한 문장이 있습니다. 남하고 말다툼을 못 하는 성품이거니와 가능한 인간들의 분쟁에 가까이하고 싶지 않았다고도 했습니다. 그 소용돌이에 말려드는 것이 두려웠던 요조. 저도 그랬습니다. 지금껏 어떤 이와 싸움이나 투쟁을 해본 경험이 없습니다. 남편과 이십칠 년 동안 부부싸움 한번 안 했다고 하면 믿으실까요? 가끔 그의 문장들에서 숨겨 놓은 저를 발견할 때는 움찔 놀라기도 했습니다. "저에게 화낼 수 있는 능력을 주소서."라는 문장에 소름이 돋았습니다. 저도 살아오면서 그런 기도를 한 적이 몇 번 있었습니다. 사람이 두려워 타인의 얼굴로 '필사적인 봉사'를 하며 살아온 것도 그와 같은 부류라는 생각이 들었습니다. 측은한 마음이 들어 정이 갔습니다. 동정을 넘어 이젠 그를 동경하게 되었습니다. 글을 잘 쓰는 그가 부러웠습니다. 가식 없는 글이었습니다. 솔직함은 그의 가장 큰 매력이라 할 수 있습니다. 책을 읽고 있으면 마치 능수능란한 이야기꾼에게 빨려 들어가는 묘한 기분이 듭니다. 글 속엔 유머를 덧칠한 감각이 살아 있습니다. 사람의 내면 의식을 섬세하게 묘사한 문장들은 혀를 내두르게 했습니다. 인간을 잘 알뿐더러 그것을 매우 사실적으로 표현했다는 것이 놀랍습니다. 그가 가장 경멸하는 것이 '가식'이었기 때문일까요?

이쯤에서 고백하자면 저는 원체 말이 없는 사람이었습니다. 학창 시절 아이들에게 '벙어리' 아니냐는 소리까지 들었을 정도였으니까요. 대뇌의 손상으로 언어의 표현이나 이해에 장애가 생기는 실어증은 아니었습니다. 저는 정상이었습니다. 병적일 정도로 내향적인 성격 탓으로 사람을 두려워하며 입을 닫고 살았습니다. 토해 내지 못한 말이 가슴에 차곡차곡 쌓였습니다. 오랜 세월이 흘러 제 가슴엔 거대한 바윗돌이 얹혀 있었습니다. 하지 못했던 말들이 뭉쳐 한이 되어 화병에 걸렸습니다. 아주 가끔은 숨을 쉬기가 힘들었습니다. 말은 할 수가 없으니 글이라도 써서 그 바윗돌을 녹여야겠다는 생각이 들었습니다. 고심 끝에 일기를 쓰기 시작했습니다. 마흔이 되던 해 사이버대학에서 문예

창작 공부를 시작했습니다. 직장생활을 하면서 살림과 공부를 병행하는 것은 쉽지 않았습니다. 어리석은 결정이었습니다. 그렇다고 포기할 수도 없었습니다. 인간은 자신이 하고 싶은 일을 열망하면서 살아가도록 되어 있습니다. 힘들어도 꿈을 좇아 살도록 생겨 먹었습니다. 직장에서는 유능한 사회인이 되고 싶었고 집에서는 완벽한 살림꾼이 되고자 노력했습니다. 최선을 다했습니다. 다만 전 그저 글을 쓰고 싶었습니다. 그렇습니다. 저는 욕심꾸러기였습니다. 혹독한 사 년을 보낸 후 졸업장을 받았지만 그와 함께 몸에 훈장을 얻었습니다. 죽다 살아났습니다. 이십 년 넘도록 다닌 직장을 그만두고 지금은 전업주부가 되었습니다.

그는 서른아홉 살에 이르러서야 자살에 성공했습니다. 네 번의 실패가 있었기에 오늘날 저는 그의 작품 『인간 실격』을 읽을 수 있었습니다. 감사했습니다. 자살이 한 번에 이루어졌다면 문학사에 두고두고 아쉬운 일이었을 것입니다. 첫 번째 시도는 그의 나이 고작 스물이었으니까요. 주기적으로 자살 충동에 시달렸던 그에게 세상은 어떻게 비쳤을까요? 세상은 고약한 곳이었겠지요. 유약한 그에겐 그랬을 겁니다. 저와 함께 『인간 실격』을 읽은 친구는 그를 두고 어쩐지 맘에 안 든다고 했습니다. 인간이라면 누구 하나 예외 없이 힘들게 살아가는 존재라고 했습니다. 다들 어렵지만 나름의 방식으로 견디며 살아 내고 있다고 말입니다. 그러나 다자이 오사무는 자신의 고뇌가 세상에서 가장 큰

십자가인 양 징징거리는 꼴이 볼썽사납다고 거북한 표정을 지었습니다. 분명 틀린 말은 아닙니다. 하지만 난 다자이를 이해합니다. 백 번, 천 번이라도 그리하겠습니다. 천성적으로 섬세하고 예민한 감수성을 타고난 그에겐 모든 것이 어려웠을 겁니다. 물론 어떤 이는 그가 갖고 있던 고독, 나약함이란 인간이라면 누구에게나 있는 것이라 할 것입니다. 그렇다고 세상 모든 사람이 스스로 생을 마감하지는 않는다며 화를 낼지도 모릅니다. 그는 자신이 아닌 다른 누군가를 연기하면서 살아가는 것에 염증을 느꼈을 겁니다. 위선과 거짓이 판을 치는 추악한 현실에서 그는 절망했겠지요. 전 살아오면서 오직 저만이 겁 많고 소심하고 싸움질이나 거절은 입에 담지도 못하는 바보인 줄 알았습니다. 알고 보니 저보다 한 수 위 다자이 오사무가 있었습니다. 책을 덮은 후 먹먹하면서도 쓰나미처럼 밀려드는 위안의 물결 속으로 풍덩 몸을 담갔습니다. 내가 아직 죽지 않고 살아 있음에 흡족했습니다. 지금까지 살아온 내 자신에게 기특함마저 들었습니다. 태어나길 잘했다고 기꺼워했습니다. 남의 불행이 곧 나의 행복인 양 철없이 굴었습니다. 인간은 역시 이렇게도 불량한 걸까요? 당신의 연약함에 위로받은 저는 역시 불량한 인간일 뿐입니다.

> 지금 저에게는 행복도 불행도 없습니다. 모든 것은 지나간다. 지금까지 제가 아비규환으로 살아온 소위 '인간'의 세계에서 단 한 가지 진리처럼 느껴지는 것은 이것뿐입니다. 모든 것은 그저 지나갈 뿐입니다.

『인간 실격』 세 번째 수기의 마지막 문장입니다. 그가 하고자 하는 이야기 핵심이 여기에 있습니다. 그는 답을 알고 있었습니다. 그럼에도 불구하고 죽을 수밖에 없었던 이유가 있었겠지요. 정작 당신은 세상을 저버렸으면서 다른 이에게는 살라고 합니다. 너희들은 나보다 훨씬 강한 사람이라며 토닥입니다. 모든 것은 다 지나갈 것이라며 조금만 견디라고 합니다. 그는 온 힘을 다해 응원하고 있습니다. 저는 어떤 것이 결핍된 사람들끼리의 동질감으로 그를 이해할 작정입니다. 전 당신이 쩨쩨하다고 생각하지 않습니다. 절대 약해 빠진 등신이라고 손가락질하지도 않을 겁니다. 전 당신에게 열광하고 있습니다. 오랫동안 당신에게 빠져 살 것 같습니다. 누가 뭐래도 당신은 내게는 인생 최고의 작가입니다. 그저 위로하기 위한 거짓부렁이 아닙니다. 진심입니다. 당당하게 외치겠습니다. 당신은 인간 실격이 아니라고… 평범한 인간이었을 뿐이라고…

두 번의 부산행

첫 번째

지난밤 잠을 설쳤다. 설렘이었다. 부산역이란 글자가 흐릿하게 들어오자 순간 정신이 번쩍 들었다. 출구는 여러 곳이었다. 난 재빨리 눈동자를 굴려 그녀를 찾았다. 수많은 인파 속에서 얼굴도 모르는 사람을 찾기란 쉽지 않았다. 내 눈엔 바짝 힘이 들어갔다. 내가 찾는 '자몽가득'은 내 블로그에 있던 천여 개 글을 정주행한 유일무이한 인물이다. 그녀와 난 블로그 이웃이었다. 일 년 남짓 블로그에서 소통했다. 서로의 블로그를 탐색하며 하트를 줄기차게 누르고 댓글을 달았다. 자년 4월, 몸 상태가 나빠진 난 블로그 활동을 중단했다. 그녀도 더 이상 블로그에 글을 올리지 않았다. 우린 그걸로 끝이었다. 블로그는 나의 체력을 고갈시킨 주범이었다. 물론 친한 이웃들과의 소통은 삶의 기쁨이었지만 역시나 끝은 나를 피로하게 만들었다. 일 년 동안 열정을 쏟아부은 결과 허리와 목 디스크가 재발했다. 많은 시간 통증에 시달렸다. 힘을 빼고 했더라면 좋았겠지만 난 그게 어렵다. 결국 강약 조절에 실패했다. 불나방처럼 달려들었고 금세 지쳤다. 몸 이곳저곳에서 신호를 보내왔다. 그제야 온종일 컴퓨터 앞에서 자판을 두들기던 짓을 중단했다. 백기를 들고 난 깨끗하게 항복했다. 전쟁터에서 장렬하게 싸우다가 진 패잔병처럼 한동안 고통스러웠다.

  난 찾기를 포기하고 그녀에게 전화를 걸었다. 대뜸 어디쯤이냐고 그녀가 먼저 물어왔다. 난 바로 앞 상점 이름을 말했다. 그녀는 내게 거기 서 있으라고 했다. 자신은 분홍색 마스크를 쓰고 있다는 말을 끝으로 전화는 끊겼다. 어수선한 분위기에 난 정신이 몽롱해졌다. 남편이 갑자기 내 옆구리를 쿡쿡 찌르며 "저기 분홍 마스크 여자분 아닐까?"라고 말했다. 난 그쪽으로 고개를 돌려 남편이 지목한 여자를 빤히 쳐다본 순간 그녀와 눈이 마주쳤다. 쌍꺼풀진 큰 눈이 나를 반겼다. 마스크로 가려지지 않은 피부는 하얗고 깨끗했다. 나는 쭈뼛대는 어색한 몸짓을 하며 "저 혹시 '자몽가득' 님이세요?"라고 물었다. 거의 동시에 그녀도 "'쏙이' 님?"이라며 나를 확인했다. 서로 고개를 끄덕이며 한바탕 웃었다. 순간 안도감이 밀려왔다. 우린 곧바로 택시를 타고 점심 먹을 장소로 향했다. 택시는 해운대를 지났다. 우리나라에서 두 번째로 높다는 건물인 엘시티가 마천루의 모습으로 반짝이고 있었다. 택시 기사는 내비게이션이 아닌 그녀의 주문대로 차를 움직이고 있었다. 해운대를 지나 '달맞이길'을 지났다. 바다가 보이는 아름다운 고갯길이었다. 해안가를 따라 조개구이집이 밀집한 작은 마을 청사포도 부러 들렀다. 부산이 생경한 이방인들을 위해 그녀는 친절하게 설명했다. 배에서 꼬르륵 소리가 들려올 때 우린 횟집에 들어섰다. 창 너머로 작은 해안선이 보였다. 날씨가 생각보다 따뜻한 탓에 객기 넘치는 젊은이들이 바다에 빠져 놀고 있는 모습이 보였다. 지금은 엄연한 겨울이었다. 내가 사는 북쪽에서는 엄두도 못 낼 일이다.

  우린 회를 먹었는데 평소에 먹던 것과는 식감이 완전 달랐다. 유난히 더 쫀득했다. 사장님 말에 따르면 맛의 비결은 숙성이라 했다. 자기네 식당에서 먹다가 일반 회는 맛이 없어 못 먹을 거라며 자부심이 잔뜩 밴 말과 과한 몸짓에 웃음이 터졌다. '자몽가득'과 난 처음 본 사이라고 믿기 어려울 만큼 사소한 일상 이야기까지 미주알고주알 주고받았다. 그녀와 내가 블로그 이웃이었다는 사실만으로 어색함 없이 소통할 수 있다는 것이 놀랍고 신기했다. 그녀는 내 글을 모조리 읽었기 때문에 나에 대해 많은 것을 알고 있었다. 맛있는 점심을 대접받고 나니 속이 든든했다. 다음 코스는 해동용궁사였다. 사진으로만 봤던 장면을 실제로 마주하니 탄성이 절로 나왔다. 산속에 있어야 하는 절이 바닷가에 있다는 사실만으로 호기심을 자극했다. 그녀가 깨알같이 적어 놓은 종이를 꺼내 보곤 다시 접어 가방에 넣었다. 가이드를 해주기 위해 지난밤에 벼락치기 공부한 증거품이었다. 종이에는 절에 대한 정보가 가득 적혀 있었다. 감동이었다. 멀리서 오는 손님을 맞이하는 그녀의 따스함과 배려의 마음이 느껴졌다. 하물며 우린 그녀의 초대로 부산을 온 것이 아니었다. 그녀의 친동생 '은고'의 초대로 갑작스럽게 내려오게 되었다. 하필 계획했던 날에 '은고'의 개인 사정으로 시간이 맞지 않아 오전에는 언니가 대신 안내를 도맡았다. '은고'도 마찬가지로 내 블로그 이웃이다. 짧은 시를 써서 블로그에 올렸는데 시가 좋아 자주 방문했었다.

언젠가 '자몽가득'의 댓글을 보고 '은고'가 그녀의 친동생임을 직감했었다. 부산으로 떠나기 하루 전 그것이 사실이었음이 확인되었다. 내가 블로그를 닫은 후론 '자몽가득'과의 소통은 끝이 났지만, '은고'와는 일 년 동안 꾸준하게 소식을 주고받고 있었다. 목포에 사는 이웃 블로거 '따스함'이 개설한 〈아지트〉라는 오픈 채팅방에 '은고'와 내가 초대되었던 것이다. 셋은 일상의 소소한 이야기를 나누었다. 자주 웃고 때론 서로에게 용기와 에너지를 선사하고 응원도 주고받았다. 지도에서 각각 셋이 사는 부산과 목포 그리고 파주 지역의 꼭짓점을 이으면 삼각형이다. 우린 그렇게 안정된 소통을 했다. 하루에 한 장의 사진에 두 개의 문장을 남기는 '디카시 112'라 칭하는 활동도 했다. '따스함'과 난 금세 의욕을 상실해 시들해졌지만 '은고'는 끝까지 열정적이었다. 그녀는 직접 찍은 사진에 짧은 글을 넣어 〈아지트〉에 올렸다. 난 그녀의 글과 사진에 자주 감동받았다. 나도 모르게 탄성을 지른 적이 한두 번이 아니다. 가끔 남편에게도 보여 주곤 했는데 그때마다 남편도 칭찬을 아끼지 않았다. 그만큼 '은고'는 글을 잘 썼다. 사진도 수준급이었다. 그녀의 사진을 바라보면 전달하고자 하는 메시지가 분명하게 느껴졌다. 사진도 결국 감정을 전달하는 매체이다. 프레임, 피사체, 광원, 촬영 기술, 창의성 등이 조합된 완벽한 사진이었다. 하나의 작품이었다. 핸드폰으로도 그런 멋진 사진을 찍을 수 있다는 것 자체가 놀라웠다. 따스함과 나는 채팅방에 올라오는 '은고'의 사진에 진심으로 경의를 표했다.

  2주 전쯤 〈아지트〉에서 관광명소에 대한 수다를 떨었다. '은고'는 부산이 최고라며 초대의 글까지 남겼다. 처음에는 그냥 하는 말이겠거니 생각했다. 아니었다. 진심이 담긴 마음이 느껴졌다. 우린 부리나케 날을 잡았다. 그런 계기로 당일치기로 부산에 내려오게 된 것이다. '은고'의 얼굴을 보고 싶었다. '따스함'은 개인 사정으로 함께하지 못한다는 답변에 아쉬웠다. '은고'의 초대에 앞뒤 안 가리고 새벽같이 부산으로 달려갔다. 우린 해동용궁사의 철썩이는 맑은 바닷물을 눈에 담고 대변항으로 자리를 옮겼다. '대변항'은 〈아지트〉에서 몇 번 들었던 단어라 낯설지 않았다. '은고'가 가끔 낚시를 하러 왔던 곳이다. '은고'는 낚시를 즐겼다. 일상을 소통할 때 낚시터와 물고기 사진도 몇 번인가 공유했다. 우린 카페로 들어가 '대변항'이라고 쓰여 있는 커다란 팻말이 바로 보이는 곳에 앉았다. 커피를 마시며 그녀와 난 어색한 분위기에서 이야기를 이어 갔다. '은고' 이야기가 나오면서 분위기가 풀어졌다. 나랑 그녀가 입을 맞춘 시점은 '은고'의 사진 찍기 기술이 예사롭지 않다는 대목이었다. 동생 사진이 신비스럽다고 극찬했다. 그녀는 동생과 같은 배경을 두고 찍어도 절대 같은 사진이 나오지 않는다며 웃어 댔다. '은고'의 사진 찍기 내공의 비밀이 궁금한 건 나뿐만 아니라 '자몽가득'도 마찬가지였다.

 우린 통창 밖 항구 풍경을 바라보기도 하면서 웃음꽃을 피웠다. 대변항은 멸치 축제로 유명한 곳이었다. 전국 멸치 생산량의 육십 퍼센트를 차지한다고 하니 이곳은 국내 최대 멸치 산지인 셈이다. 매년 개최되는 멸치 축제에는 멸치 회 무료 시식과 멸치 털기 체험 등 알차게 즐길 수 있다며 마치 멸치 축제 홍보대사라도 된 것처럼 안내는 계속되었다. 우린 마지막 코스로 이동했다. 그곳에서 '은고'를 만나기로 했다. 괜스레 설렜다. 난 '은고'의 얼굴과 정확한 나이조차 모르고 있었다. 아지트에 내 사진을 미친 척하고 냅다 던진 적은 있었지만 '은고'는 사진조차 공개하지 않았다. 베일에 가려진 그녀를 향한 상상력만 커갔다. 택시가 미끄러지듯 범어사 앞에 우리를 내려 주었다. 몇 달 전 '은고'가 보내준 범어사 풍경 사진에 난 그만 푹 빠져들었다. 이곳에 와보고 싶었다. 꿈도 아닌데 꿈처럼 난 범어사 앞에 서 있었다. 주차장 한가운데 수령이 오백 년은 족히 넘어 보이는 은행나무가 보였다. 잎을 다 버린 나무였지만 위풍당당하고 강인한 몸짓에 난 절로 고개를 숙였다. 긴 세월 동안 범어사와 역사를 같이한 수호목이었다. 범어사는 한마디로 웅장했다. 생각했던 것보다 훨씬 규모가 컸다. 유능한 가이드는 이번에는 범어사를 소개했다. 해인사, 통도사와 더불어 영남의 3대 사찰이라는 것과 템플스테이도 운영한다고 했다. 오르막으로 된 얕은 기와 담장 양옆으로 길게 뻗은 대나무가 하늘에 닿을 듯했다. 겨울에도 초록으로 살아 내는 대나무의 싱그러움에 넋을 잠시 잃었다. 마침 내가 좋아하는 낮달이 보여 낮달과 함께 곡선미를 자랑하는 기와 처마 끝을 한 프레임에 넣기 위해 몸을 구겨 보기도 했지만 역시 사진은 내 맘대로 찍히는 것이 아니었다. 난 '은고'가 아니었다.

우린 절 밑으로 S자로 구부러진 길을 따라 한참 걸었다. 곡선 길이 끝나는 곳에 카페가 하나 있는데 그곳에서 '은고'가 기다리고 있었다. 난 갑자기 기운이 나면서 발걸음이 빨라졌다. 이젠 드디어 볼 수 있구나! 다른 건 몰라도 걷는 건 자신 있다. 오래전 남편이 내게 '국토대장정'에 나가라는 말까지 했다. 물론 지금은 체력이 떨어져 언감생심 욕심을 부리지 못한다. 조금만 무리해도 피로가 몰려오기 십상이다. 카페가 멀리서 보였다. 내가 상상하던 모습과 비슷할까? 입구가 보일 만큼 가까워졌을 때 '은고'가 두 팔을 흔들며 우리에게 달려왔다. 밝은 에너지가 느껴졌다. 나와 마찬가지로 반가움으로 가득 차 있었다. 우린 따스한 차를 마시며 한 시간 넘게 담소를 나눴다. '은고'는 나보다 한 살 어렸다. 액면으로 따지자면 나보다 열 살 정도 어려 보였다. 마치 내 까마득한 동생을 바라보는 것 같아 내내 흐뭇한 눈빛으로 '은고'

를 바라봤다. 요새 몸이 좀 부었다고 했다. 오늘도 갑작스럽게 병원에 다녀오느라 이제야 상봉하게 되어 미안하다는 말을 덧붙였다. 난 온종일 그녀를 만나기를 기다렸다. 그만큼 더 반가웠다. 그녀는 얼굴이 부어서 동그랬지만 귀여웠다. 내가 얼굴이 부었다면 못 봐줬을 텐데 '은고'는 아니었다. 동그래진 얼굴이 더 친근해 보였다. 부은 몸이 이 정도라면 부기가 빠지면 너무 빼빼 마른 몸이 될 것 같았다. 난 살집이 있어야 좋게 보인다. 너무 마른 사람을 보면 안쓰러운 마음이 먼저 든다.

한창 수다 삼매경에 빠져 있을 무렵 혹여 기차를 놓치면 어쩌나 하는 마음에 난 시계를 들여다보았다. '자몽가득'이 이미 알람을 설정해 놓았다며 걱정하지 말라고 했다. 알람이 울리면 바로 택시를 부를 것이라고 환하게 웃었다. 끝까지 사려 깊은 배려가 고마웠다. 난 어디서도 볼 수 없는 부산 최고의 가이드라며 엄지를 들어 올렸다. 나에 대해 모르는 것이 없었기에 취향 저격의 유능한 맞춤형 가이드가 확실했다. 파주에 오면 그땐 제가 파주 제일의 가이드가 되겠노라고 말도 안 되는 큰소리를 쳤다. 자타공인 길치인 내가 할 말은 아니지 않느냐는 식의 은근한 남편의 시선과 마주쳤다. 코딱지만 한 아파트 지하 주차장에서 길을 잃어 헤맨 전적이 있으니 부정할 수 없는 일이다. '은고'는 6개월 뒤 얼굴 부기가 빠지면 파주에 오겠다고 잔뜩 기대하는 얼굴빛으로 날 바라봤다. 남편과 나는 벌써 보여 주고 싶은 장소를 작은 소리로 말하며 눈빛을 주고받았다. 마음속으로 각자 노선을 짜고 있었다. 남편과 난 여러모로 다르지만 성격 급한 건 같다. 오늘 극진한 대접을 갚을 생각에 벌써부터 마음이 부산해졌다. 시간은 금세 흘러 택시는 카페 앞에서 우릴 기다리고 있었다.

 부산역에 도착하니 이십분가량 여유가 있었다. 우린 샌드위치와 두유로 저녁을 때우고 기차에 올랐다. 자리에 앉으니 피곤함이 밀려와 절로 눈이 감겼다. 남편이 내 손을 잡으며 고생했으니 한숨 자라고 했다. 남편에게 고마웠다. 혼자 얼마나 머쓱했을까? 무안하기도 했을 것이다. 변하기 전 남편은 오늘 같은 상황조차 받아들이기 어려운 사람이었다. 세상 변하듯 남편도 많이 바뀌었다. 그것처럼 감사한 일도 없을 것이다. 난 눈을 감고 부산에서의 하루를 곱씹었다. 마치 필름 넘기듯 한 컷씩 떠올렸다. 꿈을 꾼 것 같았다. 온라인에서 인연이 되어 오프라인으로 만나는 기회는 흔치 않으니 말이다. 오늘은 부산을 배경으로 기억의 한 갈피가 채워졌다. 잊지 못할 소중한 추억으로 남겨질 것이다. 많은 장면들 중 '자몽가득'과 '은고'가 존재하는 사진은 반짝반짝 빛나고 있었다. 난 파주에서 다시 만날 날을 꿈꾸며 깊은 잠 속으로 빠져들었다.

두 번째

 이른 아침 부산행 기차에 올랐다. 간밤에 '자몽가득'이 부고 소식을 전했다. 마음의 준비는 하고 있었다. 올 것이 오고야 말았다는 생각에 한동안 멍하니 있었다. 힘이 빠져 다리와 손이 흐물거리는 느낌이었다. 올해 1월 말 부산에 다녀온 후 11개월 만이다. 남편은 새벽같이 집을 나서는 나에게 하지 않아도 될 잔소리를 늘어놓았다. 어지간히 걱정하는 눈치였다. 마치 어린아이를 우물가에 보내는 것처럼 전전긍긍했다. 그도 그럴 것이 혼자 멀리 떠나는 것은 처음이었다. 남편은 길 잃지 말라고 신신당부했다. 지금은 어림도 없는 일이다. 길을 잃어버리고 싶어도 그렇게 하지 못하는 시대에 살고 있다. 핸드폰에 길 찾기 앱을 깔고부터는 어디든 갈 수 있다. 사실 난 대단한 길치였다. 젊은 시절 두어 번 길을 잃고 헤맨 적이 있다. 남편은 그 일을 두고두고 회자한다. 이제는 잊어버릴 때도 되었건만 쉽게 잊지 못한다. 그때와 지금은 딴판이다. 난 핸드폰을 흔들어 보이며 걱정하지 말라고 했다. 얼마나 편리한 세상에 살고 있는가. 버스나 기차 도착 시간은 물론이거니와 어느 칸에 타면 환승이 빠르다는 과잉 친절까지 베푼다. 기차는 한참 달렸다. 피곤해서 눈을 감고 잠을 청해 보려 안간힘을 썼지만 허사였다. 결국 책을 꺼내 들었다. 장례식장은 부산역에서 제법 가까웠다. 택시 기사에게 장례식장 이름을 고하니 바로 알아차렸다.

 '은고'의 얼굴을 마주하니 돌연 슬펐다. 삽시간에 눈시울이 뜨거워졌다. 사진 속 '은고'는 모자를 쓰고 활짝 웃고 있었다. 그토록 환하게 웃는 영정사진은 처음이었다. 그래서 더 마음이 아팠다. 실감이 나지 않았다. 그녀가 이제 지구상에서 같은 공기를 맡으며 살지 않는다는 생각에 가슴이 미어졌다. 죽음이 이렇게나 맥없고 간단한 것인가. 사람은 태어나면 반드시 죽게 되어 있다. 동전의 앞과 뒷면처럼 삶과 죽음은 하나다. 우리 인생은 죽음으로서 그제야 삶의 완성을 이루는 것이리라. 태어나는 순간부터 죽음을 향해 한 걸음씩 내딛는 것이라지만 '은고'는 너무 일찍 갔다. 그래서 안타깝다. 조금만 건강하게 더 살 수 있었으면 얼마나 좋았을까. 난 '은고'와 함께 파주 여행을 잠깐이나마 꿈꿨었다. 책을 좋아했던 그녀는 헤이리마을과 출판단지를 가보고 싶다고 말했었다. 깊은 한숨과 함께 아쉬움이 밀려들었다. 깔깔대며 웃는 그녀의 얼굴이 떠올랐다. 생전 딱 한 번 봤다. 그녀의 모습을 마주한 적이 없었다면 이토록 슬프지 않았을까? 부산 사투리를 진하게 쓰면서, "언니야."라며 나를 부르던 목소리가 귓가에 생생하다. 오랫동안 그녀와 인사를 나눴다. 내가 와줘서 기뻐하는 것 같았다. 꼭 오고 싶었다. 물리적으로 먼 거리지만 마지막 떠나는 그녀에게 인사하고 싶은 마음에 달려왔다. "언니야~ 걱정하지 말그레이. 나는 하늘나라에서 아프지 않고 잘 살 끼다."라고 나에게 속삭이는 듯했다. 그 말에 난 또다시 울컥했다. 눈물이 쉬이 그치지 않았다. 난 믿는다. 밝고 순수했던 그녀는 천국에서 아픈 날 없이 행복하게 살아갈 것을 말이다.

올 1월, 그러니깐 남편과 함께 '은고'의 얼굴을 보고 온 후 며칠 있다가 '자몽가득'으로부터 전화가 왔다. 약 한 시간 동안 이야기를 나눴다. 얼굴을 대면한 이상 더 이상 숨기지 못하겠다고 했다. '은고'가 살아갈 날이 얼마 남지 않았다는 말을 전했다. 난 어안이 벙벙했다. 마른하늘에 날벼락이라도 맞은 기분이었다. 은고와 일 년 동안 소통하면서 감기 걸렸다는 말조차 한 번도 들어 본 적이 없었다. 나야말로 잦은 통증에 아프다고 징징거렸을 뿐이다. 말기 암으로 투병 중인 그녀 앞에서 몹쓸 짓을 했구나 싶었다. 난 '은고'가 병마와 싸우고 있다는 사실을 전혀 눈치채지 못했다. 그만큼 언제나 밝았다. 말투도 그랬다. 시한부 인생이란 말은 믿을 수 없는 이야기였다. 꿈인가? 싶어 통화하다가 내 볼을 꼬집어 보았다. 아팠다. 꿈은 분명 아니었다. 몇 개월을 넘기기 어렵다는 이야기를 들었을 때 참았던 눈물이 터졌다. '자몽가득'과 나는 엉엉 울었다. 얼굴이 눈물과 콧물 범벅이었다. 목이 메어 제대로 나오지 않는 목소리로 우린 서로 웅얼거렸다. '은고'가 지금까지 살아 낸 것만으로도 기적이라고 했다. 선고받은 날보다 두 배의 시간을 더 살아 냈다고 말하며 울먹였다. 전화를 끊고도 한동안 눈물이 마르지 않았다.

온라인으로 일 년 동안 소통했던 터라 정이 많이 들었다. 더 정확히 말하자면 그녀는 글과 사진으로 날 홀렸다. 그녀와의 소통은 나의 작은 기쁨 중 하나였다. '자몽가득'과 통화 후 부음 소식이 도착할 때까지 11개월 동안 늘 불안했다. 비보가 언제 당도할지 모른다는 생각에 조마조마했다. '은고'의 고통이 극에 달했다고 했을 때 난 절망했다. 하느님께 기도했다. 그만 고통에서 벗어나게 해달라고… 그만 데려가 당신 곁에서 편히 쉴 수 있게 해달라고 간절히 애원했다. 사람이 죽지 않고 영원한 삶을 누릴 수 있다면 얼마나 끔찍한 일인가? 무한하지 않은 인생이기에 지금 살고 있는 이 순간이 더없이 소중하고 값진 것이다. 사랑하는 사람을 하늘로 보내는 일은 슬픈 일이다. 마음과 육체가 괴롭고 힘든 시간을 보내야 하기 때문이다. 아직 나에겐 더 많은 시간이 필요할 것이다. 지금의 죽을 것 같은 그리움도 슬픔도 결국 옅어져 버릴 날이 오고야 말 것이다. 하지만 끝끝내 나의 가슴속에는 영원히 잊히지 않을 것이다. 그것이 작은 위안이 된다.

은혼식 기념 여행

　제주를 찾은 날 뿌연 하늘이 우리를 맞았다. 청명한 하늘을 기대했는데 아쉬웠다. 이십오 년 전 신혼여행 이후로 단둘이 온 것은 처음이었다. 가족여행으로 두어 번 제주를 다녀갔다. 결혼 십 주년과 십오 주년이었다. 아이들도 좋아했다. 한 번은 사무실에서 제주도로 연수를 갔었다. 그 덕에 난 한라산 등반을 할 수 있었다. 폭설이 내린 그때의 한라산 설경을 잊지 못한다. 마치 꿈을 이룬 것처럼 행복했다. 남편은 신혼여행지로 괌이나 사이판을 원했다. 그곳들은 그 당시 신혼여행의 성지였다. 난 제주도를 가자고 졸랐다. 한 번도 가보지 않은 제주는 신비의 섬으로 느껴졌다. 남편을 어렵게 설득해 최종적으로 제주도를 택했었다. 지금도 가끔 남편은 해외로 신혼여행을 갔어야 했다고 결의에 찬 목소리로 주장한다. 난 제주가 좋았다. 상상한 대로 매력이 철철 넘치는 곳이었다. 뭍하고는 다른 이국적인 모습도 느낄 수 있으니 더 이상 바랄 것이 없었다. 가끔 그곳이 몹시 그리웠다. 우리 은혼식을 핑계로 아이들까지 버리고 제주행 비행기에 몸을 실었다. 올해가 결혼한 지 이십오 주년이 되는 해이다. 태어나서 오십 년을 살아 냈으니 정확히 내 인생 절반을 남편과 보낸 셈이다. 적지 않은 세월을 함께했다. 서로 다른 생활방식과 가치관을 가진 남녀가 아이를 낳고 가정을 꾸리고 산다는 것이 얼마나 힘든 일인지 경험해 본 자만이 알 수 있다. 목발을 짚고 마라톤을 완주하는 것보다 더 버거운 일이다.

  제주는 기대했던 대로 좋았다. 변하지 않는 모습으로 날 기다리고 있는 것 같았다. 뭘 하지 않아도 가는 곳마다 풍경이 마음을 평온하게 만들었다. 첫째 날 저녁 지인과 약속이 있었다. 삼 년 전 갑작스럽게 제주로 내려간다고 연락이 왔었다. 지금까지 남편과 연락을 이어 온 모양이다. 마침 내려간다고 하니 저녁을 함께 먹자고 한 것이었다. 어떻게 지냈는지 궁금했다. 얼굴을 마주한다는 생각에 즐거운 마음으로 한달음에 약속 장소로 향했다. 나보다 한 살 아래인 그와 남편과 나는 직장동료 사이였다. 그는 제주에 홀린 듯 내려갔다. 물론 미혼이었기에 가능했다. 난 그가 매우 부러웠다. 삶의 터전을 정리하고 그곳으로 떠날 수 있다는 용기에 놀랐다. 그는 약속 장소에 미리 와 앉아 있었다. 들어서는 우리와 눈이 마주치자 손을 높이 흔들며 반가운 미소로 반겼다. 짧은 곱슬머리였는데 단발머리를 하고 나타나서 흠칫 놀랐다. 곱슬머리를 길러 스트레이트파마로 생머리처럼 핀 모양이었다. 난 주책없이 웃음이 터졌다. 보헤미안 향기가 물씬 풍겼다. 기타 치고 노래하는 로커 같다고 놀리듯 말했다. 그는 자신을 알아봐 줘서 반가운 듯 입꼬리를 올렸다. 그렇지 않아도 고등학교 때 밴드부에서 기타를 쳤다고 들뜬 목소리로 말했다. 윤도현밴드랑 같은 무대에서 공연도 했었다고 신나게 떠들었다. 그땐 윤도현밴드보다 자기네 밴드가 더 인기가 좋았다고 웃어 댔다. 처음 듣는 소리였지만 거짓말 같지는 않았다. 대부분 기타 치는 사람들은 죄다 마르고 키가 큰 편이지 않은가. 머리 스타일까지 완벽한 그는 누가 봐도 기타리스트였다.

  그를 오래전 처음 보았을 때 자유로운 영혼의 소유자로 느껴졌다. 나뿐 아니라 주위 사람들도 같은 목소리를 냈다. 며칠 동안 함께 교육받을 기회가 있었는데 난 그의 무심함이 좋아 보였다. 아웅다웅 살고 있지 않은 느낌이랄까? 세상 그 무엇에도 얽매이지 않고 살아가는 사람처럼 보였다. 자유로움을 추구하는 자에게서 뿜어져 나오는 아우라일 것이라 확신했다. 우리 셋은 몸에 좋다는 전복이 듬뿍 들어간 밥을 먹었다. 밥상에는 바다에서 채취할 수 있는 수산물이 대부분이었다. 모두 입맛에 맞았다. 우린 느긋하게 먹었다. 이야기꽃을 피우느라 그럴 수밖에 없었다. 식사 후 식당과 가까운 카페에서 커피를 한 잔 마셨다. 날씨가 쌀쌀했지만 탁 트인 야외에 자리를 잡았다. 검은빛 밤바다의 철썩이는 파도 소리가 유난히 크게 들렸다. 낭만적이었다. 갑자기 숨겨 놨던 감성이 툭 튀어나오는 기분이었다. 이래서 여행은 좋은 것이다. 건조해 갈라졌던 마음에 물을 뿌리는 일이다. 게다가 여행지에서 반가운 옛 동료를 만나 담소를 나눌 수 있다는 것이 얼마나 즐거운 일인가. 그의 십 대 시절 추억을 들으며 많이 웃었다. 역시 과거란 재미있는 이야기투성이다. 어린 시절 철부지였던 모습을 지금의 성숙한 자아로 회상해 보면 피식하고 웃음이 나오는 것은 당연한 일일 것이다. 제주살이 경험도 흥미로웠다. 은근히 텃세가 있다고 했다. 역시 제주라고 예외는 아니었다. 사람 사는 곳이라면 어느 지역이든 텃세는 존재할 것이다.

  나도 언젠가 심신이 자유로워지면 제주에서 한 달 살아 보고 싶다는 생각을 여러 번 했었다. 아름다운 섬에서 유유자적 생활하는 그가 부러웠다. 숨은 맛집도 많다며 고급 정보를 주는 양 의기양양한 목소리로 우리에게 소개해 줬다. 직접 발품을 팔아 얻은 정보니 그럴 만했다. 맛집뿐이랴 꼭 가보라는 장소도 몇 군데 추천받아 메모장에 적었다. 4월 초였지만 밤공기는 찼다. 그가 갑자기 기침을 했다. 바닷가 찬바람 때문이었다. 빼빼한 그의 몸이 증명하듯 그는 약골이었다. 찻잔을 다 비우지 못하고 서둘러 일어섰다. 헤어지기 전 그가 커다란 쇼핑백 하나를 건넸다. 그 안에는 제주도 지도 몇 개와 보리빵과 쑥빵, 빙떡, 한라봉과 천혜향 몇 개가 들어 있었다. 밤에 출출할 때 간식으로 먹으라고 했다. 감동이었다. 우리를 위해 고민하며 하나둘 사서 넣었을 것을 생각하니 그의 정성이 고스란히 느껴졌다. 이런 사소한 것에서도 그의 성격이 나오는 것 같아 한참을 웃었다. 여성의 섬세함이랄까? 그에게서 그런 감성을 자주 느낄 수 있었다. 대화가 잘 통할 수 있었던 원인이기도 했을 것이다. 우린 다음을 기약하며 아쉬움에 손을 한참 동안 흔들었다. 생각했던 것처럼 잘 살아 내고 있는 것 같아 흡족했다.

둘째 날에 오름을 올랐다. 태풍이라도 온 것 같이 바람이 세차게 불었다. 옷을 좀 더 따스하게 입고 오지 않은 것에 대한 후회가 밀려왔다. 오를 땐 그리 불던 바람이 내려올 때는 잔잔해지면서 금세 날이 따스해졌다. 제주는 날씨 변덕이 심한 곳이다. 오설록 녹차밭에 들러 어린 새잎을 우려 마셨다. 향 좋고 따스한 차 한 잔이 날 행복하게 했다. 우린 모처럼 만에 여유로움을 즐겼다. 다른 것 신경 안 쓰고 고요한 시간이 좋았다. 절로 힐링되었다. 남편과 둘이서만 여행한 적이 언제였는지? 가물가물하다. 결혼 이십오 주년을 다른 말로 은혼식이라고 불리는 것을 아이들 덕에 알았다. 기념일을 잊고 산 지 오래다. 생각지도 않고 있었는데 아이들의 깜짝 이벤트에 놀랐다. 그토록 황송한 대접은 처음이라 어리둥절했다. 남녀 실루엣이 그려진 케이크 가운데 숫자 이십오가 새겨진 초가 꽂혀 있었다. 테두리에 장미꽃이 예쁘게 그려진 플래카드도 거실벽에 붙었다. 은혼식을 축하한다는 내용과 남편과 나란히 찍은 사진이 박혀 있는 패까지 전달받았다. 감동의 쓰나미였다. 기대조차 하지 않고 있었기에 격한 감격에 기절할 뻔했다. "한참 꽃피울 가장 찬란하고 아름답던 시절, 자식들을 꽃피우기 위해 기꺼이 거름이 되길 자처하신 나날들"

이란 문장을 보자마자 간신히 참고 있던 눈물이 터졌다. 역시 난 텍스트에 약하다. 패에 있던 "한참 꽃피울"이란 말이 나의 감성을 건드렸다. 내 나이 스물다섯에 결혼해서 이듬해 큰아이를 낳고 키웠다. 그 많은 세월이 쉽지 않았다. 비교적 사는 게 원래 그런 거라며 순응하며 살았다. 세상과 싸울 힘도 없었다. 난 아이들에게 시선을 옮기며 흐뭇한 미소를 지었다. 너희들이 있어 엄마는 참말로 좋다는 말을 전했다. 아이들 없는 삶은 상상하기조차 싫다. 힘든 시간 속에서 삶을 지탱해 주던 존재였다. 아이들을 키우면서 배우는 것도 많았다. 결국 나를 성숙시켰던 장본인인 셈이다.

점심은 맛이 좋다고 소문난 식당에서 보말 국수를 먹었다. 역시 맛집이라 점심시간이 훌쩍 지난 시간이었음에도 밖에서 한참을 기다렸다. 오랜 시간 기다린 보람이 있었다. 보말 국수 맛은 기가 막혔다. 난생처음 맛보는 신비스러움에 놀라 눈이 똥그래졌다. 제주도를 몇 번 방문했지만 보말 국수는 처음이었다. 이토록 맛있는 음식을 이제야 영접하다니 아쉬움마저 밀려왔다. 다음번에 제주에 올 기회가 있다면 무조건 보말 국수는 먹으리라 다짐했다. 점심을 먹고 운동 삼아 걸었다. 이미 이만 보를 훌쩍 넘기고 있었다. 저녁에는 제주에 가면 꼭 먹어야 한다는 흑돼지 오겹살을 먹었다. 뭍에서는 먹기 힘든 귀한 고기였다. 맛있었다. 씹을수록 고소했다. 희소성의 법칙은 먹는 음식에도 예외는 아니었다.

저녁을 먹고는 협재해수욕장으로 향했다. 난생처음 바다에서 낙조를 바라보았다. 난 석양을 매우 좋아한다. 해가 지면서 세상이 은은한 붉은빛으로 물들여지는 모습은 비현실적인 아름다움으로 느껴진다. 역시 바다에도 바람은 유난했다. 사진을 제대로 찍을 수가 없었다. 머리칼은 자기 맘대로 사방으로 휘날렸다. 도저히 앞모습을 찍을 엄두를 내지 못했다. 사실 바람은 핑계다. 앞모습은 자신이 없다. 대부분 뒤태만 찍어 달라고 부탁하는 편이다. 학창 시절 남동생 말은 충격이었다. 집이 외딸아서 버스에서 내려 허허벌판을 십여 분 걸어 들어가야 했다. 가로등 하나 없는 칠흑 같은 캄캄한 시골길을 걷는 것은 공포였다. 무섭다는 이야기를 엄마에게 종종 했었는데 별다른 방법이 없었다. 어느 날 남동생이 가방에 넣고 다니라며 미니 플래시를 내게 건넸다. 역시 누나를 챙기는 건 동생밖에 없다며 환하게 웃어 줬다. 동생은 누군가 나타나면 플래시로 얼굴을 비추라고 했다. 누나 얼굴에 놀라 누구든 도망갈 거라는 말에 난 동생을 째려봤다. 깊은 상처를 받았다. 그 후 얼굴에 대한 자신감이 급속도로 떨어졌다.

제주는 생각했던 것보다 더 좋았다. 푸른 바다를 신물이 나도록 눈에 담았다. 한편으로 여행은 피곤하다. 잠자리를 옮기면 영락없이 잠을 이루지 못한다. 이번에도 그랬다. 이런저런 이유에서 난 여행 체질은 아니다. 워낙 싸돌아다니는 것을 싫어하는 데다가 여행 다녀오면 며칠 앓는다. 가급적 여행을 피하며 살아왔다. 이번에도 미리 알았으면 말렸을 것이다. 떠나기 며칠 전 남편은 깜짝 이벤트라며 나를 놀래켰다. 나에게 미리 말도 하지 않고 예약을 다 마쳤다고 고백했다. 난 언짢은 표정을 지었다. 미리 이야기했으면 그러라고 했겠냐고 따져 물었다. 사실이었다. 난 아무런 말도 하지 못했다. 짧은 시간이었지만 제주 바람 쐬고 돌아오니 좋다. 남편은 여행을 좋아한다. 내가 거기에 부응하지 못하며 살았기에 남편은 불만이 꽤 많을 것이다. 남편에게 미안한 일이지만 어쩔 수 없다. 남편의 이해를 바랄 뿐이다. 잠깐의 일상탈출은 역시나 좋다. 가끔은 그런 충전의 시간도 필요하다. 제주의 푸름을 잔뜩 눈 속에 담아 왔으니 한동안은 내가 바라보는 세상은 푸른빛일 것이다. 긍정의 푸르름을 즐겨 볼 생각이다.

운전 공포증

 작은 아이가 흡족한 미소를 지으며 운전면허증을 나에게 내밀었다. 위·변조 방지를 위한 고선명 홀로그램 때문에 형광등 불빛을 받은 면허증은 은은한 빛을 띤 채 반짝였다. 아이를 바라보며 축하한다고 엄지를 들어 올렸다. 올해 고등학교를 졸업한 작은아이는 얼마 전 운전면허 학원을 등록했다. 필기부터 실기와 주행까지 4주 만에 운전면허를 땄다. 생각보다 빨리 취득해서 놀랐다. 기특하다고 등을 두드려 줬다. 이제 온 가족이 차를 운전할 수 있는 자격이 주어졌다. 난 운전면허증을 스물셋에 받았다. 집과 직장이 멀어 버스를 타고 출퇴근했는데 불편한 점이 이만저만 아니었다. 배차시간이 길고 노선이 꼬여 많은 시간이 걸리는 건 둘째 치더라도 한 번 갈아타야 해서 번거로웠다. 면허를 따서 자동차로 출퇴근하는 것을 목표로 운전면허 학원을 등록했다. 필기와 코스는 한 번에 통과했는데 주행에서 불합격했다.

언덕에 섰다가 출발할 때 차가 뒤로 많이 밀린 탓이었다. 다행히 그다음 번 시험에서 최종 합격했다. 난 붓고 있던 적금을 깬 돈으로 자동차를 샀다. 그 당시 국민차로 선풍적인 인기몰이를 하고 있던 티코였다. 정말 작았다. 난 슈퍼티코를 선택했다. 그냥 티코보다 더 튼튼해 보였다. 자줏빛이 도는 빨간색이었다. 친구들에게 말할 때 난 항상 '슈퍼'를 붙여 '슈퍼티코'라고 말했다. 평소 연락 안 하고 지내던 친구에게 전화가 왔다. "너 스포티지 뽑았다며?"라고 묻는 소리에 웃음이 났다. 역시 말은 몇 사람에게 옮겨지면 와전되기 십상이다. 발음이 비슷하니 그럴 만했다.

내 차를 볼 때마다 사람들은 놀려 대기 일쑤였다. 바퀴에 껌이 붙으면 굴러가지 않는다는 둥 차 꽁무니에 자석을 대고 있으면 앞으로 달려갈 수 없다고도 했다. 말도 안 되는 이야기를 늘어놓았다. 좋은 말도 몇 번 반복해서 들으면 별로인 법이다. 하물며 좋지 않은 말은 기분 좋을 리 없다. 어쭙잖은 말을 듣는 것에 이력이 났다. 처음에는 들을 때마다 웃었지만, 나중에는 웃음도 나오지 않았다. 한번은 강력하게 치고 들어온 친구가 있었다. 너무나 강력해서 난 그만 웃음이 터지고 말았다. 느닷없이 친구가 물었다. "한계령을 티코가 올라가다가 계곡으로 굴러떨어졌거든. 근데, 다친 사람 한 사람 없이 구조되었대. 왜 그런 줄 알아?" 난 가만히 듣고 있다가 생각에 빠졌다. 아무리 궁리를 해봐도 알 길이 없었다. 모른다고 했더니 친구는 정답을 바로 말했다. "거미줄에 걸려서." 난 입을 비쭉거렸다. 얼마나 황당한 이야기인가.

곧 웃음이 터진 건 곱씹을수록 말이 되는 소리 같아서였다. 사람들의 상상력과 창의력은 가히 대단하다. 이야기를 만들어 내는 능력은 인간만이 가지고 있는 고유한 특징이자 능력이다. 도대체 어떤 사람들이 이런 황당하면서도 재미있는 유머를 지어냈을까? 진심 궁금하다.

 자동차로 출퇴근하니 시간이 절약되어서 좋았다. 무려 한 시간이 내게 덤으로 생긴 듯해서 뿌듯했다. 언젠가 비가 억수같이 쏟아지는 날이었다. 급하게 처리할 일이 생겨 야근을 했다. 늦은 밤 집으로 달려가는데 앞이 잘 보이지 않았다. 처음 겪는 일이었다. 중앙선조차 보이지 않았다. 낮이라면 상황이 좀 나았을 것이다. 나도 모르게 손에 힘이 들어갔다. 퍼붓는 빗방울이 차 지붕을 뚫고 들어올 기세였다. 요란한 빗소리와 함께 내 귀에 들리는 건 경박하게 왔다 갔다 하는 와이퍼 소리뿐이었다. 한참을 달리는데 갑자기 뒤에서 대형자동차가 라이트를 번쩍이며 쫓아왔다. 식은땀이 나기 시작했다. 내 뒤를 바짝 쫓고 있는 차량 때문에 긴장감은 배가 되었다. 꽁무니에 바짝 밀어붙이는 통에 마치 내 목을 쥐는 듯해 숨이 막힐 지경이었다. 룸미러로 힐끔 보니 덤프였다. 덩치가 너무 커서 부딪히는 날에는 뼈도 못 추릴 것 같았다. 덤프가 워낙 차체가 높아 티코가 그 밑으로 잡아먹힐 기세였다. 삽시간에 공포가 밀려들었다. 보통 주행 속도는 칠십이었다. 폭우 때문에 당최 앞이 보이지 않아 난 사실상 거북이처럼 기어가고 있었다. 두려움에 난 속도를 냈다. 죽기 살기로 달리기 시작했다. 속도를 내는데도 불구하고 덤프는 내 뒤를 한 치의 오차 없이 바짝 붙어 달렸다. 심장이 벌렁거리고 손이 떨리기 시작했다. 난 원체 소심한 사람이다. 내 심장은 곧 터져 버릴 것처럼 쿵쾅거렸다. 이러다간 내가 죽을 지경이었다. 이 공포의 레이스에서 벗어나는 것만이 살길이라고 판단했다. 길옆으로 공터가 보였다. 보였다기보다는 느낌으로 알아챘다. 매일 다니는 길이라 그쯤 오른쪽에 넓은 공터가 있었던 기억이 났다. 난 도로변에서 이탈하기 위해 핸들을 오른쪽으로 꺾었다. 그 순간 무엇인가에 부딪혔다. '쿵'하는 소리와 함께 자동차가 서버렸다. 덤프는 나를 피해 지나쳤다. 차에서 내려 보니 길가에 있던 큰 돌멩이와 부딪힌 것이었다. 큰 돌멩이가 원래 그곳에 있었던 걸까? 아무것도 기억나지 않았다. 갑작스런 사고에 머릿속이 하얘졌다. 생각보다 세게 부딪혔는지 목이 뻐근했다.

  휴대폰이 없던 시절이라 난 막막했다. 사고 소식을 집에 알리는 것이 급선무였다. 한적한 시골 동네에 공중전화가 있을 리 없었다. 주위를 둘러보니 50미터쯤 떨어진 곳에 서너 개의 반짝이는 불빛이 아른거렸다. 내 기억으로 열 시가 넘은 시간이었는데 실례를 무릅쓰고 가장 가까운 집 대문을 두드렸다. 서른 후반으로 보이는 아저씨가 대문을 벌컥 열면서 무슨 일이냐고 물었다. 난 자초지종을 설명한 후 전화 한 통 사용을 부탁했다. 날 위아래로 훑어보던 남자는 들어오라며 손짓했다. 전화기 있는 거실로 들어서면서 연신 흘끔흘끔 보는 시선과 집안의 고요함이 느

꺼지는 순간 공포에 사로잡혔다. 집에 저 남자 혼자 있는 것이라면 난 위험에 노출된 상태라고 직감적으로 느꼈다. 전화 한 통 쓰겠다고 겁도 없이 남의 집에 들어온 것을 자책했다. 빠른 판단이 필요했다. 난 현관문을 쏘아보고 있었다. 여차하면 달려 나가야 할 것이므로 다리에 바짝 힘이 들어갔다. 불안한 마음에 머리가 쭈뼛 섰다. 전화기가 현관에서 너무 멀리 있었다. 마치 날 유인이라도 하듯이 깊숙이 저 안쪽으로 자꾸 들어오라고 손짓했다. 정말로 멀리 전화기가 눈에 들어왔다. 순간 갈등했다. 더 들어가서 전화를 사용해야 할지, 지금이라도 당장 뛰쳐나가야 할지 마음속으로 수십 번 엎치락뒤치락했다. 더 이상 전진하면 만약의 경우 내가 도망치기에 불리해질 거리였다. 그때 드르르 미닫이 방문 열리는 소리가 들렸다. 일흔 정도 되어 보이는 할머니가 문틈으로 얼굴을 내밀고 날 쳐다봤다. 난 안도의 한숨을 몰아쉬며 전화를 쓰고 할머니께 정중하게 감사하다는 인사를 하고 도망치듯 나왔다. 돌이켜 보면 그때 할머니와 아저씨 얼굴은 기억에 전혀 없지만 두려움에 질식할 것 같던 공포감은 아직도 생생하다.

그 사건 이후 난 운전에 겁을 먹었다. 운전대만 잡으면 심장이 쿵쾅대고 뛰는 통에 안정을 찾기란 쉽지 않다. 달리던 차가 중앙선을 넘어 내 차를 받을 것 같은 두려움이 밀려오곤 한다. 사고가 날 것만 같아 불안한 마음에 심박수가 올랐다. 난 분명 '운전 공포증'을 앓고 있는 것이라 확신했다. 그래서 운전을 잘 못한다. 그저 출퇴근 때문에 어쩔 수 없이 달린 것이 전부다. 먹고사는 문제라 억지로 한 것뿐이지 그게 아니었다면 운전대를 잡지 않았을 것이다. 운전이 재미있다는 친구는 운전이 세상에서 가장 쉽다고 말했다. 액셀과 브레이크만 구분하면 할 수 있는 운전을 왜 그리 어렵게 생각하냐며 이해할 수 없다는 듯 고개를 갸웃거렸다. 그 친구가 부러웠다. 전국 방방곡곡 도로가 뚫린 곳이라면 어디든 달릴 수 있는 그녀의 용기가 탐났다. 난 원체 겁이 많다. 그 부분이 운전에까지 영향을 끼치리라고는 생각조차 하지 못했다. 출퇴근 외에는 운전대를 잡지 않았다. 상사를 태우고 출장을 갈 일이 생기면 긴장한 탓에 아랫배까지 아팠다. 난 절망했다. 우황청심환이라도 먹으면 날까? 싶어 출장 나가기 전 액상으로 된 청심환을 마셨다. 역시 효과는 탁월했다. 확실히 두근거림 증세가 생기지 않았다. 그렇다고 운전할 때마다 청심환을 먹을 수는 없는 노릇이었다. 그건 내가 온전히 극복해야 하는 문제였다.

내 나이 스물 무렵 아버지는 운전면허를 따겠다고 선포했다. 몇 개월 후 아버지의 운전면허 필기시험 수험표를 보게 되었다. 일곱 번이나 낙방한 탓에 수없이 많은 인지가 붙어 너덜너덜한 종잇장으로 변해 있었다. 아버지는 포기하지 않았다. 여덟 번째 드디어 합격했다. 난 만세를 불렀다. 아버지가 이번에는 꼭 합격하기를 간절히 바랐다. 아버지는 아파트 경비를 하셨는데 그 직업에 걸맞게 근면·성실했다. 매번 오토바이를 타고 출퇴근했다.

어느 날 피곤한 나머지 졸면서 달리다가 오토바이와 함께 논바닥 아래로 추락하는 사고를 당했다. 갈비뼈가 몇 개나 부러졌다. 사고 이후 아버지는 한동안 버스를 타고 다녔다. 거리가 꽤 멀었기 때문에 길에 버리는 시간이 많았다. 그 뒤로 아버지는 운전면허증을 준비했다. 예순이라는 나이에 쉽지는 않았을 것이다. 당당하게 면허를 따서 차를 끌고 다니겠다는 신념이 엿보였다. 하면 하는 사람이었다. '칠전팔기'라는 말처럼, 오뚜기처럼 포기하지 않은 결과였다. 아버지는 필기만 붙으면 실기는 문제없다고 했다. 말 그대로 이젠 따놓은 당상이라며 자신 있는 미소를 지었다. 필기시험에 합격한 기쁨을 주체하지 못하고 아버지는 당장에 차를 뽑았다. 평소 아버지는 성질이 매우 급했다. 보통 급한 것이 아니었다. 그렇다고 필기 합격에 차를 구입하다니 아버지의 엉뚱한 돌발행동에 가족들은 당황스러웠다. 특히 엄마는 마당에 주차되어 있는 자동차를 목격하고는 기절하기 일보 직전이었다. 아버지는 정말로 코스와 주행을 한 번에 통과했다. 가족들에게 운전면허증을 자랑스럽게 내보였다. 그 뒤로 아버지는 자주 콧노래를 불렀다. 문제는 아버지가 매우 급하게 운전한다는 점이다. 운전대만 잡으면 성격이 튀어나온다는 말이 맞았다. 난 두어 번 타고 나선 고개를 절레절레 흔들었다. 그 뒤로는 절대 타지 않았다. 도무지 불안해서 눈뜨고 지켜보기 힘들 정도다.

운전대를 잡을 때마다 나도 모르게 밀려오는 공포를 극복하고 싶은 마음이 간절했다. 그나마 한산한 도로는 운전하기 편했다.

차량이 많은 도심 쪽에 들어서면 순식간에 현기증이 찾아왔다. 남편은 나에게 '관내 면허'도 아니고 '가는 길 면허'의 소유자라며 면박을 주곤 했다. 웬만하면 운전하지 말라며 자신이 평생 충실한 기사 역할을 하겠노라는 말을 덧붙였다. 난 차량 뒤에 '초보운전'을 내내 붙이고 다녔다. 그것을 붙이면 마음이 조금은 놓였다. 운전에 능숙한 사람들이 서툴다고 욕하지 않을 것 같았다. 초보이기에 너그러운 마음으로 봐줄 것 같았다. 운전대에서 손을 놓은 지 4개월이 지났다. 속이 편해서 좋다. 앞으로도 어쩔 수 없이 해야만 하는 상황이 생긴다면 모를까? 그러기 전에는 하지 않을 생각이다. 뭐든 그랬다. 극복할 생각은 하지 않고 그냥 피해 버리기 일쑤였다. 나약한 존재라고 놀려도 좋다. 이젠 자책하지 않으리라. 운전 공포증을 극복해 낼 마음이 전혀 생기지 않으니 포기하는 편이 수월하겠다. 포기도 용기라는 말로 슬며시 위안을 삼아 본다. 운전할 수 있는 가족 한 명 더 늘었다는 것에 마음이 한껏 들떴다. 그저 가족 모두의 안전운전을 염원할 뿐이다.

허황된 꿈

 삼십 년 전 갓 스물의 나이로 접어들던 때 나의 꿈은 48킬로그램의 몸무게를 갖는 거였다. 뚱뚱했던 나의 스물은 그렇게 허황된 꿈으로 시작되었다. 주변 사람들은 나를 바라보며 부잣집 맏며느릿감이라고 입을 모았다. 그건 아마도 나의 후덕한 신체에 대한 깊은 배려의 말이었을 것이다. 듣기 좋으라고 하는 소리였다. 그들의 마음 씀이 무색하게 전해 듣는 나의 기분은 별로일 때가 많았다. 학창 시절 약골이었다. 환절기와 겨울에는 감기를 달고 살았다. 유독 여름에만 감기에 걸리지 않아 난 여름이 가장 좋았다. 내가 고등학교 3학년 때 엄마는 용한 한의원에서 한약을 지어 왔다. 명성에 걸맞게 정말로 용했다. 난 그 한약을 먹고 15킬로그램이 불었다. 단 6개월 만이었다. 없던 입맛이 도니 살이 찔 수밖에 없었다. 밥상을 뒤돌아서면 다시 배가 고파왔다. 난생처음 겪는 일이었다. 엄마는 신이 나서 끼니때마다 고봉밥을 퍼주었다.

 삽시간에 불어난 몸 때문에 맞는 옷이 하나도 없었다. S 사이즈를 입다가 L 사이즈로 두 계단을 껑충 뛰니 대충 입을 수도 없었다. 몸이 무거웠다. 배도 불룩했다. 고개를 숙이면 턱이 두 개로 접혀서 흉했다. 옷을 깔끔하게 입으려 해도 쉽지 않았다. 항상 웃옷을 바지 밖으로 길게 꺼내 입었다. 옆자리에 근무하던 동료가 나를 빤히 쳐다보며 내가 감자랑 많이 닮았다고 했다. 거울을 보니 정말 그랬다. 허여멀건 피부에 살이 붙어 부어오른 얼굴에 눈, 코, 입만 표시된 모습이 감자와 비슷했다. 그동안 불린 별명 중 나의 외모와 가장 흡사했다.

 몸무게 48킬로그램이라는 꿈은 아이러니하게도 내 나이 마흔여덟에 이루어졌다. 잠자기 전 샤워를 하고 체중계 위로 올랐다. 47.7이라고 찍힌 반짝이는 숫자를 본 순간 공포가 밀려왔다. '이러다가 말라 죽는 것 아냐?' 무려 삼십 년 만에 이룬 꿈인데 기쁘기는커녕 두려움에 사로잡혀 덜덜 떨었다. 작년에 두 차례 수술 후 급격하게 체력이 떨어졌다. 가장 문제가 된 것은 입맛이 없어졌다는 것이다. 그러니깐 열아홉 살 보약을 먹기 전으로 돌아간 것이다. 보약을 먹은 후로는 감기에 걸려도 입맛이 떨어지는 현상은 없었다. 밥 한 그릇을 뚝딱 먹어 치웠다. 왼쪽 신장이 제구실을 못 하면서부터 먹는 즐거움이 감쪽같이 사라졌다. 병원에서는 잘 먹고 잘 자야 회복이 빠를 것이라 했지만 밥맛이 없는 탓에 나에게 먹는 것은 그저 생존을 위한 최후의 수단으로 전락했다. 몹시 슬픈 일이었다. 먹는 낙으로 살아왔던 나로서는 하늘이 무너지는 일이었다. 나는 다시 고양이 밥을 먹기 시작했다. 회복기에는 밥알이 모래알 같아 넘기기도 힘들었다. 밥 한 숟가락과 반찬을 입에 넣고 한참을 씹었다. 그것을 목구멍 뒤로 넘기는 것조차 큰 힘이 필요했다. 생존을 위한 몸부림이었다. 내 앞에 놓인 밥은 좀처럼 줄어들지 않았다. 먹어야 살 수 있다는 마음가짐으로 무리해서 먹으면 속이 거북했다. 참고 먹으면 급기야 울렁거렸다. 이러다간 토할지 모르겠다는 생각에 수저를 힘없이 내려놓기 일쑤였다.

그러던 중 사무실에서 일박이일로 과장, 팀장을 모시고 지방을 다녀와야 하는 출장 일정이 잡혔다. 마음이 무거웠다. 같은 부서 여직원들은 육아 때문에 갈 수 있는 형편이 못 되었다. 결국 내가 적임자라는 말에 고개를 끄덕였다. 운전은 다른 직원이 하기로 했다. 그렇게 넷은 지방으로 떠났다. 그들과 난 총 네 끼의 식사를 했다. 매번 끼니때만 되면 몹시 불편했다. 평소 남기는 것을 싫어하는 과장님의 타박을 듣기 싫어서였다. 아무리 꾸역꾸역 먹어도 내 밥그릇엔 밥이 반이나 남겨져 있었다. 나머지 사람들은 싹싹 비워 냈다. 그것도 맛있다는 추임새를 연거푸 쏟아 내며 먹었다. 과장님은 나를 바라보며 한마디 했다. "아니 그렇게 밥을 먹지 못해서 어떡하니?", "네가 그래서 몸이 좋지 않은 거 아니니?" 안타까운 얼굴빛으로 한참 나를 바라보는 시선이 부담스러웠다. 일부러 먹지 않는 것도 아니고 속에서 받아 주질 않아서였다. 나도 한때 밥심으로 살던 사람이다. 아무리 피곤해도 아침밥을 지어 식구들과 함께 먹었다. 밥을 먹지 않고 출근하면 버텨 낼 재간이 없었다. 더군다나 그땐 입맛이 좋아서 아침밥조차 맛있었다. 간장 하나만 넣고 비벼 먹으라 해도 밥 한 공기는 우습게 게 눈 감추듯 먹었을 것이다. 난 아파서 입맛을 잃은 것뿐이다. 그러니깐 밥을 먹지 않아서 아픈 것이 아니었다.

식사 때마다 똑같은 레퍼토리의 잔소리는 계속되었다. 비단 과장님뿐 아니라 어르신들은 밥을 잘 먹는 사람들을 좋아하기 마련이다. 가끔 시댁에 가서 밥을 먹을 때도 곤욕을 치렀다. 시어머님은 내게 자주 말했다. "아니, 넌 겨우 그거 먹고 어떻게 생활하니?", "밥이 보약이란 말처럼 많이 먹어야 몸 상태가 호전될 것 아니니.", "우리 집에서 너만 건강하면 내가 소원이 없겠다." 가뜩이나 먹는 것과 사투를 벌이는 시간에 들리는 소리는 나의 고막을 더 심하게 자극했다. 고통스러웠다. 좋은 이야기도 한두 번이면 족하다. 밥 먹기도 전에 들려오는 잔소리는 밥맛을 더 떨어뜨리기만 한다. 도움이 전혀 되지 않는다. 엄청난 폭력으로 느껴졌다. 퇴사 후 끼니 중간중간 간식을 먹는다. 억지로 먹는다. 먹고 싶어서 먹는 것은 아니다. 나는 체중을 올리는 데 최선을 다하고 있다. 그 노력은 체중계의 숫자가 증명해 주고 있다.

남편은 수시로 나의 몸무게를 체크한다. 며칠 전 체중계에 나타난 51이라는 숫자를 보더니 환하게 웃으며 박수를 쳐댔다. 각자 방에서 문을 닫고 지내는 아이들까지 죄다 불러 기쁜 소식을 알렸다. 앞으로 4킬로그램만 찌우면 된다. 내가 희망하는 몸무게를 달성할 날이 얼마 남지 않았다. 살을 찌우기 위해 고군분투하는 날이 올 줄이야 누가 알았겠는가. 그렇게 쪄라, 쪄라 해도 찌지 않던 살이 쉬니깐 붙는다. 아무래도 스트레스 덜 받아서 그럴 것이다. 등짝에 붙으려고 하던 뱃가죽이 이젠 앞으로 튀어나오기 시작했다. 살며시 자신의 존재감을 드러내는 뱃살을 느끼고 있으면 행복하다.

일 년 전 건강 검진할 때 마지막으로 전문의와 면담이 있었다. 의사는 내가 체지방량이 너무 적어서 문제라고 말했다. 체지방이 웬만큼 있어야 하는데 너무 없다 보니 몸이 무너져 내리는 거라고 했다. 체지방량이 차라리 표준 이상인 편이 덜 위험하다는 소리를 덧붙였다. 인바디 측정 결과지에 표시되어 있던 체지방량의 그래프는 표준 이하 칸 반의반도 못 가서 멈춰 있었다. 고기를 먹지 않고 채식 위주의 식습관이 불러온 결과일지도 모르겠다. 원체 먹는 양이 적어서 그럴 수도 있다고 생각했다. 가끔 친구나 동생들을 보면 내가 보기에는 적당해 보이는데 본인 스스로는 뚱뚱하다고 생각해 다이어트를 하는 경우를 종종 목격한다. 그럴 때마다 한숨이 나온다. 마른 몸매가 뭐가 좋다고 저러는지 도무지 이해할 수가 없다. 하긴 나도 아픈 경험을 하고 나서야 깨달았으니 지금 내가 아무리 이야기해도 그녀들은 콧방귀만 뀔 것이다.

오전에 친구로부터 안부 전화가 왔다. 이런저런 이야기를 나누다가 입맛이 사라졌다는 나의 말에 친구가 부럽다고 했다. 자기도 그랬으면 좋겠다고 한숨을 깊게 내쉬었다. 입맛이 있어도 너무 과해서 탈이라고 웃어 댔다. 입맛을 잃으면 건강을 잃는 것과 마찬가지다. 맛있는 음식을 먹는 재미를 느끼지 못하며 산다는 것이 얼마나 슬픈 일인지 모른다. 물론 겪어 보지 않으면 모른다. 아파 보기 전에는 절대 이해할 수 없다는 걸 안다. 입맛이 떨어지는 약도 불티나게 팔린다는 소리를 뉴스에서 본 적이 있다. 다이어트 제품 시장의 규모가 해마다 늘어나고 있다고 했다. 난 솟구치는 입맛의 소유자인 네가 한없이 부럽다고 했다. 친구가 자기랑 나랑 반반 섞었으면 좋겠다는 바람을 이야기해 한참을 웃었다. 실제로 그리될 수만 있으면 얼마나 좋을까? 나이 들면서 느끼는 건 아무리 노력해도 자신의 의지대로 되지 않는 일들이 많다는 것이다. 아무리 먹으려 해도 속에서 받지 않으면 아무 소용이 없는 것처럼 말이다.

 허황된 꿈을 꾸던 통통했던 이십 대의 시절이 한없이 그립다. 물론 그때는 알아차리지 못했다. 다시 오지 않을 눈부시게 좋은 시절이라는 것을 말이다. 지나고 나서야 깨닫게 된다는 것! 어쩜 그게 인생일지도 모르겠다. 지천명이 된 나이에야 많은 부분을 이런 건 별일 아니라고 치부하지만, 철없이 어렸을 땐 모든 것이 다 별일인 것처럼 느껴지기 마련 아닌가. 이젠 나의 꿈은 밥맛이 꿀맛처럼 좋아지는 것이다. 이번에도 허황된 꿈일까?

괜찮아,
아무것도 아니야

나는 종합고등학교를 졸업했다. 줄여서 '종고'를 모르는 사람이 태반이었다. 그만큼 흔하지 않은 학교 형태였다. 보통은 '여·남고'나 '여상'으로 끝나는 것이 대부분이다. 내가 다니던 학교는 인문계와 실업계가 각각 두 개 반이었다. 학교는 면 소재지에 자리 잡고 있었다. 우리 집에서 고개 하나만 넘으면 시내였다. 고개가 워낙 구불구불해서 걸어서 약 사십 분가량 소요되었다. 시내로 들어서 중앙통로를 따라 오 분 정도 걸으면 왼쪽으로 매우 가파른 언덕이 나온다. 그 언덕 꼭대기에 학교가 있었다. 학기 초에는 높은 곳에 학교가 있는 것이 매우 불만이었다. 몇 개월 지나니 그것조차 익숙해져 쉽게 오를 수 있었다. 조금이라도 늦은 날이면 쉬지 않고 뛰어올랐다.

교문을 통과하자마자 터질 듯한 심장을 손으로 움켜쥐었다. 지각이 아니라는 사실 하나만으로 교실로 향하는 발걸음은 가벼웠다. 지각의 기준은 아침 여덟 시 반이었다. 그 시간 이후에 교문을 통과하면 벌이 내려진다. 보통 지각한 아이들은 운동장을 두세 바퀴 돌았다. 명찰을 달지 않았거나 옷차림과 두발이 불량한 학생들은 별도로 매질을 당했다. 특히 교련 선생님이 제일 무서웠다. 베트남전쟁에 참전한 경험이 있다고 했다. 마치 무슨 훈장이라도 받은 것처럼 자랑스러운 표정으로 어깨에 힘이 잔뜩 들어간 모습은 어쩐지 더 두려웠다. 학교 안에서는 항상 군복을 입고 군모를 쓰고 있었다. 오십 대 중반으로 보였는데 그 모습 자체만으로 주눅이 들었다. 손에는 지름 5센티미터 정도의 제법 굵은 몽둥이를 가지고 다녔다. 그의 손에 들려 있었기에 무엇보다 강력한 무기로 보였다. 꿈에서라도 마주하기 싫은 사람이었다.

어느 날 난 아주 여유롭게 교문을 통과하는 중이었다. 모든 것이 완벽했다. 가방은 멘 상태였고 실내화 주머니는 손에 들려 있었다. 머리는 깔끔한 짧은 단발이었고 손톱도 바짝 자른 상태였다. 명찰과 학교상징 배지가 자랑스럽게 내 가슴에 붙어 있었다. 초겨울이라 청바지와 언니가 입던 두꺼운 검은색 모직 재킷을 입고 있었다. 내가 봐도 손색이 없었다. 난 매우 모범적인 고등학생이었다. 갑자기 "어이."라는 소리가 들렸다. 순간 꼿꼿하던 머리가 공손하게 숙여졌다. '설마 나인가?'라는 생각에 선생님 쪽으로 고개를 돌렸다. 교련 선생님이 나를 바라보며 오라고 손짓했다. 깊은 팔자 주름 경계에 있는 두꺼운 볼살이 미세하게 실룩거렸다. 아무 문제가 없는 나를 불러 세운다는 생각에 마음이 몹시 언짢았다. 난 그 마음을 감출 수 없었다. 순식간에 얼굴빛이 변하면서 "왜요?"라는 말이 나도 모르게 튀어나왔다. 언제나 수월한 침묵만을 선택했으며 겸손한 몸짓을 했다.

그날 아침은 마치 귀신에 홀린 듯 그 엄청난 말을 뱉어 낸 것이다. 하필 교련 선생님 앞에서 말이다. 이미 쏟아진 물이었다. 선생님은 어처구니없다는 낯빛으로 "뭐, 왜요?"라고 말하며 이죽거렸다. 화가 많이 났는지 들고 있던 몽둥이로 내 머리 위 중앙부를 무자비하게 가격했다. 나무 막대기가 머리에 닿자마자 둔탁한 소리가 났다. 머리가 갑자기 뜨거워지고 열이 올랐다. 아픈 건 둘째 치고 '왜 하필 머리인가?' 하는 생각에 분노가 솟구쳤다. 소중한 뇌세포가 얼마나 많이 죽었을까? 하는 의문이 들자 순식간에 눈물이 차올랐다. 선생님은 "운동장 세 바퀴!"라고 외쳤다. 말대꾸했던 것이 화근이었다. 억울했다. 아무리 생각해도 지적당할 거리가 없었다. 난 운동장을 달리면서 눈물을 말렸다. 지금도 내 머리 위로 혹의 흔적이 만져진다.

실업반은 취업을 위한 자격증 취득이 우선이다. 주산, 상업부기, 타자 등 기본적으로 2급 이상 따야 문이라도 두드릴 수 있는 자격이 주어진다는 말에 열심히 자격증 취득에 매달렸다. 방학 때는 버스로 왕복 두 시간 거리에 있는 부기 학원을 다녔다. 엄마는 졸업 후 취업해 돈을 벌기를 바랐다. 돌이켜 보면 엄마는 나에게 많은 것을 바라지 않았다. 이름만 대면 누구나 다 아는 명문대에 들어가라는 것 따위의 바람도 없었다. 그저 취업해서 시집갈 밑천 모아 좋은 남자 만나 결혼하길 바랐다. 그것이 나의 부모가 생각하는 보통의 여자가 사는 길이었기 때문이다. 엄마 뜻대로 난 실업계를 지원했다. 고집을 피우는 나에게 중학교 3학년 담임은 고개를 흔들었다. 선생님은 인문계 원서를 써주겠노라고 우겼다. 아무리 생각해도 고등학교는 인문계를 가는 것이 좋겠다고 나를 바라보며 진지한 표정으로 말했다. 선생님 관심은 고마웠지만 난 여러 가지 이유에서 실업계를 선택할 수밖에 없었다. 사회에 나왔을 때 가끔 사람들이 전공이 뭐였냐고 물었다. 질문을 받을 때마다 내 마음은 쪼그라들었다. 몇 학번이냐는 질문도 그랬다. 나는 고졸이라고 대답했다. 어느 순간 고졸이라는 말 대신 대학을 나오지 않았다는 말로 바꾸었다. 학벌이 대수냐고 하는 사람들도 있지만 사회는 학벌이 중요하다고 외치는 것 같았다. 학벌에 상관없이 똑같은 월급을 받는 공무원으로 일하는 것이 다행스러웠다. 같은 일 하면서 월급까지 차별받으면 속이 쓰렸을 것이다.

언젠가 과장의 지시로 최종학력까지 들어간 직원현황을 만들었다. 부서 내 직원 총 스무 명 중 고졸은 나와 내가 모시고 있던 팀장 둘 뿐이었다. 팀장한테 직원현황을 건네며 저희 둘만 고졸이라고 말했더니 그럼 둘만이라도 모임을 결성해야겠다며 실실 웃어 댔다. 요즘은 사이버, 방통대, 야간대학 등 마음만 먹으면 얼마든지 대학 공부를 할 수 있다고 했다. 자신은 고졸을 고수해

온 것이라며 전혀 마음에 담아 둘 것이 아니라고 옅은 미소를 지으며 말했다. 이제는 안 가는 쪽이 희소성 원칙에 부합된다며 우스갯소리를 해서 한바탕 웃었다. 내가 만난 팀장 중 가장 초긍정 마인드를 가진 사람이었다.

팀장이 사고로 다리 한쪽이 골절되어 입원한 적이 있었다. 공을 차다가 다친 모양이었다. 부서 직원들과 퇴근 후에 병문안을 갔다. 입원실을 들어가자마자 우린 깜짝 놀랐다. 붕대로 칭칭 감긴 왼쪽 다리가 공중에 매달려 있었다. 천장에서 내려온 줄이 다친 다리를 감싸 고정을 해주고 있었다. 안타까운 마음에 옅은 탄성이 절로 토해져 나왔다. 잔뜩 울상을 지으며 조심스레 팀장한테 다가갔다. 팀장은 두 다리가 한꺼번에 부러지지 않은 것이 천운이라며 껄껄껄 웃어 댔다. 우리는 대번에 찡그린 표정이 웃음으로 바뀌었다. 그럴 줄 알았다. 나의 예상은 적중했다. 어떤 상황에서도 그는 어둠보다는 한 줄기 빛을 보는 사람이었다. 팀장은 항상 주위 사람들에게 웃음을 전달하는 해피 바이러스였다.

해피 바이러스 팀장은 남들 시선이 어떻든 나만 괜찮으면 그건 아무런 문제가 되지 않는다고 자주 말했다. 하찮은 일에 기죽지 말고 네가 잘하는 것에만 집중하며 살아가라는 충고의 말을 가끔 내게 전했다. 살다 보면 아무것도 아닌 일에 집착할 때가 있다. 스스로 위축된 것일 뿐이다. 남들이 뭐라고 하거나 말거나 나만 당당하면 되는 거다. 그땐 내가 너무 어렸다.

난 이 년마다 한 번꼴로 부서를 옮겼다. 아주 가끔은 겉은 어른 모습을 하고 있지만 덜 자란 유치한 상사를 만나기도 한다. 어른이 되지 않았다면 어른인 척이라도 하면서 살아야 맞다. 그마저도 안 되는 인간을 마주하면 화가 나가다가도 불쌍한 마음이 들었다. 자기 마음에 들지 않게 보고서를 썼다고 화를 내던 팀장이 있었다. 제대로 된 상사라면 그 일에 대해서만 지적해야 한다. 방향을 제시해 주는 것이 팀장의 역할이다. 팀장은 고졸이라 일을 이따위로 하는 거냐며 소리를 질렀다. 나도 모르게 설움의 눈물이 왈칵 쏟아졌다. 그는 항상 말하는 투가 엉망이었다. 상대방을 묘하게 기분 나쁘게 하는 능력이 탁월했다. 본인이 화났을 때 막말은 기본이고 인신공격까지 서슴지 않는다.

친한 동생에게 넋두리 겸 팀장 험담을 했다. 몇 달 후 그 동생이 문자를 보내왔다. "언니, 기뻐하시라! 복수 성공."이라는 짧은 문자였다. 영문을 몰라 전화를 걸었다. 자기네 사무실로 그 문제의 팀장이 와서 커피를 한 잔 타다 드렸다고 했다. 갑자기 내가 한 말이 생각나서 복수하고 싶은 열망이 불꽃처럼 타올라 커피 잔에 퉤퉤퉤 세 번 침을 뱉고 가져다줬다는 이야기였다. 듣는 순간에는 웃음이 났다. 하지만 통쾌함도 잠시 그 인간이 아끼는 동생의 침을 삼켰다는 것이 더 불쾌했다. 왜 시키지도 않은 일을 했냐고 목소리 톤을 높였다. 복수를 해줘서 고맙다는 말을 듣기는커녕 되레 그 짓을 왜 했냐고 따져 물어 서운했는지 갑자기 목소리 풀이 죽었다. 삐진 동생 마음을 푸느라 애를 먹은 적이 있다. "정말 고마웠다. 나 대신 통쾌하게 복수해 줘서, 넌 내 마음

풀어준 최고의 동생이야." 그 당시 하지 못한 말 지금이라도 전한다.

  반백 년을 살아보니 알겠다. 고졸이니 대졸이니 가방끈이 짧고 길고가 문제가 아니라는 사실을 말이다. 모든 것은 외부가 아닌 내 마음속에 있다는 진리를 절로 깨닫는다. 내가 아무것도 아니면 정말로 아무것도 아닌 것이 되는 신비한 마법을 경험했다. "괜찮아, 아무것도 아니야."라는 위로의 말을 전하던 따뜻한 사람들이 여럿 있었다. 그런 사람들이 있었기에 지금까지 힘을 내서 잘 살아 냈다. 힘든 세상 살아갈 용기를 준 최고의 말을 꼽아 보라고 하면 단연코 그것이다. 그 말을 자주 듣고 싶었다. 스스로에게 너그럽지 못한 나였기에 위로 한마디는 내게 큰 힘이 되었다.

  돌이켜 보면 정말 아무것도 아닌 것들에 전전긍긍하며 살았다. 무엇 하나 넓은 시야로 볼 줄 모르고 내 발등에 떨어진 불을 하나씩 껐다. 삶의 여유를 느껴 본 적 없이 살았던 것에 아쉬움은 있지만 후회는 없다. 쉬운 삶은 없다. 누구나 비틀거리기 마련이다. 무엇이든 실패와 좌절 없이 익힐 수 없다. 수많은 시행착오와 상처들을 견디며 인생을 배워 간다. 배움은 현재 진행형이다.

  프란츠 카프카는 "인간의 자라남을 결정짓는 순간은 영원히 존재한다."라고 말했다. 인생의 답은 모른 채 방황하고 체험하면서 느끼고 배우며 성숙하게 될 것이다. 예전보다 많이 어른이 된 내가 느껴진다. 어느 날 문득 일비일희하지 않는 나 자신을 바라봤을 때 뿌듯하다. 이젠 명문대 나온 친구의 실업계 비하 발언에도 욱하지 않고 웃게 되는 여유가 생겼다. 아마도 지금은 그것조차 내려놓았기 때문일 것이다. 내가 아무것도 아니라고 생각하면 진짜로 아무것도 아닌 것이 되어 버리고 마는 세상이다. 뭐든 내 안에 있다는 말은 진리고 사실이었다.

잘 참았다

"그때 아빠가 조금만 더 선을 넘었다면 참지 못했을 것 같아요." 몇 해 전 큰아이가 내게 한 말이다. 그 말을 듣자마자 심장이 철렁했다. 생각하기도 싫은 기억이다. 난 잘 참아 냈다며 아이 등을 토닥였다. 그때라면 큰아이가 중2병을 앓던 시절을 말한다. 아이에겐 인생에 딱 한 번 찾아온다는 사춘기였다. 한마디로 질풍노도의 시기였다. 남편도 사십 대 초반의 나이에 대나무 같은 강인함으로 자신만이 옳다는 아집으로 똘똘 뭉쳐 있었다. 그 둘이 만났으니 오죽했을까 싶다. 그걸 옆에서 지켜보아야만 했던 나 또한 힘들긴 마찬가지였다. 남편이 큰아이에 대한 불만은 구체적으로 세 가지였다. 첫 번째는 슬리퍼를 밖에서 신고 다닌다는 것이다. 거리를 지나가다 보면 큰아이 또래의 아이들이 슬리퍼를 신고 돌아다니는 것을 자주 목격했다. 그들만의 유행처럼 흔했다. 두 번째는 이발을 좀처럼 하지 않는다는 이유였다.

아이 머리가 좀 장발이긴 해도 학교 기준에는 미치는 것이었다. 규정을 어긴 것이라면 지도를 하는 것이 맞다. 그것이 아니기에 그냥 봐주면 되는 거였다. 마지막으로 방을 더럽게 쓰고 있다는 것이었는데 그건 극히 개인적인 문제였다. 방이 지저분한 건 자신만의 스타일이니 그걸 고쳐 보겠다고 덤비는 건 갈등만 부추기는 꼴이다. 그걸 알았기에 난 아들을 믿고 기다리기로 했다. 내가 볼 때는 아무런 문제가 없어 보였다. 객관적으로 봐도 아주 사소한 것이었다. 어이없게도 남편은 그것에 대해 꽤 스트레스를 받았다.

언젠가 남편은 고주망태가 되어 들어와서는 큰아이의 방문을 열자마자 온몸을 부르르 떨었다. 그러고는 책상 위 물건들을 사정없이 두 팔로 쓸어 내렸다. 우당탕탕 요란한 소리를 내며 책이랑 필통 등 갖가지 물건들이 바닥으로 곤두박질쳤다. 남편은 비스듬하게 놓인 책도 구십도 각을 맞춰야 직성이 풀리는 사람이었다. 그런 사람이 큰아이 책상을 두 눈 뜨고 보기 어려웠을 것이다. 아이가 학원에서 오기 전 부지런히 바닥에 내팽개쳐진 물건을 책상 위로 옮겼다. 최대한 본래 상태로 해놓는 것에 사력을 다하는 내 손은 한없이 떨렸다. "고래 싸움에 새우 등 터진다." 라는 속담처럼 중간에 낀 내 가슴만 터졌다. 곰곰이 생각해 보면 이건 애초부터 싸움이 아니다. 큰아이는 학교생활을 충실히 했다. 문제가 없었다. 괜히 지나가는 사람에게 트집 잡아 시비 거는 볼썽사나운 취객처럼 남편의 성화만 존재했다. 터무니없는 간섭이었다. 지나간 이야기라 아무렇지 않게 토로할 수 있지만 그 당시에 내 속은 썩어 문드러졌다. 제발 정신 차리라고 남편 뒤통수를 한 대 후려치고 싶은 마음만 굴뚝같았다. 아침 일곱 시, 밥상머리에는 매일 정갈하게 씻은 작은아이와 남편만 마주하고 있었다. 남편은 인상을 있는 대로 쓰며 내게 고갯짓을 두어 번 했다. 고개가 큰아이 방 방향을 향한 것을 보면 어서 큰아이를 깨워 밥을 먹이라는 소리였다. 난 아침마다 남편의 찌푸린 얼굴을 보는 것이 너무 싫었다. 가끔은 마음속으로 걷잡을 수 없이 짜증이 번졌다. '이런 생활을 언제까지 해야 하는 거야?'라는 생각에 자주 깊은 한숨을 토했다. 그러면서 친정엄마의 마음이 어땠을지 이해가 되었다.

아버지는 오빠를 사랑하지 않았다. 그렇게 보였다. 자식 중 오빠만 미워했다. 도무지 무엇이 문제인지 몰랐다. 힘없이 지켜보는 나로서는 답답할 뿐이었다. 엄마가 말하길 자신이 오빠를 임신하고 아버지에게 큰 사고가 터졌다고 했다. 어쩔 수 없이 떨어져 살아야 했는데 그때 엄마는 아버지를 많이 원망하는 마음을 품었다고 한다. 그 탓에 아버지와 오빠가 살이 껴서 그런 것 같다고 가끔 내게 토로했다. 극약처방으로 살풀이라도 해야겠다는 이야기를 종종 했다. 난 어서 했으면 좋겠다고 생각했지만 엄마는 말뿐이었다. 지푸라기라도 잡고 싶었다. 아버지와 오빠의 사이를 좋게 한다면 난 무엇이라도 해야 한다고 생각했다. 집안 분위기가 엉망이 되는 꼴을 보기 싫었다. 화목한 분위기였다가도

잘 참았다

그 둘이 붙으면 살벌해졌다. 물론 일방적으로 오빠가 당했다. 오빠는 심성이 착한 사람이라 아버지에게 한번 대드는 꼴을 목격하지 못했다. 지게 작대기로 후려치기라도 하면 엄마의 악쓰는 소리만 들렸다. 얼마나 애가 탔을까? 엄마는 차라리 자신이 맞았으면 했을 것이다. 난 엄마가 되어서야 알았다. 그것이 엄마의 마음이란 걸… 아버지는 오빠에게만 지독하게 폭력을 가했다. 평소의 아버지가 아니었다. 악귀가 씐 사람처럼 무섭게 돌변했다. 어느 때는 작은언니까지 합세해 아버지를 말렸다. 난 너무 어렸다. 오빠와 띠동갑이었다. 다가가지도 못하고 숨어서 지켜봤다. 공포감에 몸이 오들오들 떨렸다. 떨리는 두 손을 꼭 붙잡고 기도했다. "제발 우리 아버지가 오빠를 사랑하게 해주세요."라고 간절히 읊조렸다. 신은 내 기도를 외면했다. 둘은 끝없는 평행선을 달리다가 결국 오빠의 가출로 그 관계는 막을 내렸다.

큰아이가 고등학생 때 서럽게 울던 그날을 난 잊지 못한다. 아침을 먹고 남편과 작은아이는 먼저 나갔다. 큰아이와 나만 식탁 앞에 앉아 있었는데 큰아이가 아빠는 자기만 미워한다는 말을 토해 내며 눈물을 쏟았다. 급작스럽게 일어난 일이라 당황스러웠다. 그걸 지켜보던 내 속은 찢어지는 듯했다. 어떤 부모가 아이의 눈물에 아프지 않을 수 있겠는가. 어미의 마음속에서는 피눈물이 흐른다. 난 항상 큰아이에게 미안했다. 스물여섯 어린 엄마는 아이를 안고 쩔쩔맸다. 아무것도 몰랐다. 그 어린 나이에 무엇을 얼마나 알았겠는가. 핏덩이 같은 아이를 품고 같이 운 적도 여러 번 있었다. 출산휴가 두 달이 끝날 무렵 아이를 맡길 곳을 찾아야 했다. 우여곡절 끝에 시누이에게 맡겼다. 시누이 집은 인천이었다. 매일 가기엔 어려운 탓에 주말마다 아이를 보러 인천에 갔다. 안방구석에 누워 있는 아이를 볼 때마다 마음이 아팠다. 보고 싶은 아이를 일주일에 한 번밖에 보지 못한다는 생각에 슬펐다. 인천에 살고 있는 어머니를 주말에 시누이 집에서 자주 마주쳤다. 어머니는 딸이 갓난아기 보느라 잠도 제대로 못 잔다고 안쓰러워했다. 그건 사실이었다. 육안으로만 봐도 시누이는 한 달 만에 얼굴이 핼쑥해졌다. 어머니가 아이를 품에 안고 우유를 먹이는 나에게 와서는 아이를 달라고 했다. 난 빼앗기듯 어머니 품으로 넘겼다. 주말에는 살림을 도맡아 했으면 좋겠다고 말했다. 눈치껏 세탁실에 쌓인 빨래도 돌리고 밥도 차리라고 했다. 주말은 딸이 쉬기를 바랐다. 물론 이해는 갔다. 하지만 나라고 이해만 하고 살 수는 없었다. 나도 일주일 내내 일을 했다. 아이를 보러 가는 것이지 시누이 살림을 대신하러 가는 건 아니지 않은가. 서운한 마음에 눈물이 났다. 몰래 훔쳐 냈지만 울적한 마음은 씻어 낼 수 없었다. 딸만 생각하는 시어머니를 원망했다.

결국 3개월 후 난 큰아이를 친정에 맡겼다. 친정은 그나마 가까워서 평일에도 갈 수 있었다. 아이는 잠을 잘 자지 않았다. 예민한 편이었다. 잠을 푹 자야 살도 붙는 법이다. 잘 먹지도 않는 탓에 비쩍 말랐다. 엄마도 힘에 부쳐 했다. 난 그제야 아이를 집으로 데리고 왔다. 그때 아이는 8개월이었다. 수소문한 끝에 앞

동에 사는 아주머니에게 아이를 맡겼다. 출근할 때 맡기고 퇴근할 때 데리고 왔다. 다행히 아주머니는 후덕하고 좋은 사람이었다. 말랐던 아이가 살이 올랐다. 물론 여전히 밤에는 몇 번씩 깼다. 제대로 잠을 잘 수가 없어 나 또한 온종일 일 하기가 점점 벅찼다. 커피를 들이부으며 피곤함을 이겨 냈다. 결국 몇 개월 뒤 난 수면 부족으로 쓰러졌다. 남편은 자신이 혼자 밤에 아이를 보겠다고 나서 줘서 나는 한동안 작은방에서 편히 잘 수 있었다. 큰아이는 사랑스러웠다. 역시 자식은 부모가 키워야 한다는 진리를 깨닫게 했다. 아이의 미소를 바라보면 나의 힘듦은 눈 녹듯이 사라졌다. 난 운이 좋았다. 이렇게도 사랑스러운 아이가 내 자식임이 감사했다. 18개월이 지나고부터 거짓말처럼 잠을 푹 자기 시작했다. 난 더없이 행복했다.

 큰아이는 초유조차 먹이질 못했다. 출산 후 갑자기 불어난 가슴에 덜컥 겁부터 났다. 아이가 젖을 빨아야 하는데 아예 외면했다. 무조건 실리콘 젖꼭지만 찾았다. 유축기로 짜서 젖병에 먹이는 방법도 있었지만 시도조차 하지 못했다. 점점 딱딱해지면서 통증이 가중되던 나는 버티지 못하고 약을 먹여 말렸다. 야박한 엄마였다. 작은아이 때는 직장을 그만둔 상태였고 산후조리원에서 친절한 안내를 받았다. 일 년 동안 모유를 먹었다. 큰아이에게 모유를 먹이지 못한 것과 갓난쟁이 6개월 동안 시누이와 엄마에게 맡겨 키운 것이 내내 마음에 걸렸다. 어쩔 수 없어 그랬다지만 늘 뱉지도 삼키지도 못하는 무엇인가가 목구멍에 걸려 있는 기분이다.

남편과 큰아들의 관계는 마치 드라마처럼 갈등이 최고점을 찍고는 조금씩 낙하했다. 이젠 나보다 큰아들을 더 챙기는 남편이다. 내가 가장 꼴 보기 싫던 남편의 찌푸린 얼굴을 보는 것조차 이제는 어렵다. 예전으로 다시 돌아가 살얼음판을 걸으라고 하면 차라리 두 손 두 발 들고 산으로 들어갈 작정이다. 두 번은 못 할 짓이다. 큰아이가 중학교 때 찍은 자신의 사진을 한참 들여다보았다. 어떻게 이 머리 스타일로 돌아다녔는지 모르겠다며 실없이 웃어 댔다. 자신조차 자신의 과거를 이해할 수 없을 때가 있다. '그때 내가 왜 그랬을까?'라고 한 번쯤 생각할 때가 있지 않은가. 아들도 나도 그 시절을 잘 견뎠음에 대견한 생각이 들었다. 되도록 다른 이에게 상처를 덜 주기 위해 애쓰며 살아온 세월이 아깝지 않은 이유다. 인생을 살다 보면 종종 견뎌야 할 것들이 있다. 견딤을 후회했을 때보다 잘 참아 냈다고 생각할 때가 더 많다. 가끔은 활짝 미소 지을 순간이 거짓말처럼 찾아오기도 하니깐.

조용한 가족

우리 집은 고요하다 못해 적막하다. 남편과 아이들 모두 과묵한 편이다. 웬만해선 무거운 입을 떼지 않는다. 때때로 고요히 흐르는 공기에 파장을 일으키는 것은 나뿐이다. 가끔 냉장고의 냉각기 돌아가는 소리, 남편이 틀어 놓은 클래식 연주 소리와 관리실 안내방송이 적막을 깬다. 머리가 커진 아이들은 방에 틀어박혀 좀처럼 거실로 나오지 않는다. 그곳은 나와 남편 둘만의 공간이 되었다. 각자 책상이 필요했다. 집이 비좁다 보니 둘 곳이 마땅치 않아 고민하다가 몇 년 전 거실 한쪽 벽으로 책상 두 개를 나란히 들였다. 왼쪽은 남편, 오른쪽은 내가 쓴다. 주방을 제외하고 대부분 시간을 보내는 곳이다. 해외여행을 끔찍이 좋아하는 남편은 매일 저녁 한 시간씩 영어 회화를 듣는다. 자유로운 소통으로 즐거운 여행을 꿈꾸는 사람이다. 영어 공부할 때 최고로 행복해 보인다. 역시 사람은 꿈과 관련된 무엇인가를 할 때도파민이 분출되나 보다. 나는 대부분 책상에 앉아 책을 읽는다. 마음 내킬 때는 글도 쓴다. 잊지 못할 하루를 기억하고픈 날은 일기를 쓰기도 한다. 책을 읽고 글을 쓰는 것은 나에게 기쁨과 위안을 안겨 준다. 만약 이 두 가지가 없었다면 지금껏 잘 살아낼 수 없었을 것이다.

 남편은 유독 귀가 예민하다. 청각의 발달은 괴로움의 시작이란 사실을 남편을 통해 알았다. 특히, 큰 목소리로 떠드는 것을 견디지 못했다. 그것도 모르고 신혼 초 부당한 지시를 내린 상사 험담을 신나게 했다. 감정이입이 되면서 흥분한 목소리는 곧 커졌다. 손짓 팔짓을 하면서 시끄럽게 떠들었다. 갑자기 남편이 얼굴을 찌푸렸다. 난 순간 의아했다. 공감은 어렵다고 해도 난데없이 일그러진 인상을 마주하니 마음이 상했다. 실망스러워 손에 힘이 쫙 빠졌다. 불붙었던 뒷담화는 금세 사그라들었다. 순간 남편이 내게 가까이 다가왔다. 그러고는 나의 두 손을 잡아 배꼽으로 가져가 포갰다. 앞으로 이런 자세로 말을 해달라고 정중히 요구했다. 난 황당했다. 배꼽 손이라니!… 이건 유치원생이 인사할 때 손 위치가 아닌가. 남편은 큰 목소리에도 예민하게 반응했지만 과한 몸짓도 못 견뎌 했다. 그 뒤로 남편과 대화할 때마다 내 손은 배꼽으로 가 닿았다. 목소리가 절로 평소보다 낮은 톤으로 송출됐다. 남편의 부탁을 들어주려 부단히 애를 썼지만 노력해서 될 일이 아니었다. 나로서는 불가능한 일이었다. 배꼽 손은 내 입을 절로 닫게 했다.

작은 아이 임신 후 7개월이 지날 무렵 난 신우신염에 걸렸다. 갈색 소변에 공포감이 밀려왔다. 난 주변의 만류에도 바로 사표를 냈다. 별다른 치료 없이 집에서 쉬었다. 일주일 후 병원에 갔을 때 나의 모든 수치는 정상이었다. 의사는 기적이라고 했다. 역시 스트레스는 만병의 근원이다. 퇴직하고 일 년 뒤 통장에 거금 백만 원이 입금된 것을 확인하고 깜짝 놀랐다. 무슨 돈인지 궁금해 전에 다녔던 사무실로 전화를 걸었다. 직원은 성과상여금이라고 했다. 생각지도 못했던 돈이라 기쁨으로 마음이 들떴다. 마치 공돈이 생긴 것 같았다. 난 마음에 두었던 청소기를 구입했다. 비염으로 고생하고 있는 큰아이를 위한 선물이었다. 평소 큰아이는 비염 증세가 심했다. 알레르기 검사 결과 집먼지진드기에만 반응을 보였다. 난 진드기를 빨아들인다는 특수한 청소기가 갖고 싶었다. 워낙 비싸 엄두를 못 내고 있었다. 침구용 블러쉬가 별도로 있었는데 크고 진동이 강력했다. 이불을 긁었을 때 극세 필터에 뽀얗게 나왔던 미세먼지를 목격한 후 난 흡족했다. 아주 잘 샀다고 생각했다. 그때 당시에는 백만 원짜리 비싼 청소기는 드물었다.

  집에 청소기가 들어오던 날 저녁부터 남편은 입을 닫았다. 삐친 것이다. 자신에게 한마디 상의도 없이 고가의 청소기를 덜컥 산 것에 대해 화가 난 것 같았다. 난 우리 집에 꼭 필요한 물건이라 생각했다. 마침 생각지도 못했던 돈이 생겨 신이 나서 앞뒤 가리지도 않고 샀다. 남편과 의논할 생각조차 하지 못했다. 내가 잘못한 건 분명한 사실이다. 그 일을 가지고 남편은 일주일 동안이나 묵언수행을 했다. 가뜩이나 말수도 없는 사람이 아예 기본적인 언어소통도 불통이 되니 내 속은 답답해서 미칠 것 같았다. 난 항상 사소한 것까지 남편과 상의했다. 남편도 그랬다. 일방적으로 물건을 구입한 건 처음이었다. 난 입을 닫고는 살지 못하는 사람이다. 친구랑 사이가 틀어져도 며칠 못 가 말하고 싶었다. 언제나 먼저 말을 거는 편이다. 답답한 나머지 남편에게 미안하다고 사과했다. 앞으로는 오만 원 이상 물건은 꼭 사전에 이야기하겠다고 약속했다. 그제야 단단히 채워진 입을 열 수 있었다. 남편은 그 후로도 성질이 나면 아예 입을 닫았다. 며칠이고 말 한마디 없이 뚱한 표정을 짓고 있는 남편이 꼴 보기 싫었다. 한동안 청소기를 볼 때마다 은근히 부아가 치밀었다. 내가 개인적으로 소장할 물건도 아니고 아이의 비염 치료를 위한 것이었는데 야속한 마음이 잔류하고 있었다. 그렇다고 다 지나간 일을 두고두고 생각하면 나만 손해란 걸 알기에 잊기로 했다. 청소기 사용 후 아이의 비염 증상이 크게 호전되었다는 점에서 난 뛸 듯이 기뻤다. 콧노래를 부르며 일주일에 두 번씩 부지런히 아이들 침구류를 긁었다.

 어릴 적 큰아이는 말수가 적고 얌전했다. 작은아이는 수다스러움은 기본이고 웃음과 애교가 많았다. 장난꾸러기 기질도 보였다. 그로 인해 집안에 웃음을 불러일으키는 '웃음전도사' 역할을 톡톡히 했다. 남편은 작은아이 웃은 모습만 봐도 온 세상 시름이 사라지는 기분이라고 말했다. 나도 공감했다. 가끔 내가 멍하니 상념에 잠겨 있으면 작은아이는 내게 달려왔다. 엄마 기분이 좋지 않으냐고 묻곤 했다. 내 팔을 흔들며 자기처럼 웃어 보라며 엄마는 웃는 모습이 제일 예쁘다고 말하는 아이가 사랑스러웠다. 난 애쓸 필요 없이 절로 미소가 번지곤 했다. 우린 그 아이 앞에서 무장해제 될 수밖에 없었다. 유독 깔깔깔 웃던 아이는 중학교에 올라가면서 말수와 웃음이 확 줄었다. 조잘대던 모습은 찾아볼 수 없었다. 초등학생 시절 퇴근하고 온 나에게 "엄마, 저에게 뭐 물어볼 것 없어요?"라고 자주 물었다. 내가 물어보지도 않은 일을 자기가 먼저 늘어놓기가 멋쩍은지 나에게 질문을 유도했다. 큰아이는 작은아이가 돌연변이라고 했다. 남자가 저렇게 수다스러울 수 있냐고 이해할 수 없다는 표정을 지었다. 나머지 가족들은 수다쟁이 작은아이를 경이로운 눈빛으로 바라봤다. 고등학교 3학년이 되면서부터 아이는 좀처럼 입을 열지 않았다. 말과 웃음도 총량의 법칙이 작용하는 걸까? 어쩌면 성장해 나가는 자연스러운 과정일지도 모른다는 생각이 들었다. 다행히 수능 치른 날 저녁부터 작은아이의 귀한 웃음소리를 들을 수 있었다.

나라마다 고유한 문화가 있듯이 조용한 가족도 한 집안의 문화다. 친정 식구들이 모이면 시끌벅적하다. 나와 언니와 동생 셋만 모여도 접시 열 개쯤 깨뜨리는 것은 일도 아니다. 시댁은 여럿이 모여도 고요하다. 난 맨 처음 적응하기 힘들었다. 그래도 인간은 환경에 다 적응하기 마련이다. 한두 해 지나니 그러려니

했다. 문제는 남편이었다. 처가댁 문화에 적응은 불가했다. 내가 생각하기에도 그랬다. 친정 식구들끼리 큰 목소리로 수다를 떨면 남편 인상은 바로 구겨졌다. 귀가 아파서였다. 난 눈치를 살살 보면서 그냥 나가 있으라고 한다. 남편은 혼자 밖에서 배회하거나 하지 않아도 되는 세차를 열심히 하곤 한다. 처음에 영문을 모르는 친정 식구들은 서운해했다. 무슨 일로 그러느냐고 나한테 묻기도 했다. 난 소상히 남편의 예민한 청각에 대해 설명했다. 이젠 그들도 이해한다. 남동생은 친정 모임에 가급적 매형은 버리고 제발 혼자 오라고 난리다. 매형 눈치 안 보고 맘 편히 수다 떨고 싶은 이유에서다. 내가 봐도 친정 식구끼리 모이면 시끌시끌하다. 그들 하나하나 따지고 보면 분명 수다스러운 사람들이 아니다. 희한하게 뭉치면 엄청난 시너지가 형성된다. 언니가 겪었던 웃지 못할 에피소드를 시작하면 동생과 나는 맞장구를 치며 각자 경험했던 사건들을 함께 공유한다. 대화 자체가 즐겁고 재미있다. 박장대소에 때론 눈물까지 글썽인다.

  난 조용한 가족이 좋다. 나이가 들어 가다 보니 말도 체력이 필요하다는 것을 느꼈다. 불필요한 말은 배제하고 깔끔하고 군더더기 없는 것이 매력적이다. 말 많으면 실수하기 마련이다. 자신도 모르는 사이에 타인에게 상처를 줄 수도 있다. 입을 다물지 않은 탓에 곤란함을 겪는 사람들을 종종 본다. 쓸데없이 내뱉는 말을 아껴야 한다. 말을 줄이는 것은 현명하게 늙는 방법이라 생각한다. 물론 처음부터 침묵을 사랑한 건 절대 아니다. 젊었을 땐 남편의 과묵함은 답답함과 일맥상통했다. 그땐 재미있게 말 잘하는 사람이 좋았다. 나와는 정반대로 말이 과한 남편을 둔 친구가 있다. 한시도 입을 다물지 않아 귀에서 피가 날 지경이라고 호소했다. 내 남편과 반반 섞었으면 좋겠다며 웃어 댔다. 왜 우린 중간이 그토록 어려운 것일까? 그래도 수다쟁이보다는 과묵한 쪽이 살기에 수월하겠다는 생각이다. 나이를 먹으면 먹을수록 핵심만 이야기하는 사람이 좋다. 사사건건 참견하고 떠들고 잔소리까지 한다면 당하는 쪽은 끔찍할 것이다. 근엄하게 말을 아끼는 사람이 진국이란 생각이 든다. 남편은 지금도 여전히 말수는 없다. 하지만 적어도 묵묵부답은 아니다. 내가 이야기하면 경청하고 반응도 해준다. 과거처럼 답답함은 사라졌다. 공감 지수가 높아진 모습에 흐뭇한 미소가 절로 지어진다. 오늘도 적막함에 휩싸인 저녁이다. 그저 나의 키보드 두들기는 소리만 들린다. 난 만족한다. 전혀 답답하지 않다. 입이 무거운 남자 셋을 아주 많이 사랑한다.

첫 사수

고등학교 3학년 겨울방학을 맞이했을 때 우리 반 아이들 대부분 일자리를 찾아 학교를 떠났다. 난 마땅한 자리가 없어 집에서 마지막 방학을 보내고 있었다. 발등에 불이 떨어진 것처럼 조바심이 났다. 단짝이었던 친구조차 먼 도시로 떠나 내 마음은 텅 빈 듯 허전했다. 가장 안타까웠던 건 단위농협 시험이었다. 1차 필기는 붙었지만 2차 면접에서 떨어졌다. 조합원이 아니라는 이유에서였다. 우리 집은 농사를 짓지 않으니 조합원일 리가 없다. 엄마는 불합격 소식보다 조합원이 아니라 합격하지 못했다는 말에 충격을 받았다. 좋은 직장을 놓쳤다는 아쉬움에 엄마는 오랜 시간 속앓이를 했다. 어느 날 취업 담당 선생님으로부터 전화가 왔다. 일자리가 하나 있는데 가보지 않겠냐는 말을 전했다. 병적으로 내성적인 성격 탓에 내겐 사회진출은 두려움 그 자체였다. 상대방 눈을 쳐다보며 이야기할 수 없을 정도로 부끄러움을 많이 탔다. 무엇보다 자신이 없었다. 선배들을 통해 들은 사회는 냉정하다 못해 비정하고 풀 한 포기 자라기 힘든 메마른 곳이었다. 내가 과연 감당해 낼 수 있을까? 하는 걱정만 태산이었다. 일 년짜리 임시직 자리인데 잘하면 계약연장 기회도 있을지 모른다고 했다. 임시직으로 일하다가 시험을 치러 합격하면 정식직원이 될 수도 있다며 선생님은 적극적으로 권유했다. 결정적으로 그곳이 관공서라는 사실에 두말할 것도 없이 가겠다고 말했다. 사조직보다는 공조직이 적응하기 수월할 것이라는 선입견이 작용했다.

나에게 일을 알려 주던 사람은 바로 옆에 앉아 근무하던 송 주사였다. 그가 나의 첫 사수였다. 나이는 삼십 대 중반으로 보였다. 키는 165센티미터 정도로 보이는 단신이었다. 목소리가 큰 만큼 성격이 털털하고 무엇보다 친절했다. 투박한 안경 너머로 보이는 쌍꺼풀 짙은 눈은 마치 송아지의 눈을 연상케 했다. 업무에 집중하면서 큰 눈알을 부라리기라도 하면 살짝 무서워 보였다. 난 아무것도 모르는 백치였다. 오직 학교와 집을 오가며 교과서나 들여다보고 문제지나 풀었다. 칠판을 뚫어지게 쳐다보며 필기하던 것이 전부였다. 그동안 내가 봐왔던 것이라곤 너른 들판과 우뚝 솟은 산뿐이었다. 군청 소재지로 나와 본 적도 사는 동안 단 한 번도 없었다. 면접을 보러 처음 군청에 나올 때 초행길이라 많이 떨렸다. 행여 길이라도 잃을까 봐 노심초사했다. 버스 타기 전 운전기사에게 군청 앞에서 정차하는지 확인부터 하고 올랐다. 통통한 몸매에 얼굴 반을 가리는 두꺼운 검은 뿔테 안경을 쓴 모습은 누가 봐도 촌사람이었다. 촌티야말로 숨기려야 숨길 수가 없는 것 중 하나다. 볼때기만 빨간 나의 얼굴은 촌스러움의 극치를 더했다. 송 주사는 숙맥이었던 나를 단박에 파악이라도 한 듯 사소한 것부터 하나씩 차근차근 알려 주었다. 팩스 송수신 작동법과 복사기와 전동타자기 다루는 방법 등 하나부터 열까지 배우지 않고서는 무엇하나 만지지도 못하는 눈뜬장님 신세였다. 송 주사는 세심한 사람이었다. 각종 보고서를 깔끔하게 묶어 내는 기술도 손수 당신이 하는 것을 보여 주며 설명했다. 뭐든 먼저 시범을 보였고 그걸 내가 따라서 해보는 식이었다.

사회생활은 예상대로 만만치 않았다. 학교에서는 분명 1 더하기 1의 답은 2라고 배웠는데 사회에서는 그 답이 3일 수도 4일 수도 있는 상황이 비일비재했다. 그럴 때마다 난 당황스러웠다. 학교에서 모범생이 사회에서는 열등생이 된다는 말이 이해되었다. 학교에서 배운 것과는 딴판이었다. 이럴 거면 사회에 적응하는 데 필요한 팁이라도 주는 과목이 따로 있어야 했던 것 아닌가. 나도 모르게 분통이 터졌다. 눈치까지 없던 내가 사회에 적응하는 일은 보통 어려운 것이 아니었다. 내성적 성격이 언제나 내 발목을 잡았다. 난 퇴근하고 매일 30분씩 거울을 보며 말하는 연습을 했다. 매일 주제를 바꿔 가며 다정하게 이야기를 나눴다. 그 광경은 1인이 하는 모노드라마와 다름없었다. 그렇게 3개월을 하고 나니 말하는 데 자신이 붙었다. 타인의 눈을 정확히 보고 말을 할 수 있는 경지에 이르렀다. 어떤 일이든 능숙해지려면 반복되는 훈련만큼 효과 좋은 것이 없다는 걸 깨달았다. 난 하루하루 사회성 버튼을 만들어 냈다. 송 주사는 그런 나를 다그치지 않았다. 응원의 눈빛으로 지켜봐 주고 기다려 줬다. 있는 그대로의 나를 인정해 주는 모습에 감동했다. 실수라도 하면 사회 초년생으로 지극히 있을 수 있는 일이라 했다. 실수야말로 정확하게 일을 배우게 되는 지름길이라며 미소를 지었다. 무엇이든 처음부터 잘하는 약삭빠른 사람보다 되레 더 매력이 넘친다는 반전의 말로 날 위로했다. 되바라지지 않은 순수함을 답답해하지 않고 높이 평가했다. 과장님은 싹싹하지 않은 내가 못마땅한 듯 나를 볼 때마다 인상이 좋지 않았다. 내 잘못이 아님에도 불구하고 내 탓인 양 오해를 해서 타박을 했다. 부서 내 사람들은 뚱한 나를 보며 어디 촌에서 굴러먹다 온 아이냐는 의미의 시선을 쏘았다. 난 주눅이 잔뜩 들었다. 가뜩이나 펴지 못한 가슴은 더 말려들었다. 그는 출구가 없는 답답한 상황에서 나에게 출구를 마련해 줬다. 언젠가는 나에게 '후레쉬 걸'이라는 애칭을 지어 주었다. 결론은 촌스럽다는 말이다. 그래도 '촌년'보다야 훨씬 기분 좋은 말이었다.

사회는 당장 얼어붙을 것처럼 차가웠다. 내가 얼음이 될 때마다 송 주사의 따뜻한 눈빛과 미소가 날 녹였다. 사회라는 굴레에서 낙오하지 않으려고 사력을 다했다. 어떻게든 살아 내야 했다. 무너지지 않고 앞으로 나아갈 수 있는 원동력이 바로 그였다. 나의 사회생활 첫 사수가 보기 드물게 친절하고 다정한 사람이라는 것에 감사했다. 불친절하고 작은 실수에 인상 구기며 윽박이라도 지르는 괴팍한 사람이었다면 어땠을까? 생각만 해도 끔찍하다. 어쩌면 도망쳤을지도 모른다. 6개월을 함께 근무한 시점인 7월 초 기능직 직원을 뽑는 공고가 군청 앞 게시판에 붙었다. 난 모르고 있었는데 송 주사가 난데없이 종이 한 장을 건넸다. 자세히 보니 시험공고문이었다. 접수 마감일과 접수 서류 목록 등 중요한 부분에 그어진 형광펜 밑줄에 그의 세심한 성격이 느껴졌다. 며칠 뒤 송 주사는 지방으로 떠났다. 교육받기 위함이었는데 무려 2주간이었다. 기운이 쪽 빠졌다. 출근해서 보니 내 책상 위 책 두 권이 놓여 있었다. 교육 가기 전날 사무실에 들러 수험서를 두고 간 것이다. 그 수험서 안쪽에 편지가 한 통 있었다. 흰색 복사지에 붓펜으로 정갈하게 써 내려간 편지였다. 가로쓰기가 아닌 세로쓰기였다. 세로쓰기임에도 불구하고 마치 기계가 작성한 것 같은 완벽한 통일성에 경탄했다. 세심한 배려와 응원에 눈시울이 뜨거워졌다. 나에게는 더없는 행운이었다. 눈물 바람 콧물 바람 불며 꾸역꾸역 사회에 적응하고 있을 때 그는 내 곁에서 오빠처럼 다독여 주고 때론 선생님처럼 길을 알려 주고 나를 이끌었다.

8월 중순에 시험을 치렀고 난 합격했다. 합격의 영광은 그에게 돌리고 싶었다. 그가 준 수험서가 도움이 많이 되었다. 책장을 넘기다 중간중간 그어진 형광 라인을 봤을 때 너무 놀랐다.

책을 사서 그가 먼저 훑어본 것이다. 소문에 듣자니 그는 초등학교부터 전교 1등을 놓친 적이 없었다고 한다. 공무원 시험은 고작 한 문제만 틀리고 들어온 수재였다. 평소 그 아우라를 느낄 수 있었다. 면접까지 본 후 최종합격자 발표 당일 아침 송 주사는 내게 커피 한잔하자며 직원 휴게실로 불렀다. 시험담당자가 학교 후배라 슬쩍 물어보니 합격자 명단에 내 이름이 있더라고 희소식을 전했다. 공부하느라 애 많이 썼다며 꼭 붙을 줄 확신했다며 엄지를 들어 올렸다. 자신이 사람 보는 능력 하나는 탁월하다며 호탕하게 웃었다. 맨 처음으로 축하 인사를 하고 싶었다고 말하는 그가 무척 사랑스러워 보였다. 같은 해 11월 초 난 다른 부서로 발령받았다. 정식직원이 된 후 첫 발령이었다. 근무처를 옮기면서 난 송 주사와 헤어졌다. 막상 이별한다고 생각하니 마음이 아려 왔다. 10개월 동안의 시간이 마치 필름처럼 한 컷씩만 천천히 이동하는 느낌이었다. 마지막으로 인사를 하기 위해 편지를 썼다. 그동안 친오빠처럼 물심양면으로 신경 써주심에 감사하다는 말을 전했다. 사회생활의 첫 사수로서 한결같았던 친절과 다정함을 죽을 때까지 잊지 못할 것이라는 다짐의 말로 마무리했다. 얼굴을 마주하고는 부끄러워 토해 내지 못한 말들은 글로는 잘도 써졌다. 난 다섯 장의 편지와 함께 손수건을 그에게 건넸다.

그로부터 칠 년 뒤 송 주사는 세상을 달리 했다. 교통사고였는데 옆에 타고 있던 아내와 함께 하늘나라로 갔다. 둘은 금실이 매우 좋았다. 외롭지 않게 죽을 때도 함께 떠난 것일까? 아내 성격이 서글서글하고 음식솜씨도 좋았다. 같이 근무할 때 팀 직원끼리 세 번의 점심을 송 주사 집에서 먹었다. 한 번은 만둣국, 그다음에는 비빔밥, 마지막으로는 비빔국수였다. 상차림을 도와주던 나를 바라보며 그의 아내는 그냥 자신을 '언니'라고 불러 줬으면 좋겠다고 말했다. 실제로 큰언니랑 동갑이었다. 날 편안하게 대해 줘서 나도 어렵지 않게 언니라는 말이 바로 나왔다. 그렇게 허망하게 갈 줄은 꿈에도 몰랐다. 충격적인 소식에 한동안 슬펐다. 믿을 수 없었다. 도무지 실감이 나지 않았다. 사람이 그리 간단하게 세상에서 소멸해 버릴 수 있는지에 대한 허무함이 밀려들었다. 언제나 차분했고 꼼꼼한 성격이라 자신이 하는 일에 대해서는 완벽하게 추진했다. 그래서 유능하다는 말을 자주 들었던 그를 다시는 볼 수 없음이 애통했다. 눈부신 파란 하늘을 바라볼 때마다 먼저 간 그가 떠오른다. 언제나 내게 부드러운 미소를 지어 보이던 그였다. 모든 것이 어려웠던 사회생활 초년기에 만나 사회 구성원이 될 수 있도록 도움을 준 일등 공신이다. 그 덕분에 사회 적응이 수월했다. 난 그의 맑은 마음에 빠질 수밖에 없었다. 세상에 소멸하지 않는 것은 없다. 아쉬움도 슬픔도 그리움도 언젠가는 사라져 버릴 것이다. 하지만 언제나 예외는 있는 법이다. 내가 죽어야 잊힐 사람이다.

그가 세상을 달리 하지 않았다면 이토록 사무치는 그리움은 없었을 것이다. 그는 아직 내게 잊히지 않았다. 잊히는 것은 떠나보내는 것보다 더 슬픈 일이다. 모든 것에 '첫' 자가 들어가면 의미가 깊어지는 것은 마땅한 일이다. 그가 두려웠던 나의 사회생활 첫 사수였다는 것은 더없는 영광이고 기적 같은 일이다. 얼떨결에 던져진 새로운 세상에서 맺어진 인연의 첫 단추였다. 첫 단추를 잘 끼운 덕분에 난 그 뒤로도 두 번째, 세 번째 단추도 줄지어 잘 끼울 수 있었다. 그가 지방으로 2주 동안 교육 갔을 때 난 매일 잠들기 전에 편지를 썼다. 편지보다 일기 쪽에 가까웠다. 하루 있었던 일 중 기억나는 일을 고하는 글이었다. 그가 없는 것에 대한 쓸쓸함과 허전함도 표현했다. 스프링 노트 중간중간 좋아하는 시와 그림을 색색의 펜으로 예쁘게 그려 채웠다.

  2주 후 송 주사가 복귀하면 선물로 주고 싶어 꾸미고 있었다. 완성된 노트는 그에게 전달하지 못했다. 아궁이에 넣어 태워 버렸다. 마음속 막강한 힘을 가진 통제자가 불쑥 튀어나와 나를 막아섰다. 아무 설명도 없이 무조건 흔적 없이 태워 버리라는 목소리가 들려왔다. 난 망설였다. 2주 동안 내 정성과 노력을 갈아 넣은 결과물이었다. 한 글자라도 틀리면 다시 쓰고 또다시 쓰기를 반복했다. 어떤 날은 새벽까지 매달렸다. 난 힘없이 고개를 흔들었다. 통제자는 화를 내며 말을 듣지 않겠다면 큰 벌을 내리겠노라고 호통쳤다. 이번엔 협박이었다. 난 눈물을 흘리며 고개를 끄덕였다. 그제까지 마음속 통제자 말을 어긴 적은 단 한 번도 없었다.

  내겐 아주 오래전부터 마음속에 내부 통제자가 거주했다. 자신이 내 주인인 양 구속하고 때론 명령했다. 평소 어딘가에 숨어 있다가 결정적 순간에 튀어나왔다. 통제자는 무시무시하고 오싹하게 소름이 돋을 만큼 강력한 위력을 휘두르고 있었다. 내가 느끼는 사실적인 감정들은 올바르지 않다고 치부하고 오로지 당위성만 입증하기 바빴다. 당위성이야말로 마땅히 그렇게 되어야 하는 보편적 가치였다. 내부의 강력한 신호는 자주 차단되었다. 계속 무엇인가 알려 주고 있었지만 솔직한 감정은 묵살되었다. 스스로 검열하는 능력이 탁월한 통제자 앞에서 난 언제나 무력해졌다. 반항 한번 하지 못했다. 몸부림 쳐봐도 그저 빈 허공에서 허우적거릴 뿐이었다. 난 숨도 쉬지 못하고 그저 굽신거렸다. 이해할 수 없었다. 통제자도 반항하려는 자도 결국 나였다. 둘이 마음속에서 갈등을 일으킬 때마다 번번이 통제자의 승리였다. 언젠가 거꾸러트리리라 다짐했다. 숨이 막혀 올 때마다 정상궤도에서의 탈선을 갈망했다. 통제자의 판단이 과연 모두 옳은 것인가? 에 대한 의문이 빗발쳤다. 세월이 흐를수록 어쩐지 통제자의 위력은 점점 퇴락해졌다. 마지노선은 점점 뒤로 후퇴했다. 그제야 숨 쉬는 게 한결 쉬워졌다. 인생은 균형이란 생각이 든다. 어느 한쪽으로 치우치지 않는 삶이 건강한 인생일 것이다.

난 가끔 생각한다. 내가 만약 그 노트를 태우지 않고 그에게 줬다면 운명은 바뀌었을까? 적어도 그날 그 시간에 교통사고로 죽지는 않았을지 모른다는 터무니없는 상상을 한다. 그 레미콘 차량만 피했다면… 단 몇 초만 비껴갔어도 달라질 수 있었다고 희망을 품다가 이내 절망한다. 내가 무슨 수로 그의 죽음을 막을 수 있었겠는가. 죽음은 하늘이 하는 일이다. 살다 보면 샛별처럼 반짝이는 인연이 있다. 갑자기 불어나 건널 수 없게 된 냇물 앞에서 낙담하여 주저앉았을 때 건너편에서 안전한 뗏목을 보내 주는 소중한 인연을 만나게 된다. 송 주사는 내겐 그런 사람이었다. 만약 헤엄을 잘 치는 사람이었다면 뗏목은 필요 없었을지 모른다. 난 사회생활에 관해서는 생초보였다. 그는 그것에 걸맞은 맞춤형 사수였다. 내가 고등학교 졸업하던 날 그가 왔었다. 엄마와 반갑게 인사를 하고 집까지 들러 차를 한잔 마셨다. 알뜰히 챙기는 모습에 7개월 전 죽은 오빠가 생각나 울컥했다. 그는 나를 친동생처럼 아꼈다. 그의 진심 어린 마음이 느껴져 눈시울이 뜨거워졌다. 그가 아니면 누가 나를 그렇게까지 환대해 줬을까? 싶다. 세상에서 내가 제일 못난 것 같아 자책할 때 너는 꽤 괜찮은 사람이라는 사실을 알려 줬다. 그는 내게 세상은 살만한 곳이고 더없이 아름다운 곳이라는 사실을 첫 번째로 일깨워 준 사람이다. 겁내지 말고 당당하게 세상과 맞서라는 용기를 준 그에게 다시 한번 경의를 표한다.

가증 여사

내가 여태껏 들었던 별명 중 가장 마음에 드는 것은 '가증 여사'다. 십여 년 전 같은 부서에 근무하던 직원이 지어 준 것인데 처음 들었을 때는 기분이 썩 좋지 않았다. '가증'이란 단어의 어감이 사람의 기분을 좋게 할 리 없다. 가증은 '괘씸하고 얄미움. 또는 그런 짓'을 뜻한다. 여사는 '결혼한 여자나 사회적으로 이름 있는 여자를 높여 이르는 말'이다. 사전 뜻을 확인한 후 기분이 한결 가라앉았다. 여사란 말이 높임말이라는 것에 위안이 되었다. 역지사지 입장에서 그 직원은 충분히 내가 얄미웠을 것이다. 그 사실을 인정하게 되면서 난 더 이상 기분 나쁠 이유가 없었다. 직원이 나에게 그런 당돌한 별명을 붙여 준 건 두 가지 사건에서 비롯되었다. 하나는 지하창고에 탁구대를 들이면서 시작되었다. 그곳은 먼지가 뽀얗게 쌓인 채 방치된 황무지나 다름없었다. 쓸모없었던 지하창고는 국장의 지시로 말끔하게 치워졌다. 어떤 공간으로 만들지 고민하다가 직원 복지 차원에서 탁구대를 설치하기로 했다. 일반적으로 사람들은 건강이 최고라고 생각한다. 사실이 그렇다. 건강을 잃으면 돈과 명예도 아무 소용없다. 온종일 앉아 일하는 직원들을 위한 배려였다. 국장은 이미 창고의 쓸모를 정하고 난 후 청소지시를 내린 것 같았다. 난 부지런히 탁구대를 검색했다.

여직원끼리 구내식당에서 점심을 먹다가 탁구 이야기가 나왔다. 여태 탁구장 구경조차 하지 않은 직원도 있었다. 우린 밥을 먹고 지하로 내려갔다. 이미 남직원 몇 명이 탁구라켓을 휘두르고 있었다. 나는 한참 동안 서서 그들의 경기를 구경했다. 탁구를 특별하게 잘 치는 사람은 없었다. 그저 나랑 엇비슷한 수준이었다. 나는 중학교 때부터 탁구를 쳤다. 아버지는 커다란 베니어 합판으로 탁구대를 만들었다. 완성된 모습은 시중에서 파는 탁구대와 흡사했다. 초록색 페인트를 칠하고 상판 외곽을 흰색 테이프로 테이핑하니 감쪽같았다. 아버지는 무엇이든 뚝딱뚝딱 잘 만들었다. 엄마가 가게에서 사용하던 나무 현금 보관함도 아버지가 만들어 선물해 준 것인데 엄마가 흡족해할 만큼 모양새가기가 막혔다. 아버지는 페인트가 마르자 탁구대 가운데에 그물망을 설치했다. 난 고대하던 탁구를 칠 수 있게 되어 기뻤다. 그것은 오랫동안 가족들의 스포츠 오락을 맡았다. 아버지는 나보다 훨씬 잘 쳤고 남동생은 나보다 한 수 아래였다. 남동생과 나는 아무리 연습해도 아버지에게 매번 패했다. 공은 정직하고 단순하게 네트를 왔다 갔다 했다. 처음에는 공이 공중에서 천천히 오갔으나 나중에는 아주 낮고 길게 매우 빠르고 정확하게 좌우로 정신없이 움직였다.

"할매, 탁구 좀 쳐요?" 갑자기 직원이 물었다. 할매는 나의 또 다른 별명이다. 내가 사무실에서 가장 나이가 많고 고지식하다는 이유로 붙여졌다. 기분이 썩 좋지는 않았지만 특별히 나쁘지도 않았다. 할매라 불린다 해도 내가 할머니가 아니니 아무런 상관이 없었다. 공교롭게도 나에게 '가증 여사'라는 별명을 붙여준 직원이 '할매'라고 불렀다. 따지고 싶은 마음은 없었다. 걸고넘어져 봤자 무슨 소용이 있겠는가. 나에게 반항과 투쟁은 어울리지 않았다. 그를 원래 그런 사람이라 치부했다. 그는 항상 고개를 바짝 쳐들고 가슴을 쫙 펴고 활기차게 걸었다. 머리부터 발끝까지 자신감이 흘러넘쳤다. 당당하게 사는 그가 내심 부러웠다. 그동안 내가 같이 근무한 직원들과는 사뭇 결이 달라 보였다. 친절과는 멀어 보였고 왠지 거들먹거리는 모습이 가끔은 꼴사나웠다. 하필이면 그는 나와 같은 팀이었다. 나보다 한참 어렸지만 직급은 더 높았다. 내 앞쪽에 앉아 근무하는 그와는 어쩔 수 없이 부딪혀야 했다. 한번은 그가 나에게 특별한 색깔이 없는 것 같다고 말했다. 개성이 없다는 말로 알아들었다. 그저 받아들이기만 하는 삶이라 그렇게 느꼈을지 모른다. 돌이켜 보면 난 어떤 뚜렷한 목표와 인식을 갖지 못했다. 태어났으니 무턱대고 열심히 살아야겠다는 생각뿐이었다. 유채색보다는 무채색을 좋아했다. 내 삶을 알록달록하게 물들이는 건 원치 않았다. 튀는 건 끔찍이도 싫었다. 사람들이 나의 존재를 모른 채 살아가기를 바랐다. 난 내가 살아가는 시대의 보편적 견해를 따르며 살고 싶었다. 내 마음속에는 여러 가지 색이 반짝였지만 드러내고 싶은 마음은 추호도 없었다. 그 색들은 섞일 테고 결국 무채색으로 남겨질 테니까.

난 "잘 못 쳐요."라고 대답했다. 그는 나에게 라켓을 주면서 게임 한판 하자고 권유했다. 난 신나는 마음으로 자세를 잡았다. 하지만 행동은 마치 하기 싫은데 마지못해서 하는 사람처럼 꼼지락거렸다. 이번이야말로 그의 코를 납작하게 할 절호의 기회라고 생각했다. 응원하는 이들의 성화에 점수를 매기기 시작했다. 난 어렵지 않게 스코어 3대 0으로 그를 이겼다. 다른 직원의 도전을 받아 경기를 다시 시작했다. 그 게임도 3대 0으로 가뿐히 이겼다. 지하는 열광의 도가니였다. 내가 남자 둘을 누르고 승리했다는 것이 놀라운 사건이었다. 나에게 패한 남자 둘 속은 부글부글 끓었을 것이다. 그 뒤로 남자 둘은 와신상담하는 마음으로 이를 갈았다. 매일 퇴근 후 한 시간씩 혹독한 맹훈련을 한다는 소문이 들렸다. 한 달 후 나에게 기세등등하게 도전장을 냈다. 물론 예상대로 난 대패했다. 불 보듯 뻔한 결과였다. 그들은 기술을 썼다. 난 스핀이 걸려 넘어오는 공을 다시 상대방에게 넘길 재주가 없었다. 그런 기술은 배우지 못했다. 나의 라켓에 부딪힌 공은 제멋대로 튕겨 나갔다. 난 정직한 볼 외에는 받아칠 수 없는 실력이었다. 처참하게 일그러진 나의 얼굴을 확인하고 나서야 그 둘은 기뻐 어쩔 줄 몰라 했다. 한 달 전 스크래치 났던 자존심이 회복된 듯 보였다. 날 무너뜨린 후에는 그들의 훈련도 끝을 냈다.

두 번째 사건은 그로부터 몇 개월 후에 벌어졌다. 국장이 전 직원에게 소설책을 한 권씩 선물했다. 난 흡족한 마음을 감출 수 없었다. 워낙 책을 좋아했기에 책 선물은 기분이 좋다. 난 주말에 책을 다 읽고 독후감까지 썼다. 너무 재미있어서 잡았던 책을 내려놓을 수 없었다. 주인공 여자가 '러브 바이러스'에 감염되면서 벌어지는 이야기를 담고 있었다. 치료제도 없고 백신도 없다. 감염되는 순간 자신의 의지와는 상관없이 누군가에게 빠져 열정적으로 사랑하게 된다. 작가의 발상이 기발했다. 너무 웃긴 나머지 킥킥거리며 읽었다. 완성된 독후감을 국장 메일로 전송했다. 재미있는 책을 선물로 주심에 감사하다는 인사를 몇 줄 넣었다. 그 독후감은 내가 국장에게 잘 보이기 위해 보낸 건 아니다. 난 아부랑은 멀었다.

민원봉사과에 근무할 때 있었던 일이다. 한번은 과장이 출장을 갔다가 저녁 일곱 시에 들어올 것이라는 전갈을 받았다. 여섯 시가 조금 넘은 시간에 직원들 모두 퇴근하고 나 혼자 남았다. 난 순간 갈등했지만 기다리기로 결심했다. 불 꺼진 캄캄한 사무실에 세콤을 풀고 들어와야 하는 수고로움을 덜어 주고 싶었다. 일곱 시가 조금 넘자 과장님이 들어왔다. 과장님은 웃으며 나를 기다린 거냐며 물었다. 난 1초의 망설임도 없이 "아니오."가 튀어 나갔다. 잔무가 있어 남아 있었다는 변까지 늘어놓았다. 왜 솔직하게 말을 못 했는지 스스로가 답답했다. 퇴근하면서 내내 마음에 걸렸다. 그렇게 생겨 먹은 것이다. 바꾸기에는 애초에 글렀다고 생각했다.

 난 책을 읽고 느낀 점을 써두는 것은 하나의 습관이었다. 실제로 국장께 감사한 마음을 전하고 싶었다. 이왕이면 독후감까지 첨부하면 좋을 것 같았다. 보름쯤 지난 후 앞에 있던 직원이 갑자기 책상을 정리하다가 국장이 선물한 책을 꺼내 들었다. 읽지도 않는 책을 선물로 줘서 처치하기 곤란하게 만드는지 모르겠다고 했다. 직원들은 하나둘 책상 구석에 처박아 놓은 책 이야기를 토로했다. 차라리 먹는 것으로 줬으면 더 좋았을 거라는 아쉬움을 말하는 이도 있었다. 하긴 책을 좋아하면 모를까 바쁘게 살아가는 직장인에게 책은 사치일 뿐일지도 모른다. 가만히 듣고 있다가 눈치 없게 입을 뗀 것이 화근이었다. "그 책 무척 재미있어요."라는 말이 나도 모르게 튀어나왔다. 그 말까지만 했으면 괜찮았다. 주말에 책을 정독하고 독후감까지 국장한테 보냈다는 말을 아무렇지 않게 뱉었다. 난 언제나 말하는 것에 신중했다. 몇 번이고 생각하고 토해 내는 습관이 들 만큼 조심스러웠다. 그날은 뭔가 이상했다. 나의 주책은 직원들의 따가운 눈총을 받게 했다. 한둘이 아닌 탓에 가슴이 콕콕 쑤셨다. 난 가만히 고개를 숙였다.

마침 그때 내 앞에 앉아 나를 바라보며 어이없는 표정을 짓던 그가 '가증 여사'라는 말을 처음으로 꺼냈다. 이번뿐 아니라 탁구 사건 때도 제대로 뒤통수를 맞은 그의 입에서 나올 법한 단어였다. '가증 여사'라고 불린 지 일주일이 지날 무렵부터 난 희한하게 묘한 쾌감이 발화되기 시작했다. '날개 없는 천사', '부처 가운데 토막'이라는 소리를 자주 들었다. 영 마음에 들지 않는 말이었다. 그런 유의 말은 신물이 났다. 난 사내 메신저 아이디를 가증 여사로 변경했다. 그만큼 마음에 쏙 들었다. 바꾼 지 한 시간쯤 지난 후 남편에게 연락이 왔다. 가증 여사가 뭐냐고 물었다. 사무실에서 불리는 내 별명이라고 알려 줬다. 남편은 당장 삭제하든지 다른 것으로 바꾸라고 했다. 난 바꾸기 싫다고 버티기로 들어갔다. 내가 좋으면 그만 아닌가. 남편은 어감이 상당히 좋지 않다며 여러 번 불편한 마음을 표출했다. 이해하기 힘들었다. 하긴 세상에 이해하지 못할 일이 얼마나 많은가. 모든 일을 이해하기 위해 사는 것도 아니기에 난 바로 삭제했다. 남편이 언짢아하는데 굳이 화를 돋우어 에너지를 낭비하기 싫었다.

문득 십여 년 전, 날 바라보며 큰 소리로 '가증 여사님'이라고 부르던 목소리가 뇌리를 스쳤다. 가면 벗은 나의 모습을 진정 알아봐 주는 것 같아 기분이 묘했다. 주위 사람들에게 착하다는 말을 들을 때마다 난 더 착하게 살아야 할 것 같았다. 외부 세계의 기대에 부응하기 위해 노력했다. 나 자신을 늘 억압했다. 솔직한 감정을 대체로 숨기고 살았다. 있는 그대로의 나의 모습을 보여 주는 것은 합당한 일이지만 난 표현하는 것에 서툴렀다. 차라리 포기하며 살았다. 반면 '가증 여사'라는 말은 나를 느슨하게 만들었다. 착하게 살지 않더라도 아무런 문제가 없을 것 같았다. 나에게 왠지 모를 평안을 안겨 줬다. 자신을 들여다보고 마음을 살피고 감정을 엿보는 과정은 나에 대한 믿음을 키우는 일이다.

　나의 바람이 분명해질수록 타인의 시선과 평가에 흔들리지 않게 된다. 타인과 문제없이 잘 어울리는 동안 나는 내 자신을 잃고 지냈다. 이젠 아무런 가면을 쓰지 않아도 되는 관계를 좋아한다. 내 본연의 모습을 그대로 드러내는 관계가 바람직하고 소중하다. 조금씩 관계를 끊어 내고 정리하다 보니 절로 내 자신을 들여다보게 된다. 단순하고 간결해진다. 곁가지를 쳐내니 중심의 자아가 점점 또렷하게 보인다. 난 겉으론 늘 침착한 모습을 보였지만 내면은 뒤죽박죽이고 제멋대로였다. 그런 내가 어느 순간 마음 깊은 곳에 평정심이 깊게 자리 잡았다. 세상을 안다는 지천명에 이르러서인지 내가 읽은 많은 책 속에서 절로 체득하게 되었는지는 알 수 없다. 다만 점점 진정한 내가 된다는 사실에 집중한다. 나의 색을 입히는 중이다.

막춤 추기

살다 보면 가끔 우울함이 찾아온다. 하늘도 매일 쾌청한 푸른 빛을 보여 주지 않는 것처럼 자연스러운 일이다. 우울함의 경중에 따라 다르겠지만 나에게는 어설픈 우울감에 딱 맞는 처방은 막춤이다. 국어사전에 '막춤'이란 "일정한 형식을 벗어나 제멋대로 추는 춤"이라고 정의하고 있다. 춤까지 형식을 끼워 놓을 필요는 없지 않은가. 그저 몸 가는 대로 추기만 하면 된다. 흘러나오는 음악에 맞춰 흐느적거린다. 이처럼 쉬운 것이 이 세상에 또 어디에 있으랴. 어처구니없게도 난 모든 장르의 음악을 춤으로 소화한다. 신나는 댄스곡은 손과 발을 사방으로 제멋대로 움직이며 열정적으로 춘다. 발라드나 조용한 노래는 그 리듬과 가사에 맞게 마치 발레라도 하듯 손끝과 발끝을 이용해 방 안을 누빈다. 그럴 때마다 마치 춤으로 연기하는 것 같은 착각을 한다. 춤을 즐기는 가장 큰 이유는 내 몸이 자유로워짐을 느끼기 때문이다. 가슴이 답답해 미쳐 버릴 것 같은 날에 막춤을 추면 가슴은 어느새 뻥 뚫린다. 정식으로 춤을 배우고 싶었던 때도 있었다. 형식에 맞는 춤을 추고 싶었지만 결국 슬그머니 포기했다. 내가 춤으로 뭘 할 것도 아니기에 그저 스트레스 푸는 도구로만 사용하기로 했다. 부끄러워 남에게 보여 줄 마음도 없었다. 남몰래 춤을 추기 시작했다.

춤을 시작한 건 중학교 2학년 때다. 가만 생각해 보면 내가 질풍노도의 시기라는 사춘기를 가뿐하게 넘길 수 있었던 건 막춤 덕분이라 생각한다. 딱히 스트레스 풀 거리가 없었다. 집과 학교를 시계추처럼 오고 가던 나의 취미는 책 읽기였다. 그건 매우 정적이다. 난 누군가 취미가 뭐냐고 물어 오면 고민 없이 독서라고 말했다. 각종 서류작성 할 때도 취미란에 어김없이 독서라는 두 글자를 적어 넣었다. 동적인 것이 필요했다. 물론 작정하고 막춤을 취미로 만든 건 아니다. 어느 날 집에 혼자 남았을 때 두렵기보다는 설렜다. 무엇을 할까? 고민하다가 직사각형 모양의 카세트를 꺼내 오빠가 즐겨 듣던 테이프를 넣고 플레이 버튼을 눌렀다. 팝송이었다. 오빠는 영국 출신 4인조 록 밴드 스모키의 팬이었다. 가끔 서울에서 집으로 내려올 때마다 여러 개의 카세트테이프를 싸 들고 왔다. 오빠는 항상 그것 중 한두 개를 집에 흘리고 갔다. 난 슬쩍 두고 간 올드팝을 들으며 기분전환을 했다. 스모키 노래 중 'What can I do'를 가장 좋아했다. '난 어떻게 해야 하지'라는 제목이 어쩐지 내 마음과 같았다. 해석도 못 할뿐더러

발음도 부정확한 가사를 어설프게 따라 불렀다. 노래라기보단 악을 썼다. 우리 집은 외딸아 소음 문제는 전혀 문제가 될 것이 없었다. 그들의 노래에 맞춰 연달아 세 곡만 춤을 춰도 숨이 한껏 차올랐다. 춤이라는 황홀경과 맞닿으면 절로 행복했다.

  결정적으로 난 다른 사람 앞에서는 춤을 추지 못했다. 희한하게 혼자 있을 때만 자연스럽게 나왔다. 아무래도 부끄러움을 많이 타는 성격이라 그랬을 것이다. 중학교 2학년 때 경주로 수학여행을 갔다. 나의 마음은 한껏 들떴다. 마지막 밤은 너무나도 낭만적인 캠프파이어를 했다. 장작더미에 불이 점화되는 모습은 멋졌다. 아이들의 우레와 같은 함성과 박수가 터져 나왔다. 저녁 여덟 시부터 열 시까지는 공식적인 댄스 타임이었다. 방에서 구경만 하던 아이들도 우르르 마당으로 달려 나갔다. 난 2층 창에 기대어 아래를 내려다보고 있었다. 크고 검은 앰프 두 개가 양쪽에서 쿵쿵거리며 거대한 소리를 냈다. 신나는 음악이 고막을 뚫고 들어오자 내 손과 발은 리듬에 맞춰 움직이려고 했다. 난 진정하려고 애썼다. 흥에 겨워진 날 아무도 눈치채지 못했을 것이다. 어릴 적부터 감정 숨기기 훈련이 되어 아주 자연스러웠다. 언제나 내 감정을 감추기 위해 노력했다. 울적하거나 기분이 안 좋을 때는 되레 큰 소리로 웃었다. 비정상적인 감정 체계에 혼란스러울 때가 종종 있었다. 난 창가에서 몸이 약간 불편한 아이와 함께 이야기를 나누며 간혹 아래를 바라봤다. 비좁은 공간에 아이들이 흔들어 대니 서로 부딪히고 난리였다. 그래도 좋다고 소리를 지르며 발광했다. 난 몸이 마구 들썩여서 당장이라도 뛰어내려가 저들 속에 끼고 싶었다. 그 욕망을 내 속에 있는 어떤 존재가 막았다. 왜 막았는지는 나도 모르겠다. 몸이 불편한 친구를 혼자 두고 간다는 것에 대한 양심의 가책이었을까? 그럴지도 모른다. 나에겐 과도한 죄의식이 항상 있었다. 지금 생각해 보면 그건 아니었다. 내가 그 정도로 착한 사람은 아니다. 소심했던 나는 그 광란의 도가니에 뛰어들 만한 비범한 용기가 없었다. 그냥 용기도 없는 마당에 비범함이란 내겐 언감생심이었다. 그저 아쉬움에 발만 동동 굴렀다.

성인이 되자마자 난 나이트클럽에 가고 싶었다. 그곳에 가면 밤새도록 춤을 출 수 있다는 소리에 눈이 번쩍 띄었다. 친한 친구들 셋을 꼬셨다. 우리 넷은 각자 토요일 업무를 끝내고 신촌역에서 만났다. 어쩐지 모두 촌티가 났다. 서로들 상대가 더 그렇다며 와자지껄 웃음보를 터트렸다. 우선 속을 든든히 채웠다. 춤도 체력이 필요하다. 작정하고 서울까지 나왔으니 만반의 준비를 하자고 결의했다. 저녁을 배불리 먹은 후 카페에서 밀린 수다를 떨며 시간을 보냈다. 날이 어두워지기를 기다렸다. 우리는 나이트클럽 오픈 시간에 맞춰 입장했다. 텔레비전이나 영화에서 보던 것과 똑같았다. 음악 소리가 얼마나 큰지 웨이터가 하는 말조차 잘 들리지 않았다. 그나마 서울에서 직장생활 하는 친구에게 모든 걸 맡겼다. 난 친구들 뒤에 숨어 있었다. 결국 자리를 잡고 맥주와 안주를 기본으로 시켰다. 생각보다 공간이 어마어마하게 넓었다. 화장실도 한참 가야 했다. 우리 넷은 신나는 음악이 나올 때마다 무대가 있는 앞쪽으로 달려 나갔다. 넷이 똘똘 뭉쳐 함께 원을 그리며 춤을 췄다. 다른 사람들이 들어오지 못하게 막무가내로 방어했다. 블루스 타임에는 슬며시 자리로 돌아와 숨을 고르고 시원한 맥주를 마셨다. 난 체질상 술이 받지 않아 개미 오줌 만큼씩 목구멍 뒤로 넘겼다. 그렇게 몇 번인가 반복했다. 땀이 등을 타고 주르륵 흘렀다. 재미있었다. 매번 혼자 방구석에 처박혀 추는 게 아니라 모르는 사람들과 함께 춤을 춘 경험은 처음이었다. 남자 하나가 집요하게 우리 원을 파괴하는 바람에 우린 방어선을 끊고 모두 흩어졌다가 다시 모이기도 하면서 깔깔댔다. 늦은 밤이 되자 여자 무희들이 나와 옷을 한 겹씩 벗었다. 처음 바라보는 쇼에 깜짝 놀라 우리 넷은 약속한 것처럼 모두 그곳에서 뛰쳐나왔다. 너무 민망해서 두 눈 뜨고 볼 수 없었다. 아쉽게도 그날의 친구들과의 클럽 방문기 추억은 처음이자 마지막이었다.

2010년 10월 마지막 토요일, 공설운동장에서 한마음 추계체육대회가 열렸다. 천여 명의 직원들이 오랜만에 한자리에 모였다. 토요일에도 불구하고 우리 사무실 직원 참석률은 백 퍼센트였다. 역시 국장님의 입김이 무섭긴 하다. 뭐든 참석하는 것에 의의를 두는 탓에 한 명이라도 불참하는 일이 없도록 독려한 탓이다. 손수 긴 내용의 메일을 작성해 모든 직원에게 보냈다. 개회식이 끝난 후 우린 몸풀기를 시작했다. 손목, 발목, 목, 허리를 돌렸다. 혹여 경기하다 다치기라도 할까 봐. 구석구석 유연하게 만들었다. 공굴리기, 단체줄넘기, 훌라후프 돌리기, 날아가 슈퍼맨, 줄다리기, 릴레이 경주 등 각 팀의 협동심을 발휘해야 우승할 수 있는 경기가 더 많았다. 점심을 먹고는 부서별 장기자랑이 이어졌다. 노래 실력이 가수 뺨치도록 잘하는 직원도 있었다. 심사위원의 장기자랑 점수 계산을 하는 동안 막춤 추기 대결이 벌어졌다. 막춤에 자신 있는 사람 무대 위로 오라는 진행자의 말이 떨어지자 전문위원님이 내 손을 잡아끌었다. 도저히 용기가 나지 않아 버티기 작전에 돌입했다. 힘껏 엉덩이를 이용해 바닥으로 주저앉았다. 사정없이 잡아끄는 힘이 보통이 아니었다. 이러다가는 팔이 빠질지도 모른다는 공포감이 들었다. 순간 전략을 바꿨다. 전문위원님도 같이 올라가면 나도 올라가겠다고 으름장을 놓았다. '설마 무대로 올라간다고 하진 않겠지?' 싶었으나 그건 나의 안일한 생각이었다. 내 말이 끝나자마자 "좋아."라는 답이 바로 나왔다. 난 어쩔 수 없이 엉거주춤 일어나 함께 무대로 향했다. 무대에 오른 건 처음 있는 일이다. 너무 떨려서 제대로 사람들을 바라볼 수 없었다. 얼마나 떨리던지 어서 내려가고 싶은 마음만 굴뚝 같았다. 세팀이 무대에 모였다. 진행자는 각 팀마다 삼십 초씩 시간을 준다고 했다. 음악은 무작위로 나온다는 말을 함께 전했다. 우리 팀은 마지막이었다. 첫 번째, 두 번째 팀이 끝나고 우린 무대 가운데로 안내받았다. 음악이 바로 나왔다. '에라 모르겠다'라는 심정으로 평소 틈틈이 연습한 대로 몸을 흔들었다. 내 앞엔 사람들이 아니라 텅 빈 운동장만 있는 거라고 최면을 걸었다. 숨이 차도록 최선을 다했다. 삼십 초란 시간이 그렇게 길게 느껴져 본 적은 없었다.

우여곡절 끝에 난 자전거를 가지고 집으로 왔다. 믿어지지 않았다. 내 평생 통틀어 이런 용기를 낸 적은 없었다. 나이가 들면 얼굴이 두꺼워진다고 하던데 그 말은 명백한 사실이었다. 도저히 생기지 않을 것 같던 용기에 왠지 모를 자신감도 상승한다. 물론 전문위원과 함께하지 않았다면 불가능했을 것이다. 예상대로 남편이 성질을 냈다. 그게 무엇 하는 짓이냐며 내 눈을 노려봤다. 이럴 줄 알았다. 아내의 용기를 북돋아 주면 어디 덧나. 남편 성격이라면 많은 사람 앞에 선 내가 몹시 못마땅했으리라. 체육대회가 끝난 후 직원들 반응은 놀람 그 자체였다. 국장님은 어디서 그런 춤을 배웠냐며 물어 왔다. 혼자 터득한 막춤이라고 말해도 배운 춤 같다고 우겼다. 국장님은 그건 막춤이 아니라 근사한 프리스타일 춤이었다며 신기한 듯 나를 쳐다봤다. 춤으로 인정받는 느낌이라 기분이 좋았다. 복도에서 만나는 타 부서 직원들도 지나가는 나를 힐끔 쳐다봤다. 동갑내기 친구는 그때의 사건을 들먹이며 소주 몇 잔 먹고 올라갔냐고 물어 왔다. 난 그날 맨정신으로 올라갔다. 알코올 기운을 빌리지도 않고 그 춤을 춘 것이냐며 어처구니없어했다. 맨정신이었다면 진짜 '돌아이' 같다며 비웃었다. 다른 사람이 혹여 묻거든 소주 몇 잔 걸치고 올라갔노라고 말하라고 충고했다. 난 너무나 황당해 멍하니 그녀를 바라만 보고 있었다. 기분이 확 상했다. 내가 한 짓이 몹쓸 추태나 부린 것처럼 치부하는 발언이었다. 녹음된 영상을 볼 때마다 난 아주 자랑스러웠다. 스스로 흡족한 과하지 않은 깔끔한 춤선이었다. 그걸 그딴 식으로 비하하다니 몹시 불쾌했다. 안 맞는 사람은 끝까지 맞지 않는 법이다. 그 친구와는 평소 이질감이 느껴졌다. 어쩔 수 없는 일이다. 누구의 탓도 아니다. 그녀와 나는 그저 다를 뿐이다. 난 마음을 가다듬고 친절한 목소리로 친구에게 말했다. 서른아홉의 반란이었노라고 생각해 달라며 빠르게 지나쳤다. 춤은 심신 건강에 최고다. 춤 빠진 나의 인생이란 있을 수 없다. 삼십 년 넘게 나에게 생기를 준 취미다. 춤을 출 땐 진정 내 자신이 되는 기분이다. 난 춤을 지극히 사랑한다.

고약한 술버릇

 남편에게는 주사가 있다. 한마디로 술버릇이 고약하다. 마신 술의 양에 따라 행동은 다르게 나타난다. 두 병까지는 크게 무리가 없다. 워낙 술을 잘 마시는 체질이라 얼굴색조차 변하지 않는다. 문제는 두 병을 넘어가면서부터다. 신혼 무렵의 일이다. 남편은 회식이 있던 날 밤 심하게 취한 상태로 집에 왔다. 집은 어떻게 찾아왔는지 의문이 들 정도였다. 남편은 집으로 들어오자마자 난데없이 욕을 퍼부었다. 물론 나에게 하는 건 아니었다. 만약 내게 했더라면 난 견디질 못했을 것이다. 남편은 평소 욕은 일절 안 하는 사람이다. 욕하는 사람을 예민하게 받아들였고 경멸했다. 그러던 사람이 욕을 뱉어 내니 난 할 말을 잃고 멍하니 바라만 보고 있었다. 과음 탓에 혀가 꼬여 무슨 말인지 알아듣기 어려웠다. 허공을 향해 구시렁거렸다. 귀를 쫑긋 세워 자세히 들어 보았다. 세상에 대한 불만이었다. 불공평을 원망하고 부조

리함에 반항하는 듯한 욕설이었다. 순간 결혼식 뒤풀이 때 남편 친구의 말이 떠올랐다. "이 친구 욕하는 거 들어 보셨어요? 술에 취하면 엄청나요."라고 내게 나직한 말로 전했다. 난 그 친구의 말을 믿지 않았다. 워낙 유머가 많고 평소에도 잘 웃기는 친구라 장난이겠거니 하고 웃으면서 넘겼다. 그것은 사실이었다. 그날 모든 것이 여실히 드러났다. 남편은 두 병 이상 술을 마실 때마다 주사를 부렸다.

  난 충격을 크게 받았다. 남편이 낯설었다. 이성의 끈이 끊긴 상태의 모습은 가관이었다. 다음 날 아침 남편은 전날 밤 기억을 전혀 하지 못했다. 블랙아웃이 온 것이다. 흔히 말하는 필름이 끊긴 상태다. 심각한 단기기억 상실 증세가 나타났다. 술에 취한 후 일정 시간 동안 기억을 전혀 하지 못했다. 블랙아웃 현상이 자주 발생하면 문제가 크다. 뇌 손상뿐 아니라 기억력도 감퇴된다. 그만큼 알코올성 치매에 걸릴 확률이 높아지는 건 당연한 이치다. 난 술을 좀 자제해 달라고 부탁했다. 남편은 걱정하지 말라며 대답만큼은 자신 있게 했다. 난 회식이나 저녁 술 약속이 생기는 날이면 저녁부터 불안해지기 시작했다. "술이 술을 마신다."라는 말을 떠올렸다. 술에 취하지 않았을 때는 정신을 바짝 차리고 자제하지만, 일단 술에 취하는 순간 놓아 버리게 되는 것이다. 그 뒤로는 술이 그야말로 물처럼 술술 들어가는 꼴이다. 아예 술을 입에 대지 않는 것만이 처방이다. 남편은 사회생활 하면서 어떻게 술을 마시지 않을 수 있겠냐며 궤변을 늘어놓았다.

거꾸로 생각하면 술 못 마시는 사람은 사회생활을 못 한다는 말인데, 그게 말이 되는 소리인가. 술 안 마셔도 정상적인 사회생활이 가능하다. 그건 술 좋아하는 사람의 핑계 중 하나다. 독하게 마음먹고 금주를 다짐한다면야 못할 것이 뭐란 말인가. 다른 것에는 강한 의지를 표출하면서 술 앞에선 사르르 녹아내리는 것이다.

친정 식구 중 술을 즐겨 마시는 사람이 없다. 아버지도 체질상 술을 입에도 못 댄다. 난 아버지 체질을 닮았다. 공교롭게도 엄마도 술을 좋아하지 않는다. 우리 가족 모두 한 잔만 마셔도 얼굴이 새빨개졌다. 보기에도 흉했다. 엄마의 말에 따르면 외할머니와 외할아버지는 아버지가 술을 못 마신다는 사실에 춤이라도 추고 싶었다고 한다. 하나밖에 없는 무남독녀 외딸을 시집 보내는 것에 온 신경을 기울이고 있었다. 아무래도 술을 좋아하거나 잘 마시는 사람이라면 딸에게 불리할 것 같은 마음이 들었을 것이다. 이왕이면 술을 아예 못하는 사람에게 보냈으면 하는 것이 외조부모의 욕심이자 희망이었다. 내세울 것 없던 아버지는 그것 하나 때문에 백 점짜리 사윗감이 되어 엄마랑 결혼했다. 명절에도 그 흔한 술병은 밥상 위에 올라오지 않는다. 술을 찾는 이가 아무도 없다. 난 그런 가정에서 자랐다. 술주정을 몰랐다. 가까이에서 목격한 적도 없다. 물론 영화나 드라마에서는 본 적이 있지만 현실에서는 마주한 적이 없다. 직장생활 하면서 회식할 때 아주 가끔 술에 취한 직원을 봤다. 주사는 없었다. 얌전하게 탁자에 머리 박고 자는 사람뿐이었다.

  언젠가 한 번은 술을 먹고 와서는 욕을 하지 않았다. 희한한 일이었다. 술버릇이 바뀌었나? 싶었다. 아니었다. 술을 조금 덜 먹은 거였다. 열두 시간 동안 일하고 온 나를 계속 깨웠다. 난 잠을 자야 했다. 내게 필요한 건 절대적인 잠이었다. 새벽 두 시까지 나를 괴롭혔다. 똑같은 이야기를 무한 반복했다. 같은 이야기를 열 번 정도 들었을 때는 귀에서 피가 날 지경이었다. 이럴 바엔 차라리 욕을 하는 편이 낫겠다고 생각했다. 이건 무지막지한 고문이었다. 난 만신창이가 된 기분이었다. 술주정은 내 가슴에 큰 상처를 안겼다. 언젠가 친구가 그나마 다행이라 생각하라고 말했다. 다른 사람에게 그랬으면 어쩔 뻔했냐며 차라리 집에 와서 하는 것에 감사하라고 했다. 난 가만히 친구 얼굴을 바라봤다. 본인이 당한 적이 없으니 서슴없이 이런 이야기를 뱉을 수 있는 것이다. 정말로 초긍정의 사고방식으로 생각한다면 친구의 말도 틀린 말은 아니다. 혹여 사무실 식구들이나 생판 모르는 타인을 붙잡고 저런 꼴값을 떤다면 더 큰 화를 초래할 일이다. 이해는 갔지만 난 부처가 아니다. 하루에도 수만 가지 감정을 품게 되는 극히 정상적인 범위의 인간이다. 나를 화나게 했던 건 아침에 일어나면 아무것도 모른 채, 아무 생각도 안 난다고 천진난만한 목소리로 말할 때였다. 기억에 없다는 한마디로 모든 것이 없던 일로 하얗게 탈색될 수 있는 것은 아니다.

남편 부서에 송환영회가 있던 날 밤 '쿵쿵쿵' 현관문을 두들기는 둔탁한 소리가 들렸다. 올 것이 왔구나 싶었다. 평소 멀쩡한 상태의 남편은 문을 두드리지 않는다. 번호 키의 비밀번호를 터치하고 들어온다. 이미 취하도록 마셨다는 증거다. 거실에 걸린 동그란 추시계에 힐끔 시선을 옮겼다. 시침은 자정을 넘어서고 있었다. 문을 열자 술에 취한 남편의 모습이 들어왔다. 머리끝부터 발끝까지 스캔해 본 결과 오늘은 평소보다 과하게 마신 것처럼 보였다. 소주 세 병 이상이 틀림없다. 오랜 세월 본 결과 이젠 현관에 들어서는 모습만으로도 얼마나 마셨는지 단박에 알아낼 수 있다. 소주 두 병 반과 세 병 이상일 때 행동이 미묘하게 다르다. 난 수준에 맞는 방어 태세로 마음을 단단히 먹지 않으면 안 된다. 말수가 적은 남편은 술만 마시면 말이 많아진다. 평소 내색하지 않던 불만을 쏟아 낸다.

마치 지킬 박사와 하이드처럼 그야말로 다른 인격체로 변신한다. 정신적으로 억압된 감정의 다른 자아를 보는 느낌이다. 생각해 보면 남편은 스트레스 풀만한 뾰족한 탈출구가 없었다. 풀지 못한 스트레스 때문이란 걸 알지만 내 속이 좁은 터라 그걸 받아들이기에는 불가능한 일이다. 아내로서 그거 하나 받아 주지 못하는 나 자신을 몇 번쯤 탓한 적이 있다. 하지만 나도 살아야 했다. 남편이 술 먹고 들어온 날은 심신이 몹시 지쳤다. 그의 모습이 짠하기도 했지만 난 그걸 어여쁘게 봐줄 만한 여유가 없다. 반 토막 난 잠 때문에 가장 힘들었다. 결혼하고 이십 년이 넘도록 술 마신 다음 날 아침은 해장국을 끓였다. 남편이 좋아하는 멸치와 양파를 넣은 김칫국이라 국물이 시원했다. 이른 아침 국을 내밀며 물었다. "어제도 기억 안 나요?" 남편은 김칫국을 환하게 받아 들며 말했다. "기억이 없어. 나 어제 어떻게 집에 왔지? 몇 시에 들어온 거야?" 곧 이내 머리를 갸웃거린다. 그러고는 아무리 생각해도 생각이 나지 않는지 뒤통수를 긁적인다. 다시 한번 내게 반문한다. "나 어제 몇 시에 들어왔어?" 그걸 지켜보는 난 미치고 환장하기 일보 직전이다.

올봄에 발생했던 사건이 하나 있다. 시간이 얼마 지나지 않은 일이라 아직도 내 머릿속에 생생하게 기억된다. 퇴근 무렵 갑자기 회식이 생겼노라고 내게 알렸다. 술 적당히 먹으라고 잔소리했더니 이내 듣기 싫은 듯 걱정도 하지 말라며 전화를 바로 끊었다. 밤 열 시가 넘자 걱정이 되기 시작했다. 코로나 이후에 회식은 1차에서 깔끔하게 마무리 짓는 편이라 아홉 시가 조금 넘는 시간이면 영락없이 들어왔다. 거실의 시계가 열시 반을 가리키자 난 안 되겠다 싶어 남편에게 전화를 걸었다. 신호음은 계속 울렸지만 전화는 받지 않았다. 전화를 칼같이 받는 사람인데 무슨 일이 있나? 난 초조해지기 시작했다. 세 번째 전화 통화에 성공했다. 남편은 이미 많이 취한 듯 보였다. 혀가 꼬인 탓에 말을 알아듣기조차 어려웠다. 내가 어디냐고 묻는 소리에 대답은 하지 않고 전화를 끊었다. 난 다시 전화를 걸었고 남편은 받았지만 전화는 곧 끊어졌다. 심상치 않다는 걸 직감했다. 분명 무슨 일이 생긴 거라는 예감을 떨쳐 내기 힘들었다. 그때 남편에게 전화가 왔다. 난 다시 어디냐고 물었다. 남편은 장소는 말도 하지 않고 난데없이 피가 난다며 어디서 나는지 모르겠지만 손이 온통 피라며 떨리는 목소리로 말했다. 난 기어코 올 것이 왔구나 싶었다. 사달이 나도 크게 난 것이 분명했다.

  난 남편에게 '로터리'라는 단어를 귀하게 얻어 냈고 무작정 로터리로 차를 몰았다. 로터리 근처를 아무리 뒤져도 찾을 수가 없었다. 난 다시 우리 집 방향으로 천천히 내려가고 있었다. 내 시야에 지그재그로 걷고 있는 남편의 뒤태가 들어왔다. 길가에 차를 세워 남편을 불렀다. 남편이 얼굴을 돌렸고 난 그 순간 화들짝 놀랐다. 얼굴이 마치 전쟁영화에서 폭탄이 터져 파편을 맞은 병사의 모습과 흡사했다. 정말로 영화에나 등장할 법한 몰골이었다. 예전의 나였다면 놀란 나머지 주저앉거나 엉엉 울었을 것이 분명하다. 내 입가에는 실없는 웃음마저 새어 나오고 있었다. 응급실 가서 소독이라도 받아야 할 것 같아 병원 가자는 소리에 죽어도 안 가겠다고 버티는 바람에 집으로 왔다.

  난 소독약과 면봉을 꺼내 얼굴을 소독하려고 하는 찰나 장난기가 발동했다. 기념사진을 찍어 놓고 싶었다. 나중에 보더라도 경각심을 불러일으킬 끔찍한 모습이었기에 어쩐지 도움이 될 거란 생각에서였다. 어차피 남편은 술을 과하게 마신 탓에 기억 못 할 것이 뻔했다. 난 남편에게 사진 한 장만 찍겠다고 포즈를 취하라고 했다. 웬일인지 그 말에 가만히 있었다. 난 성공적으로 사진 한 장을 얻어 냈다. 회심의 미소를 지으며 소독을 시작했다. 피투성이가 된 얼굴은 말이 아니었다. 흙이 아닌 시멘트 바닥에 얼굴이 밀린 듯 보였다. 면봉이 닿자마자 아프다고 펄쩍펄쩍 뛰는 바람에 소독하는 데 한 시간이나 걸렸다.

  새벽 여섯 시 남편은 일어나 화장실로 들어갔다. 남편은 술을 아무리 마셔도 여섯 시면 귀신같이 눈을 뜨는 사람이었다. 거울을 본 남편은 나보다 더 놀란 듯 내게 달려와 얼굴이 왜 이 꼴이냐며 자초지종을 물었다. 내 이야기를 듣고는 낙심했다. 오늘 당장 출근할 것부터 걱정스러운 눈치였다. 남편은 오랫동안 얼굴에 거즈를 붙이고 다녔다. 이마에 난 상처가 깊어 걱정했었는데 다행히 꿰맬 정도는 아니라고 했다. 상처가 아무는 데 많은 시간이 걸렸다. 이젠 지울 수 없는 흉터만 남았다.

  남편은 넘어진 뒤로 많이 자제한다. 충격을 꽤 받은 모양이다. 거울 볼 때마다 흉터가 보이니 그럴 만하다. 어쩌면 하늘의 뜻이 아닐까? 라는 생각까지 들었다. 돌이켜 보면 천운이다. 얼굴 피부가 밀린 것 말고는 다른 곳은 멀쩡했으니 말이다. 혹여 오복의 하나라는 치아나 팔, 다리가 부러지기라도 했다면 어쩔 뻔했나 싶다. 만약에 가장 중요한 머리를 다쳤다면 돌이킬 수 없을 사고가 되었을지 모른다. 생각만 해도 간담이 서늘하다. 곱씹을수록 감사한 마음이 들었다. 남편은 이젠 먼저 나서서 술 약속을 잡지 않는다. 어쩔 수 없는 자리에만 한 달에 두세 번만 마신다. 술을 적게 마시려고 신경 쓴다는 말에 흡족했다. 실제로 내가 체감할 정도의 노력이 엿보였다. 초반에 급하게 마시지 않으면 확실히 덜 취한다. 왜 달지도 않은 쓴술을 못 마셔 안달일까? 가만 보면 술이 약한 사람은 절대 취하지 않는다. 자신의 주량을 알기 때문에 과하게 마시지 않기 때문이다. 반대로 술 좀 마시는 사람은 자신의 실력을 믿고 마시면서 사달은 시작된다. 이젠 회식이 있다고 해도 불안증은 많이 사라졌다. 예전만큼은 아니다. 나로서는 그저 감사한 마음이다. 맨 처음 술버릇을 책에 싣겠다고 했을 때 남편은 매우 부끄러워했다. 난 내심 안 된다고 할까 봐 걱정했다. 현재 사회생활을 하고 있어 주변 사람들의 시선이 부담스러울 수 있다. 본인도 탐탁지 않았을 것을 안다. 그럼에도 불구하고 나의 요청에 고개를 끄덕여 준 남편이 고맙다.

로또 같은 남편

나에게 남편은 로또 같은 존재다. 안 맞아도 너무 안 맞는다. 체질부터 딴판이다. 남편은 태양인이고 난 소음인이다. 신체적 조건에서부터 극과 극이다. 양인은 몸에 열이 많고 음인은 몸이 차다. 썸을 타고 있을 무렵 그가 갑자기 내 손을 잡았다가 즉시 놓아 버렸다. 너무 차가운 탓에 깜짝 놀라 본능적으로 한 행동이다. 본인도 머쓱한지 다시 손을 잡으며 왜 이렇게 손이 차갑냐고 물었다. 자신은 뜨거우니 평생 내 손을 잡아 주어 따스하게 해 주겠다고 맹세했다. 사나이 맹세는 참으로 가벼웠다. 난 감쪽같이 속았다. 겨울만 오면 내 손은 강력한 무기로 변한다. 얼음장 같은 손이 몸에 닿기라도 할까 봐 기겁하며 도망친다. 비단 손만 그런 것이 아니다. 난 온몸이 냉하다. 어디 한 곳 따스한 곳이 없다. 언젠가 자려고 누웠는데 남편이 내 배에 슬그머니 손을 올렸다가 빛의 속도로 뺐다. 손이 너무 시려서 그랬다면서 한숨을 내쉬었다. 난 파충류일까? 혹시 내 피는 파란색이 아닐까? 하는 엉뚱한 생각을 한 적도 있다. 이토록 차가운 몸으로 살아 있는 것 자체가 기적이다. 땀이 나도록 운동을 해도 몸은 쉽게 데워지지 않는다. 남편은 가만히 있어도 땀이 줄줄 흐른다. 무더운 여름에는 에어컨 없이 한 시간도 못 버틴다. 몸통에서 솟아나는 땀으로 윗옷 색이 점점 선명하게 번져 가는 것을 보면 경이롭다.

  난 열대야가 있는 날에도 에어컨 없이 잘 수 있다. 더 놀라운 건 아무리 더워도 이불을 덮고 잔다. 이불 없이 잠을 청할 수 없다. 그것이 없으면 온몸이 발가벗겨진 것처럼 허전하다. 발끝부터 목까지 전신을 감싸지 않으면 수면은 포기해야 한다. 반대로 남편은 한겨울에도 이불을 덮지 않는다. 이십오 년 동안 이불 덮고 자는 모습 한번을 목격하지 못했다. 남편의 잠옷은 회색빛 운동복이다. 이불을 덮지 않는 대신 든든하게 입고 잔다. 윗옷 지퍼를 목 끝까지 올린다. 자는 모습을 위에서 바라보면 가슴에 얹은 두 손등과 얼굴만 둥둥 떠 보인다. 새벽에 깨서 보면 남편은 새우처럼 잔뜩 등을 구부리고 자고 있다. 이불을 슬쩍 덮어 주려고 하면 남편은 영락없이 잠에서 깨어나 이불을 확 차버린다. 신기한 일이었다. 몸에 이불을 감지하는 센서라도 달린 사람 같다. 발끝에 이불이 닿으면 질겁한다. 이해할 수 없었다. 그런 연유로 우리 집 침대에는 온수매트가 여름을 제외하곤 항상 깔려 있다. 이불 없이 자는 남편에게는 온수매트가 필수다. 물론 내가 자는 쪽 매트는 꺼놓았다. 이불을 몸에 돌돌 말고 자는 나로서는 그것까지 켜면 도리어 더워서 잠을 설친다. 어떤 일에든 장단점이 있듯이 한 가지 좋은 점은 부부들이 하는 이불 뺏기 싸움을 하지 않아도 된다는 거였다. 우리처럼 안 맞는 부부가 꽤 많은 모양이다. 온수매트 만드는 회사에서 반쪽만 켤 수 있는 2인용 매트를 개발해 냈으니 말이다. 물론 좌우 온도도 각각 다르게 세팅할 수 있다. 오래전 전기장판을 깔고 잘 때는 반으로 나눠 작동이 안 되는 탓에 난 바닥이 뜨거워 수면의 질이 낮았다. 온도를 내리면 남편은 춥다고 성화였다. 다시 올리면 난 뜨거움을 견뎌야 했다.

정신적으로도 판이하다. 남편은 극도로 이성적인 데 반해 난 감성적이다. 퇴근 후 남편에게 상사 뒷담화를 했는데 돌아온 답변은 그 사건이 발생하게 된 근본적인 원인이 무엇이냐는 질문이었다. 기가 찼다. 지금 누구의 잘잘못을 따지기 위한 심판의 장은 아니지 않는가. 마치 자신이 재판장이라도 된 것처럼 행동하는 모습에 정나미가 떨어졌다. 난 많은 것을 원하지 않았다. 그저 "많이 속상했겠네."라는 한마디였다. 물론 상사를 향해 욕 한마디 보태 준다면 더할 나위 없이 시원하고 흡족했을 것이다. 내가 어떤 마음이었는지는 관심 없고 사건을 분석하여 문제를 밝히겠다는 이성적 의욕으로 활활 타오른 눈빛을 보게 된 순간 입이 절로 닫혔다. 치밀한 이성의 소유자는 뭐든 행동하기 전에 미리 계획을 세웠다. 난 계획보다는 즉흥이라는 단어를 더 좋아했다. 이박삼일 여름휴가를 떠날 때도 남편은 미리 한 시간 단위로 시간표를 짰다. 자신의 계획대로 진행되지 않으면 이내 얼굴이 구겨졌다. 스트레스를 받는 눈치였다. 물론 여행에 계획은 필요하다. 그렇다고 세밀하고 구체적인 계획으로 인해 받지 않아도 될 스트레스를 꼭 받아야 하는지 의문스러웠다. 울화통이 터졌다. 별일 아닌 일에 자기 자신을 들들 볶는 남편을 보면 안타까웠다. 비단 여행뿐만 아니라 어떤 새로운 것을 시작할 때도 기획서는 필수였다. 남편이 나에게 설명할 때도 항상 워드로 작성된 보고서 형태였다. 내가 제의한 것에 대해서도 그것은 꼭 필요했다. 자신이 받아들였을 때는 문제가 안 되었다. 본인이 용납되지 않는 건에 대해서는 구체적으로 요구했다. 자신을 설득할 수 있는 기획서 주문에 경악을 금치 못했다. 여긴 가정이지 회사가 아니지 않은가. 쓸 마음이 없던 나로서는 치사한 마음에 그만두었다.

남편은 정리 정돈에 있어서 병적인 완벽함을 추구했다. 물론 청소도 마찬가지였다. 창틀에 있는 먼지조차 용납하지 않았다. 화장실 수납함 수건의 결이 하나라도 다르면 견디지 못했다. 그게 무슨 중요한 일이라고 그럴까? 도무지 이해할 수 없었다. 지저분한 것은 눈 뜨고 볼 수 없는 사람이었다. 특히 차 내부가 더러워지는 것은 참을 수 없어 했다. 아이들은 차 안에서 과자 하나 먹지 못했다. 어릴 적부터 아빠에게 교육받은 아이들은 으레 차 안은 아무것도 할 수 없는 신성한 곳이라 여겼다. 차를 타기 전에 두 발을 공중에 대고 탁탁 신발을 터는 것이 습관이 되었다. 나도 자연스럽게 몸에 배었다. 차 안은 먼지 한 톨 볼 수 없는 깨끗한 곳이었다. 그 누구도 지저분하게 할 자격은 없었다. 한 번은 큰아이가 내게 뜬금없는 질문을 던졌다. "엄마, 자동차 안에서 과자 먹어도 돼요?" 큰아이가 여덟 살 무렵이었다. 방과 후 집에 오는데 앞 동에 사는 친구 아버지가 친구와 함께 차를 태워 줬는데, 친구가 차에서 과자를 먹더라는 이야기를 꺼냈다. 충격을 받은 큰아이는 친구가 주는 과자를 도저히 받을 수 없었다고 고백했다. 무슨 큰 잘못을 저지르는 것 같아 두 손을 내밀지 못했다며 말을 흐렸다. "차 안에서 과자 먹을 수 있어. 아빠가 깔끔해서 너희들은 그 자유를 빼앗긴 것뿐이지." 그제야 아이는 고개를 끄덕였다. 자신은 지금까지 버스에서만 가능하고 자동차에서는 과자를 먹지 못하는 법이 있는 줄 알았다며 웃었다. 진실을 알고 난 아이의 허탈함이 묻어나는 웃음이었다.

  현재 남편은 심각한 정도는 아니다. 많이 달라졌다. 세월이 흐른 탓에 물러졌다. 솔직한 체감을 말하자면 천지가 개벽했다는 표현을 써도 과언은 아니다. "우리 남편이 달라졌어요."라고 말하고 싶다. 사람이 이렇게까지 변할 수 있는가에 대한 의문이 생길 정도다. 과거의 남편이라면 난 살기를 거부할 판이다. 이런저런 수많은 일화가 뜬금없이 떠오를 때가 있다. 따져 물을 때마다 청문회를 보는 듯하다. "기억이 나지 않는다."라는 답변만 줄기차게 내놓는다. 남편은 지겨운지 "과거는 잊고 삽시다."라는 말을 꺼냈다. 난 쿨하게 그러기로 약속했다. 지나간 건 더 이상 들추지 않을 작정이다. 지나간 일을 운운해 봐야 서로에게 득 될 것이 없다. 과거는 나도 어렸기에 상대방보다는 내 상처만 들여다보는 것에 급급했다.

얼마 전 봄비가 추적추적 내리는 날이었다. 온종일 집에 있는 것이 답답한지 한참을 서성대다 갑자기 책 읽고 있던 나에게 와서는 말을 걸었다. "비도 내리는데 카페 가서 커피 한잔할까?" 난 남편 말에 놀라 "응? 뭐라고?" 말하며 두 눈을 동그랗게 떴다. 한 잔에 몇천 원씩 하는 커피 사 먹는 것조차 이해할 수 없다던 남편이었다. 난 반가운 마음에 카디건만 걸치고 남편을 따라 나섰다. 차에 타자마자 남편은 핸드폰으로 유튜브를 검색해 노래를 고르고 있었다. 평소 보지 못했던 낯선 광경이 펼쳐지는 통에 고개를 갸웃거렸다. 곧 차 안의 스피커를 통해 흘러나온 노래는 비스트의 '비가 오는 날엔'이었다. 감동이었다. 내가 좋아하는 노래를 용케 찾은 것도 놀랍지만 더 날 놀라 자빠지게 한 것은 그다음 곡이 빠른 랩이 잔뜩 들어가 있는 노래라는 사실이었다. 이런 비트 빠른 곡은 남편은 절대 듣지 않았다. 남편의 귀가 나이를 먹으면서 둔해진 탓일까? 사람이 변해도 너무 변했다. 가끔 남편의 변화에 놀라 벌어진 입을 다물지 못할 때가 종종 있다. 내가 좋아하는 노래를 들으며 드라이브하는 기쁨에 빠져들었다. 한 시간 달려 도착한 카페에서 향기 좋은 커피를 마셨다. 통창 밖 풍경을 하염없이 바라보니 절로 힐링 되는 느낌이었다. 남자도 갱년기가 있다고 들었는데 혹시 그것이 도래한 것일까? 의문 가득 찬 눈빛으로 남편을 빤히 쳐다보고 있었다. "왜, 얼굴에 뭐 묻었어?" 남편이 물었다. 난 웃으며 아니라고 말했다. '당신 이제야 철드는 것 같아' 속으로 가만히 읊조렸다.

  남편과 나는 몇 가지 결정적인 다름이 있는 반면 잘 맞는 요소도 몇 가지 있다. 그렇기에 나름 균형을 이루며 살아간다. 잘 맞지 않는 쪽으로 기울면 로또 같은 부부가 되고 잘 맞는 쪽으로 더 크게 기울면 우린 천생연분의 부부가 된다. 살다 보면 왼쪽 또는 오른쪽으로 기울기 마련이다. 그럴 때마다 수평을 잡고 살게 되는 것이 부부란 생각이 든다. 사람의 기질과 성격은 '좋다'거나 '나쁘다'로 구분하여 평가할 수 없는 것이다. 그냥 개인이 가지고 있는 성질일 뿐이다. 어떤 성격이든 장단점이 존재하기 마련이다. 아주 가끔 남편의 영향력으로 마음이 파도칠 때마다 엄마가 했던 말을 곱씹어 본다. "이것아, 흠 하나 없는 사람이 어디 있어. 그래도 너 하나 사랑하는 마음 변치 않으면 축복이지." 곰곰이 생각하니 맞는 말이다. 다른 건 몰라도 나를 생각하는 남편의 마음은 이십오 년 동안 한결같다. 심란할 때면 마음의 추를 좌우로 움직여 본다. 수평을 잡을 수만 있다면 문제는 없으리라. 충분히 잘 살고 있는 것이다.

어머니 단상

그녀를 처음 마주한 건 1995년의 초여름이다. 첫인상이 매우 강렬했다. 난 온화함을 기대했다. 세상은 바라는 대로 굴러가지 않는 법이다. 심성이 나약한 나에게는 감당할 수 없을 만큼 강한 사람으로 느껴졌다. 그것을 보란 듯이 증명하는 사건이 터진 건 신혼여행을 다녀와서였다. 시댁에 도착하자마자 어머니에게 큰절을 올린 직후 예상치 못한 타박이 이어졌다. 내용인즉 결혼식장에서 친척들이 하는 말에 기분이 상했던 모양이다. 며느리가 여우같이 생겨서 아들이 잡혀 살 것 같다는 소리를 듣고는 못마땅하게 생각한 것이다. 나를 쏘아보며 대뜸 화장하는 여자에게 팁을 줬냐고 물었다. 매섭게 쏘아붙이는 어머니의 눈총에 주눅이 들어 입이 잘 떼지지 않았다. 주지 않았다는 답변에 어머니는 화를 냈다. 팁을 받지 못해 신부 화장을 망쳐 놓은 거라며 역정을 냈다. 난 기가 막혔다. 말도 안 되는 소리였다. 어머니는 계속 억지를 부렸다. 그래도 거기까진 좋았다. 그렇게 생각할 수도 있는 노릇이라고 이해했다. 그때까지는 눈물도 나오지 않았다. 어머니는 갑자기 화살을 엄마한테 돌렸다. 언니 둘이나 결혼시킨 엄마는 뭐 하고 있었느냐는 소리가 내 귀청을 때렸다. 막내딸 화장 예쁘게 해달라고 돈을 따로 주면서 신경 썼어야 했다는 이야기였다. 어머니의 말은 나의 폐부를 할퀴었다. 나도 모르게 눈물이 왈칵 쏟아졌다. 왜 죄 없는 내 엄마까지 들먹이는가에 대한 의문과 원망이 솟구쳤다. 그건 선 넘는 행위였다. 그 일이 이렇게까지 화를 낼 일인지도 이해할 수 없었다. 아니 차라리 숨이라도 돌린 후에 말해도 되지 않은가. 뭐가 그리 급하고 중요한 일이라고 옷도 갈아입지 않는 며느리 앞에서 호통을 치고 있는지 도무지 알 수 없었다. 안개가 자욱한 길을 걸어가는 듯 답답했다. 무엇이라도 말하고 싶었지만 내 입은 앙다문 채 벌어지지 않았다. 그저 눈물만 후드득 떨어졌다. 죄인처럼 고개를 깊게 숙여 눈물은 바로 노란 장판으로 낙하했다. 다홍색 한복 치마 밑으로 흥건한 눈물을 보면서 만만치 않을 앞날에 온몸이 오싹했다.

결혼하고 처음 맞는 추석 명절에 난 시댁에서 제사음식을 하고 있었다. 큰형님이 나에게 작은 목소리로 속삭이듯 말했다. 시누이가 재작년에 결혼하고 어머니가 조금 달라졌다고 했다. 딸이 다른 집안의 며느리가 되었으니 아무래도 마음가짐이 예전과는 다를 것이라는 이야기였다. 동서는 그나마 상황이 좋을 때 결혼한 것이라며 흡족한 미소를 지었다. 난 고개를 끄덕였지만 쓴웃음이 입가로 번졌다. 큰형님이 자신이 겪었던 일을 나에게 토로했다. 사건은 시누이가 결혼하는 날 벌어졌다. 신혼여행 떠나는 차를 배웅하고 시댁으로 왔다고 한다. 온종일 신경 쓰고 서서 인사하는 통에 온몸이 쑤셨대서 피곤한 몸을 달래려고 남편에게 커피 한 잔 부탁했다가 봉변당한 일을 풀어 냈다. 주방에 들어가 주전자에 물을 올리고 커피를 끓이는 아들을 목격한 어머니는 화가 단단히 났다고 했다. 큰형님을 부르더니 남편을 주방에 들여보냈냐며 잔소리를 한 바가지 쏟아붓는 통에 그만 눈물이 났다고 했다. 큰형님은 나랑은 다르게 다부져 보였다. 그런 사람 눈에서 눈물이 나왔다는 소리에 팔다리 힘이 확 풀리는 기분이었다.

어머니는 먼 옛날 사람이었다. 추석 명절 송편을 빚고 싶다고 달려든 큰아이에게 남자가 이런 것 하면 고추 떨어진다며 쫓아냈다. 출세를 못 한다는 이야기를 듣고도 가만히 있었다. 난 비겁하게 침묵했다. 그것이 화근이었다. 요즘은 시대가 바뀌었다고 어머니 생각이 잘못되었다고 말했어야 했다. 야단을 맞는 한이 있더라도 열 번이고 백 번이고 그랬어야 했다. 난 용기가 없었다. 워낙 분쟁을 싫어했다. 웬만하면 평화롭게 살고 싶었다. 소란 피우는 것도 질색이었기에 난 침묵으로 일관했다. 학습된 무기력도 한몫했다. 어릴 적부터 끊임없이 어른 말은 잘 들어야 하고 여자는 고분고분해야 한다는 교육을 받았다. 어머니는 내가 착한 며느리인 줄 안다. 당신 말에 '아니오'라는 말을 한 번도 하지 않았으니 그렇게 여길 것이다. 착한 것이 아니라 약한 것이었고 동방예의지국에 맞는 예의를 지켰을 뿐이다. 난 어머니 앞에서는 한없이 무력한 존재였다.

　결혼 후 남편은 나에게 매일 문안 인사를 일 년은 드려야 한다고 말했다. 난 그게 며느리의 도리라고 생각하고 수긍했다. 매일 잊지 않고 어머니에게 전화를 걸었다. 일 년이 되었을 무렵 어머니는 매일 전화하면 번거롭고 전화요금도 많이 나오니 앞으론 이틀에 한 번만 하라고 했다. '이틀에 한 번이요? 그건 너무 가혹하잖아요'라고 마음속으로만 외쳤다. 그 뒤로 난 구 년 동안 묵묵히 실행에 옮겼다. 그 덕에 화병이 생겼다. 난 가슴이 자주 아팠다. 심장병일지도 모른다는 생각에 정밀검사를 받았다. 예상외로 난 말짱했다. "검사 결과는 이상 없는데 가슴이 왜 이토록 아픈 걸까요?" 답답한 마음에 의사에게 물었다. 흰색 가운을 입고 있던 의사의 말끝에 '화병'이라는 단어가 툭 튀어나왔다. 이틀에 한 번 전화를 건다는 게 말처럼 쉬운 일은 아니다. 하루가 빛의 속도로 흘러가기 때문이다. 그보다 더 곤욕스러웠던 것은 무슨 말을 해야 할지 모르는 것이다. 난 친구들에게도 특별한 용건이 있는 경우를 제외하곤 먼저 연락하지 않는다. 친정엄마에게도 한 달에 두어 번 정도 했다. 가끔은 엄마가 딸 목소리 잊을까 봐 전화했다는 농담 아닌 진담을 하곤 했다. 전화하는 날인데 내가 건너뛰기라도 하면 어머니는 득달같이 다음 날 내게 전화했다. 어제 왜 전화를 걸지 않았냐고 따져 물었다. 난 바빠서 잊었노라고 핑계를 대면서 실없이 웃었다. 목소리만 웃고 있었다.

그건 가짜였다. 내 심장이 격렬하게 뛰고 얼굴은 화끈거렸다. 생각하다 못해 매직으로 달력에 동그라미와 엑스 표시를 번갈아 해놨다. 동그라미가 그려진 날은 무슨 일이 있더라도 전화했고 엑스인 날은 하지 않았다. 엑스가 그려진 날은 왠지 기분이 좋았다. 이틀에 한 번 숙제하듯 난 전화를 걸었다.

지금에 와 돌이켜 생각해 보면 내가 왜 그랬는지 의문이다. 극도로 스트레스를 받고 있으면서도 그 짓을 멈추지 못했다. 아예 생각이라는 게 없었나? 의문이 들 정도로 미스터리한 일이다. 호랑이에 홀린 사슴처럼 꼼짝없이 당하는 쪽은 나였다. 남편은 생각했던 대로 극진한 효자였다. 전화 고충을 호소했지만 끄떡하지 않았다. 되레 엄마 편을 들었다. 엄마는 원래 그런 사람이지 않냐며 내가 무조건 이해해 주길 바랐다. 지금의 내 마음이 그때의 마음이라면 난 어머니에게 모든 걸 솔직하게 털어놓았을 것이다. 그땐 한없이 어리고 나약했다. 약하다는 것은 때론 나 자신에게 감당할 수 없는 큰 죄를 짓게 되는 처절하고 잔인한 것이다. 난 나를 사랑하지 않았다. 사랑했다면 거부했을 것이다. 십 년 동안 전화 스트레스에 노출시키지 않았을 것이 분명하다. 한마디로 셀프 학대였다. 난 한없이 미련했다.

어머니가 세상을 떠나기 한 달 전쯤 우리 집에서 일주일을 묵었다. 아버님 돌아가시고 내내 혼자 사시다가 딸이 사는 당진으로 거처를 옮긴 지 얼마 되지 않은 시점이었다. 어머니와 성질이 비슷한 딸이라서 그런지 자주 티격태격했다. 어머니는 가끔 내게 전화를 걸어 딸의 뒷담화를 하곤 했다. 주위 사람들만 봐도 엄마와 딸이 마음이 맞아 오순도순 잘 사는 경우는 찾기 어렵다. 주름지고 늙어 버린 어머니에게 이젠 더 이상 호랑이 기운은 존재하지 않았다. 이젠 타박도 귀찮은 듯 그저 괜찮다고 잘했다며 내 등을 손으로 어루만져 주었다. 처음으로 어머니 손이 내 등을 타고 미끄러졌다. 따스함이 느껴졌다. 어안이 벙벙했다. 예전엔 등짝 스매싱을 안겨 주곤 했었다. 갑자기 순한 양이라도 돼버린 것 같아 마음이 묘했다. 낯선 모습에 어머니가 정상이 아닌 것 같았다. 어머니는 아침과 점심 식사 후 두 시간씩 이야기를 늘어놓았다. 주로 자신의 일생에 대한 것이었는데 같은 내용을 매일 반복했다. 이건 친정엄마에게도 있는 증상이다. 했던 이야기를 무수하게 반복해서 말하는 건 어머니들의 지극히 정상적인 패턴이다. 처음 듣는 양 연기하느라 일주일 동안 곤욕을 치렀다. 나에게 가슴속에 있는 것을 다 토해 내려고 단단히 작정한 듯 보였다.

　어머니의 질곡 같은 삶은 참으로 불행했다. 어머니가 열두 살 되던 해 엄마가 밭일하다가 뱀한테 물려 돌아가신 후부터 당신의 인생이 꼬였다고 한탄했다. 엄마가 돌아가신 후론 학교도 그만둬야 했고 어린 나이에 남의 집에서 식모 일을 하면서 살았다는 이야기에 마음이 아팠다. 굵직한 인생 스토리만 들어도 어릴 적부터 얼마나 고된 가시밭길을 걸었는지 불 보듯 뻔했다. 중매로 아버님을 만나 결혼했지만 생활력이 강하지 못해 어머니가 삼십 년 동안 갖은 일로 생활비를 벌어 자식들 뒷바라지를 했다는 소리에 마음이 울컥했다. 가족을 먹여 살리기 위해 어머니는 투박해질 수밖에 없었다. 그 모진 삶을 용케도 살아 내셨다는 대단함과 측은한 마음이 동시에 들었다.

어머니는 올해 5월 이승을 등졌다. 갑작스럽고 믿을 수 없는 비보에 충격을 받은 남편은 쉬이 울음을 그치지 못했다. 급하게 짐을 꾸려 쉬지 않고 달렸다. 비가 내리는 아침 출근길 차량과 맞물리면서 차는 가다 서기를 반복했다. 막히지 않았다면 두 시간이면 닿을 곳을 세 시간 반이나 걸렸다. 시누이가 병원 영안실에 있던 어머니를 장례식장으로 모셔 와 장례 치를 준비를 하고 있었다. 어머니는 이른 아침 화장실에서 쓰러져 병원으로 급히 옮겼지만 끝내 이승의 끈을 놓아 버렸다. 아무도 이렇게 쉽게 가실 거라고 상상조차 하지 못했다. 여든셋이라는 나이에 비해 건강한 편이었다. 당신 스스로도 또래에 비해 젊은 편이라고 자신했다. 돌아가시기 전날까지 어머니는 밭에 고추를 심으셨다고 했다. 밭일이 힘이 드는 일이라 시누이가 말렸을 테지만 어머니는 듣지 않았을 것이다. 언제나 한시도 가만히 있지 못했다. 성격이 급했고 몸을 부지런히 움직여야 직성이 풀렸다. 워낙 깔끔해서 어머니 집 주방에 있던 스테인리스 냄비는 얼굴이 비칠 만큼 반짝반짝 광이 났다. 그런 면에서 남편은 어머니를 쏙 빼닮았다. 외모도 그랬고 성향도 그랬다. 어머니는 죽는 날까지 열심히 살았다. 억척스러웠고 부지런했다. 자식들은 충격에서 벗어나지 못했다. 이틀 밤을 홀딱 새며 향을 지켰다. 어머니에 대한 추억으로 까만 밤을 지새웠다. 뭐가 그리 급하셨는지 인사할 겨를 없이 떠나가신 어머니가 야속하다는 큰형님 말에 고개가 끄덕여졌다. 어머니 생전에는 서운한 마음만 가득했었는데 돌아가시고 나니 서운한 기억은 온데간데없고 고마웠던 일만 떠올랐다. 인간이 이렇게나 어리석고 간사한 존재라는 사실에 부끄러워 얼굴을 들 수 없었다.

  입관할 때는 나도 모르게 울음이 복받쳐 나왔다. 자식들이 돌아가면서 어머니와 마지막 인사를 나눴다. 손주들 얼굴까지 눈물, 콧물 범벅으로 만드는 시간이었다. 어머니는 평온한 얼굴을 하고 있었다. 내 차례가 왔을 때 눈물이 흐르고 목이 메여 제대로 나오지 않는 목소리로 웅얼거렸다. "어머니! 제가 그동안 서운하게 했던 것들 모두 너그러이 용서해 주세요. 그곳에서는 부디 근심일랑 하나 없이 즐겁고 행복하게 사시길…" 끝까지 말을 잇지 못했다. 난 성격이 뚱한 탓에 어머니에게 살갑게 굴지 못했다. 어머니도 그것을 못내 아쉬워했다. "넌 성격 좀 고쳐야 해."라는 말을 몇 번 들은 적이 있다. 타고난 성격을 바꾸는 일은 쉬운 일이 아니다. 친정엄마에게조차 무뚝뚝한 딸이다. 어머니는 내가 싹싹한 며느리이기를 바랐을 것이다. 난 어머니가 처음에는 무서웠고 나중에는 어려웠다. 어머니를 편하게 대했더라면 얼마나 좋았을까? 아쉬움이 들지만 아무리 생각해 봐도 그건 나에게는 불가능한 일이었다. 물고기 보고 나무에 오르라는 것과 별반 다를 것이 없는 일이다.

철없을 때는 어머니를 원망했다. 상처받았던 일을 하나씩 꺼내 곱씹으며 잊으려 노력했다. 그땐 그냥 상황이 나빴을 뿐이었다고 생각하며 나 자신을 위로했다. 이제는 어머니를 탓하지 않는다. 그 모든 것의 근본이 내 탓이란 걸 오랜 시간이 지나고서야 깨달았다. 그 사실을 알아챈 순간 어머니에 대한 원망도 감쪽같이 사라졌다. 왜 인간은 당시에는 바보처럼 모르고 있다가 꼭 지나고서야 깨닫는 것일까? 우매한 종족임이 틀림없다. 누군가 시어머니는 어떤 사람이었나요? 물어 온다면 난 이렇게 대답할 것이다. "그녀는 용감했어요. 가족을 위해 헌신했고 매우 부지런하고 성실했어요. 언제나 깔끔하고 가끔 엄격했고 자식들을 사랑하는 마음이 태산 같은 보통의 어머니였어요."

이보다 더
좋을 순 없다

　퇴직한 지 사 년째다. 세월은 언제나 쏜살같이 흘러간다. 직장에서나 집에서나 그 사실은 변함없다. 퇴직 후 몇 개월 동안 아무것도 하지 않았다. 정확히 말하자면 아무것도 할 수 없었다. 끼니를 때우는 일조차 힘에 부쳤다. 그건 생존과 직결되는 것이기에 소홀할 수 없었다. 그 외 시간은 멍하니 있었다. 쉬고 싶었다. 이십사 년 동안 사회성 버튼을 수도 없이 누른 탓에 몸과 마음이 너덜너덜했다. 그 오랜 시간을 버텨 낸 것만으로도 기적이란 생각이 든다. 나름대로 꺾이지 않고 사회생활을 잘 끝낸 나에게 기특하다고 토닥였다. 물론 혼자만의 힘으로는 불가능한 일이다. 계속 나의 등을 밀어 주고 손을 잡아 주던 다정한 이들 덕분에 견딜 수 있었다. 난 마른 수건을 짜는 꼴이었다. 내가 버틸 수 있는 지점까지 달렸다.
　퇴근길 중앙선 너머 저 멀리 달려오는 덤프차량 쪽으로 시선이 갔다. 그쪽으로 핸들을 틀고 싶은 충동에 휩싸였다. 그렇게 된다면 내 심신의 고통을 한 번에 끝낼 수 있을 터였다. 이상한 일이었다. 전에는 반대였다. 반대편에서 무섭게 달려오는 차량이 나를 덮치지나 않을까? 하는 생각에 두려웠다. 난 끔찍한 교통사고로 삶을 마무리하고 싶지 않았다. 그랬던 내가 언젠가부터 먼저 달려가 박고 싶었다. 단단히 잘못된 것이다. 분명 정상은 아니었다. 난 뒤집히고 있었다.

2017년도에 연이어 두 번 받은 수술 탓에 체력은 급격하게 떨어졌다. 결국 6개월 휴직 후 다시 복직했지만 얼마 가지 못해 몸은 다시 천근만근 바닥으로만 떨어졌다. 난 수술을 받은 이후부터 병원에서 처방해 준 여성호르몬 억제제를 삼 년 동안 매일, 같은 시간에 복용했다. 여성호르몬 부족으로 생기는 증상인지 아니면 약 부작용인지 몰라도 불면증과 우울감에 시달렸다. 온몸이 쑤시는 통증으로 사무실에 앉아 있는 것 자체가 힘들었다. 난 살기 위해 퇴직을 택했다. 인간은 본능적으로 살기를 바랄 것이다. 그때 그만두지 않았다면 난 이미 이 세상 사람이 아닐 것이다.

사회생활이 버거울 때가 많았다. 내성적이고 소심한 성격 탓에 모든 일을 쉽게 풀어 낼 수 없었다. 내가 그만두겠다고 공표했을 때 주위 사람들의 반응은 2002년도에 사표를 냈을 때와 같았다. 하나같이 나를 말렸다. 나중에 후회할 거라고 했다. 그들은 내가 겪는 고통을 똑같이 경험하지 못했기에 아무렇지도 않게 말할 수 있는 것이리라. 관장님은 나의 이야기를 듣고는 눈을 동그렇게 떴다. 내가 아픈 사실조차 몰랐다며 의아한 표정으로 나를 바라봤다. 그 누구든 알아채지 못했을 것이다. 난 무엇이든 내색하지 않는다. 그것은 어릴 적부터 몸에 밴 습성이다. 사람들은 나의 상태를 잘 몰랐기 때문에 이해하기보다는 경솔한 결정이라고 말했다. 나를 위하는 마음에 그런 말을 해줬을 것을 안다.

 2002년과 2020년도, 두 번의 퇴식을 후회하시 않는다. 타임머신을 타고 다시 돌아갈 수 있다고 해도 사표를 던졌을 것이다. 사람마다 추구하는 삶의 가치가 다르다. 지구촌에 사는 인구 팔십억 중 똑같은 얼굴을 한 이가 하나도 없는 것처럼 마음도 다 다르다. 어떤 것이 옳다거나 혹은 그르다고 말할 수 없다. 각자 원하는 방식대로 살아가면 된다. 퇴직 후 좋아했던 책 읽기조차 불가능했다. 절친을 제외하고 모든 연락을 차단했다. 아무도 만나고 싶지 않았다. 그렇게 몇 개월을 보냈다. 허수아비 같았던 몸태에 살이 조금씩 붙을 무렵 무엇인가 해야겠다는 마음이 생겼다. 삼시세끼를 해결하고 청소와 빨래를 하고 운동하는 시간을 빼곤 줄기차게 책을 읽었다. 어쩌면 책은 현실도피의 가장 확실한 방법이기도 하면서 현재에 집중할 수 있는 강력한 처방이기도 하다. 집어 드는 책마다 다른 세계로 여행이 가능하다. 현실에서 불가능한 것을 가능하게 한다는 것은 꽤 근사한 일이다. 세상을 이해하는 폭이 확장되는 것은 물론이거니와 내게 평안과 위안을 안겨 준다. 독서의 가장 큰 매력은 재미있다는 것이다. 그것만큼 내게 기쁨을 주는 것도 없다. 때론 커다란 깨달음을 주고 고난을 이겨 내는 에너지가 되기도 한다. 생각지도 못했던 문장 하나가 내 머리와 가슴에 울림을 주기라도 하면 난 감동하고 눈물을 흘린다. 책은 나의 삶을 지탱해 주는 든든한 지팡이다.

나의 마지막 근무지는 도서관이었다. 몸이 좋지 않은 나를 위한 배려였을 것이다. 도서관에서 근무하기를 희망하는 직원들이 많았다. 도서관은 스트레스 덜 받고 일할 수 있는 곳이라는 선입견을 갖게 했다. 발령받기 전 난 가슴이 뛰었다. 내가 좋아하는 책 속에 파묻혀 일할 수 있다는 것 자체가 좋을 것 같았다. 내 담당업무는 회계였다. 내가 근무하는 도서관과 분관 네 곳의 모든 계약과 지출 업무를 맡았다. 사람들은 종종 잘못된 선입견으로 때론 호되게 곤욕을 치르곤 한다. 도서관은 대부분 정적인 업무일 것이라 예상했지만 막상 사서들의 일은 동적인 경우가 많았다. 행사와 프로그램이 수시로 진행되고 있었다. 힘을 써야 했고 사람들을 모으고 행사가 잘 치러지기를 노심초사했다. 지적 호기심이 풍부한 시민들을 위해 더 나은 서비스를 제공하기 위해 애썼다. 새로운 사업을 발굴하느라 골머리를 쓰는 모습이 애처로울 정도였다. 난 평일에는 사무실에서 회계업무를 했고 일주일에 한 번은 자료실에서 근무했다. 자료실에선 책을 대출해 주고 반납받는 기본적인 업무를 했는데 근무는 토요일과 일요일을 번갈아 섰다. 더 이상 책이 좋아 보이지 않았다. 업무라 생각해서 그랬는지 쏟아지는 책에 오만 정이 떨어졌다. 사랑했던 책을 하루아침에 배신하게 된 것이다.

근무 마지막 날 조촐한 퇴직 행사를 치렀다. 바쁜 와중에도 각별하게 신경 써준 상사와 동료들이 고마웠다. 마지막으로 작별인사를 하기 위해 앞으로 나갔을 때 난 그만 울음이 터졌다. 무덤덤하게 짧은 감사의 인사를 전하고 돌아올 생각이었다. 막상 직원들의 얼굴이 시야에 들어오는 순간 나의 계획은 무너져 버렸다. 입을 떼기도 전에 코끝이 찡했다. 시야마저 흐려지고 있어 난감했다. 그도 그럴 것이 꽃다웠던 갓 스물에 첫발을 디딘 사회였다. 이십사 년 동안 열네 개 부서에서 근무했다. 그 세월 속 추억들이 순식간에 필름처럼 스쳐 지나갔다.

첫 근무지는 의회사무과였다. 1991년 풀뿌리 민주주의 실현을 위해 지방의회가 시작되었다. 모든 회의 때마다 회의록을 작성하기 위해 속기사가 필요했다. 인사담당자는 여러 차례 속기사 모집 공고를 냈지만 응시하는 이는 없었다. 속기사 자격증까지 취득한 사람이 적은 월급을 받으며 일하려 들지 않았다. 어쩔 수 없이 기능직(타자직)으로 대체하여 뽑았다. 난 임시직으로 일하면서 시험응시를 했고 합격했다. 1991년 11월 의회사무과로 발령받아 회의록 작성 업무를 시작했다. 본회의는 12월 한 달 내내 이어졌고, 임시회의는 수시로 조례나 안건이 있을 때마다 열렸다. 예산결산위원회와 행정사무감사도 이루어졌다. 본회의장이나 예산결산위원회장은 음향장치가 잘된 곳이라 녹취한 테이프 음질이 좋았다. 잡음 하나 들어가지 않아 회의록 작성이 수월했다. 문제는 행정사무감사였다. 대부분 읍면동으로 나가거나 현장에서 질문을 주고받았다. 전문적인 음향 장치가 없는 곳에서 녹음된 테이프는 음질이 최악이었다. 잡소리 때문에 무슨 소리인지 알아듣지 못하는 경우가 많았다. 회의록을 칠 때는 볼륨을 최대치로 올려야 했다. 고막이 아팠다. 난 꼬박 삼 년 동안 회의록 작성을 했다.

매우 단순하지만 쉬운 작업은 아니었다. 집행부로 넘겨야 하는 기한이 조례로 정해져 있어 늦장을 피울 수도 없었다. 헤드폰에서 흘러나오는 말소리를 들으며 손으로는 부지런히 키보드를 두들겼다. 삼 년째 그 작업을 한 결과 난 'VDT 증후군'에 걸렸다. 장시간 모니터를 보며 키보드를 두드리는 작업은 신체적이나 정신적으로 장애를 안겨 줬다. 눈의 피로와 두통, 어깨와 목까지 통증이 심했다. 눈물이 날 정도로 통증은 말도 못 했다. 가끔은 회의록 작업하면서도 조용히 눈물을 흘렸다. 물리치료와 진통제로 하루하루를 견뎠다. 난 힘들다는 말 한번 토해 내지 못했다. 바보처럼 왜 말을 못 했냐고 물어본다면 난 뭐라고 딱 꼬집어 얘기할 수 없다. 그냥 그렇게 생겼을 뿐이다.

사직서를 들고 인사담당자를 찾아갔다. 그때 인사담당자가 바로 나의 첫 사수 송 주사였다. 나의 이야기를 가만히 듣더니 애처로운 눈빛으로 날 바라봤다. 힘들게 시험 보고 들어와 놓고 왜 그만둘 생각부터 하냐며 내가 준 사직서를 정확히 반으로 찢었다. 그동안 한 일이 억울하지도 않냐며 톤을 높였다. 진즉에 자기에게 고충을 이야기했더라면 좋았을 것이라는 아쉬움을 내비쳤다. 다른 부서로 옮겨 줄 테니 몇 개월만 견디라고 했다. 난 그 덕분에 한적한 외청으로 자리를 옮겼다. 그는 나를 또 한 번 살렸다.

  2000년도에 기능직 사기진작 차원에서 일정 기간 이상 근무한 직원을 대상으로 일반직으로 전환할 수 있는 특채시험이 있었다. 시험과목은 행정학과 사회였다. 난 밤마다 틈틈이 공부했다. 최종합격 해 같은 해 4월 교하면 사무소로 발령받았다. 지방행정서기보라고 쓰여 있는 임용장을 받고 뛸 듯이 기뻤다. 꿈에 그리던 지방행정 9급이었다. 일 년 뒤 교하신도시가 들어오는 바람에 질리도록 전입신고를 받았다. 그때처럼 야근을 끝 간 데 없이 했던 적은 없다. 꼬박 6개월 동안 매일 밤늦도록 업무를 처리했다. 그것도 모자라 토, 일요일 연방 출근해 전입 관련 서류 정리와 몇 가지 고유업무를 처리했다. 난 그때 둘째를 덜컥 임신하게 되고 신우신염이 걸려 퇴직을 결정했다. 발령받고 이 년 만의 일이었다. 전입도 마무리된 시점이라 가벼운 마음으로 그만둘 수 있었다. 2002년 3월에 퇴직 처리가 되고 난 전업주부가 되었다. 6월에 둘째를 출산하고 본격적으로 아이 둘 엄마로 살았다. 둘째라 수월했다. 모유를 먹이는 일도 엄마로서 꼭 해보고 싶었다. 진정으로 엄마가 된 것 같아 기뻤다.

  난 전업주부를 꿈꿨지만 현실은 녹록지 않았다. 남편 월급으로 가족 넷이 먹고살기에는 턱없이 부족했다. 경제적인 이유로 일을 해야겠다는 생각을 떨쳐 버릴 수 없었다. 작은아이가 웬만큼 컸을 때 두 시간씩 아파트 놀이방을 보내며 공부를 시작했다.

난 다시 기능직공무원 시험에 도전할 작정이었다. 상식과 한국사 공부를 꾸준히 했다.

2005년도에 기능직 시험 공고가 떴고 시험에 응시해서 합격했다. 난 그해 12월 다시 공무원 생활을 시작했다. 과거 십 년 동안 근무했던 곳이라 생각보다 적응이 빠르고 쉬웠다. 운이 좋아 2011년에 또다시 일반직 전환 특채시험 응시 기회를 얻었다. 시대가 바뀌어 행정환경 변화에 따라 기능적 업무영역이 축소되어 일반직 공무원과 유사한 행정업무를 담당하는 경우가 태반이었다. 운전직 이외의 기능직 직렬의 필요성을 느끼지 못한 이유로 행안부에서 서서히 기능직을 없애고 일반직으로 통폐합하기 위한 방도였다. 기능직(필기직)시험은 내가 응시했던 2005년에 치렀던 시험이 마지막이었다.

난 다시 퇴근 후와 주말에 짬짬이 책을 들여다봤다. 책만 덮으면 까맣게 잊었다. 나이는 못 속이는 법이다. 마흔이니 그럴 수밖에 없는 노릇이었다. 기억할 때까지 반복적으로 책을 보는 것 외 뾰족한 방법이 없었다. 난 특별한 재능이 없었다. 그렇다고 머리가 좋은 것도 아니었다. 학창시절 성적이 좋았던 건 나름대로 공부하는 방법을 터득했기 때문이다. 불변의 법칙은 수업 시간에 집중하는 것이다. 난 책상에 앉아서는 암기가 잘되지 않았다. 책을 들고 서성이며 소리 내 읽으면 신기하게도 머릿속으로 쏙쏙 들어갔다. 살짝 한기가 있는 온도라면 효과가 더 좋았다. 한겨울에도 목도리를 두르고 마당을 서성이며 교과서를 봤다. 넓은 마당에 전구가 하나뿐이라 약간 어두웠지만 암기과목 공부에는 최적의 장소였다. 어느 날 마당 전구 스위치를 켰을 때 대낮처럼 환해진 마당을 보면서 어리둥절했다. 아버지가 전구 두 개를 더 달아 놓은 것이다. 아버지의 사랑이 느껴졌다. 사랑은 말로 표현하지 않아도 느낄 수 있는 것이다. 난 그때를 회상하며 같은 방법으로 공부했다. 과연 효과가 있었다.

  2011년 6월, 난 다시 지방행정 9급으로, 균형발전과로 발령받았다. 생각지도 못한 인허가 업무에 당황스럽기도 했지만 모든 것은 시간이 해결해 주었다. 생소한 영역의 업무라 배울수록 흥미롭고 재미있었다. 다만 강력한 민원이 터지는 날에는 말할 수 없이 괴로웠다. 다행스럽게 함께 근무했던 친절하고 다정한 직원들 덕분에 어렵지 않게 극복할 수 있었다. 두고두고 고마운 일이다. 그 뒤로 동사무소와 면사무소, 시청 실과소를 이 년 주기로 돌았다. 2020년 9월, 난 지방행정 7급으로 퇴직했다. 시험을 네 번 치렀다는 이유로 신규자 교육을 네 번 다녀왔다. 내가 생각해도 흔하지 않은 이력이다. 그러고 보면 난 관운이 꽤 있었다. 그저 감사할 따름이다.

  동사무소 민원창구에서 서류 발급업무를 했을 때 가장 보람 있었다. 민원인을 상대하는 것이 쉬운 일은 아니었지만 공무원으로서 최일선에서 주민을 매일 만난다는 것은 또 다른 매력이었다. 찾아오는 민원인이 나의 가족이겠거니 하는 마음이 절로 친절하게 했다. 남달랐던 민원인 행동에 당황스럽고 눈물 흘린 적도 있었지만 좋은 사람들이 훨씬 많았다. 같이 근무하던 직원들과 합이 좋아 즐거웠다. 같은 일을 하는 직원끼리 맞지 않으면 지옥이 따로 없다. 일보다 사람이다. 일은 힘들어도 견딜 수 있지만 사람이 힘들면 답이 없다. 민원인과의 만남은 일회성이지만 내부고객인 직원은 매일 얼굴을 마주해야 한다. 난 내부보다 외부고객을 대하기가 더 수월했다.

아주 오래전, 그러니깐 모든 것이 형편없었던 1990년대 일이다. 지금과 비교하면 상상할 수조차 없을 정도로 엉망이었다. 나를 경악하게 했던 직원이 하나 있었다. 회식 때 내 옆자리로 와서는 "다 좋은데 내가 아끼던 화분을 죽여서 까땜이야."라는 말을 했다. 난 그 말에 충격을 받았다. 내가 뭘 잘못했길래 욕까지 들어야 하는지 모욕감에 분노가 치밀었다. 그렇게 아꼈으면 당신이 직접 물을 주면서 키웠으면 되지 않냐는 말을 못 했다. 사무실에서 키우던 화분 몇 개가 죽은 건 사실이었다. 그 일로 인해 나도 속이 상했다. 내가 지난 일 년 동안 아주 파릇파릇하게 키웠던 것들이다.

난 큰아이를 임신하고 계속 유산기가 있었다. 병원에서 임신 초기에는 위험하니 조심해야 한다고 했다. 특히 계단을 오르내리는 일은 삼가라고 신신당부했다. 그 당시 내가 근무하던 사무실은 5층이었다. 사무실이 부족해 4층짜리 건물 옥상에 조립식 판넬로 급하게 지어 만든 사무실이라 허접한 느낌이었다. 5층엔 화장실이 없어 한 층 아래로 내려가 이용해야 했다. 엘리베이터도 없는 5층 건물이라 임신 초기인 나로서는 최악이었다. 평소에 하던 대로 일주일에 한 번 화분들을 4층 화장실로 가져가 계속 물을 줄 수 없는 상황이었다. 대부분 동양란이었기 때문에 화분째 양동이에 담가 뿌리가 물을 빨아들이도록 해야 했다. 난 화분 물주기를 과감하게 포기했다. 배 속 아이를 살리기 위해 화분은 죽어야 했다. 그 직원은 내가 임신한 것도 알고 있었다. 그걸 알면서도 막말을 했다는 것 자체가 어처구니없었다. 그건 인성 문제라고 생각했다. 상처 입은 마음은 꽤 오래갔다. 얼마 전 그 문제 직원이 쓸쓸히 퇴직했다는 소식을 접하고는 그때의 일을 잊기로 했다. "뿌린 대로 거둔다."라는 말을 되새겼다.

　난 혼자 있는 걸 좋아한다. 나에게 맞는 적정한 속도와 리듬을 탈 수 있다는 안도감은 나 자신을 절로 충만하게 한다. 그 매력은 내게 고독을 좋아하도록 만들었다. 고독은 내겐 평화 그 자체다. 우리가 흔히 낙원이라는 뜻으로 쓰는 파라다이스라는 단어 어원을 나무위키에서 본 적이 있다. 고대 아베스타어로 '장벽을 두른 곳'이라는 뜻이다. 지금 난 낙원에 살고 있는 셈이다. 나의 생활은 단조롭기 짝이 없다. 극단적으로 단순해졌기 때문에 작은 일에도 행복을 느끼게 된다. 가령 저녁 산책하러 나갔다가 하늘에 손톱 같은 달을 목격했을 때 감격의 탄성이 절로 나온다. 산책하다가 공릉천 주변에 핀 이름 모를 작고 예쁜 들꽃을 발견했을 때의 기쁨이란 말로 표현할 수 없을 정도다. 강한 자극도 변화도 없다. 나를 초조하게 만드는 그 어떤 것도 없다. 감사한 마음은 매일 발현되고 이만하면 되었다는 삶의 만족감이 용솟음치고 있다. 살다 보니 이런 날이 오고야 말았다. 믿어지지 않는다. 내 인생에 단 한 번도 있었던 것 같지 않은 평화다. 난 평안하다. 인생의 쓴맛을 맛본 자만이 누릴 수 있는 기쁨이다. 이보다 더 좋을 순 없다.

기억 저편의 나를 만나다

초판 1쇄 발행 2024. 12. 20.

지은이 신수현
펴낸이 김병호
펴낸곳 주식회사 바른북스

편집진행 황금주
디자인 양헌경

등록 2019년 4월 3일 제2019-000040호
주소 서울시 성동구 연무장5길 9-16, 301호 (성수동2가, 블루스톤타워)
대표전화 070-7857-9719 | **경영지원** 02-3409-9719 | **팩스** 070-7610-9820

•바른북스는 여러분의 다양한 아이디어와 원고 투고를 설레는 마음으로 기다리고 있습니다.
이메일 barunbooks21@naver.com | **원고투고** barunbooks21@naver.com
홈페이지 www.barunbooks.com | **공식 블로그** blog.naver.com/barunbooks7
공식 포스트 post.naver.com/barunbooks7 | **페이스북** facebook.com/barunbooks7

ⓒ 신수현, 2024
ISBN 979-11-7263-883-2 03810

•파본이나 잘못된 책은 구입하신 곳에서 교환해드립니다.
•이 책은 저작권법에 따라 보호를 받는 저작물이므로 무단전재 및 복제를 금지하며,
이 책 내용의 전부 및 일부를 이용하려면 반드시 저작권자와 도서출판 바른북스의 서면동의를 받아야 합니다.